바로바로

하루 10분

일상 영어

바로바로
하루 10분 일상 영어

저 자 박지성
발행인 고본화
발 행 탑메이드북
교재공급처 반석출판사
2024년 4월 10일 초판 1쇄 인쇄
2024년 4월 15일 초판 1쇄 발행
반석출판사 | www.bansok.co.kr
이메일 | bansok@bansok.co.kr
블로그 | blog.naver.com/bansokbooks

07547 서울시 강서구 양천로 583. B동 1007호
(서울시 강서구 염창동 240-21번지 우림블루나인 비즈니스센터 B동 1007호)
대표전화 02) 2093-3399   팩 스 02) 2093-3393
출 판 부 02) 2093-3395   영업부 02) 2093-3396
등록번호 제315-2008-000033호

Copyright ⓒ 박지성

ISBN 978-89-7172-989-2 (13740)

바로바로

하루 10 분

일상 영어

탑메이드북

영어에 Runner's High라는 표현이 있습니다. 미국의 심리학자인 A. J. 맨델이 1979년 발표한 논문에서 처음 사용된 용어로 달리기 애호가들이 느끼는 도취감을 말합니다. 달리기를 하면서 느끼는 신체적 스트레스가 오히려 일정시간 지나면 행복감으로 바뀌며, '하늘을 나는 느낌과 같다'거나 '꽃밭을 걷고 있는 기분'으로 비유되기도 합니다. 보통 1분에 120회 이상의 심장 박동 수로 30분 정도 꾸준히 달리다 보면 러너스하이를 느낄 수 있다고 합니다.

Runner's High를 느끼기 위한 중요한 조건은 바로 심장 박동 수를 일정 시간 동안 꾸준히 유지함에 있습니다. 영어 공부도 같습니다. 규칙적으로 일정기간 동안 공부를 할 때만 느낄 수 있는 쾌감이 있습니다. 규칙성을 따라 꾸준하게 공부를 했을 때 바로 Runner's High와 같은 희열이 따릅니다.

본 책에서 추구하는 공부 방법은 단순합니다. 화려한 수식어를 동반하여 멋진 학습법을 제시할 수도 있겠지만, 그 안에 꾸준함이 빠져 있다면 외국어 학습의 핵심이 빠진 격이라 할 수 있습니다. 외국어 학습의 정수는 꾸준함입니다. 그래서 책의 제목도 그러하고, 내용도 그러합니다. 매일 하루도 쉬지 않고, 꾸준하게 영어를 공부하자는 의미에서 『바로바로 하루 10분 일상 영어』입니다.

본 책은 상황별 영어표현을 학습하도록 구성되어 있습니다. 상황별 영어학습의 중요성은 쉽사리 이해할 수 있습니다. 일상생활에서 사용하는 대부분의 영어표현은 바로 상황의 부산물이라 볼 수 있기 때문입니다. 저자가 미국에서 생활할 때 Subway에 가서 샌드위치를 자주 먹었습니다. 우리나라도 같겠지만, 다양한 종류의 빵과 내용물(fillings), 소스 등을 골라야 합니다. 욕심이 많은 터라 Subway만 가면 거의 모든 재료를 다 달라고 했던 것 같습니다. 이때, "Can I please have one of these, one of these, one of these ~" 이런 식으로 "이것 좀 주시고, 이것도 좀 주시고 ~"라고 반복해서 말했는데, 옆에 원어민의 표현을 듣고는 이럴 땐 "All the way, please." 라고 말하면 된다는 것을 알게 되었습니다. 즉, 상황에 맞는 깔끔한 영어 표현이 있었던 것이죠.

상황별 영어를 익히면 좀 더 영어적 표현을 구사할 수 있게 되고, 그러한 표현들을 익히는 과정에서 영어적 사고도 함께 익힐 수 있습니다. 상황별 영어의 중요성은 충분히 전달되었을 것이라 생각합니다. 마지막으로 본 책을 활용할 때 아래와 같은 방법을 염두에 두면서 학습했으면 합니다.

1 **상황에 맞는 문장을 최대한 많이 암기하도록 노력합니다.**

Input이 없으면 Output도 없다고 합니다. 최대한 많은 문장을 암기하는 노력이 필요합니다. 많은 문장이 암기되었을 때 얻는 부수적 효과는 문장의 구조체계가 머릿속에서 자연스럽게 잡히며, 나도 모르게 영어적 사고가 반영된 다양한 표현들을 익히면서 역으로 영어적 사고를 이해하는 단계에 이르는 것입니다. 어떤 일의 결과물을 접하면서 원리를 파악하는 것과 같은 맥락입니다.

2 **문장을 암기할 때는 눈과 귀 그리고 입과 손이 함께 상호작용해야 합니다.**

각 Day별로 제시된 대화와 관련된 표현을 듣고 해당 문장을 눈으로 확인하고, 각각의 단어와 문장 전체가 어떤 식으로 발음되는지 확인해야 합니다. 눈과 귀가 함께 작용해야 한다는 뜻이죠. 귀가 뚫리면 해당 내용을 입으로 따라 말하는 연습을 합니다. 들리는 내용을 따라 말할 수 있을 때 해당 내용이 더 잘 들리게 됩니다. 귀와 입이 함께 작용하는 것이죠. 다음은 귀와 손입니다. 들리는 내용을 받아 적을 수 있어야 합니다. 들리는 내용을 필사하는 것은 내가 이해한 내용이 옳은지를 확인하는 가장 정확한 방법입니다.

3 **영어를 사용할 수 있는 환경을 억지로라도 조성해야 합니다.**

요즘은 다양한 온/오프 모임이 있습니다. 조금만 시간을 내어 다양한 인터넷 모임을 통해서 영어를 사용할 수 있는 환경을 만들어낼 수 있습니다. 영어 표현에 "If you don't use it, you lose it."이 있습니다. 사용하지 않으면 잊는다는 말입니다. 암기한 문장을 억지로 짜낼 수 있는 환경을 만드는 노력도 중요합니다. 특히, 이런 모임을 통해서 얻을 수 있는 장점 중 하나는 바로 영어를 직접 사용하고, 상대가 이해하는 과정에서 느끼는 '희열'입니다. 그 즐거움은 앞서 언급한 Runner's High와 같이 중독성이 강해 '꾸준한 영어학습'을 가능케 합니다.

마지막으로 책의 활용은 "책의 구성과 특징" 부분을 꼼꼼하게 살펴보시면 도움이 될 것입니다.

Slow and steady wins the race!

저자 박지성

이 책의 특징

『바로바로 하루 10분 일상 영어』는 매일 하나의 문장을 익히면서 관련된 표현도 함께 학습할 수 있도록 구성하였습니다.

원어민이 녹음한 mp3 파일은 반석출판사 홈페이지(www.bansok.co.kr)에서 무료로 제공됩니다.

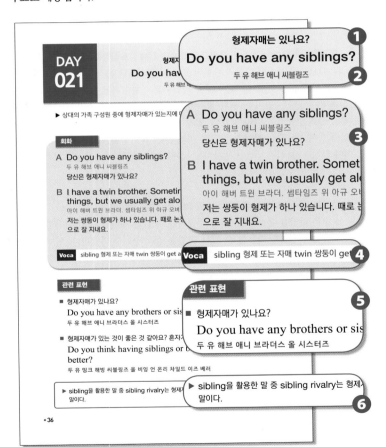

형제자매는 있나요?

Do you have any siblings?

두 유 해브 애니 씨블링즈

①

②

A Do you have any siblings?
두 유 해브 애니 씨블링즈
당신은 형제자매가 있나요?

B I have a twin brother. Somet
things, but we usually get al
아이 해버 트윈 브라더. 썸타임즈 위 아규 오버
저는 쌍둥이 형제가 하나 있습니다. 때로 논
으로 잘 지내요.

③

Voca sibling 형제 또는 자매 twin 쌍둥이 get

④

관련 표현

■ 형제자매가 있나요?
Do you have any brothers or sis
두 유 해브 애니 브라더스 올 시스터즈

⑤

▶ sibling을 활용한 말 중 sibling rivalry는 형제자
말이다.

⑥

DAY
021

형제자
Do you hav
두 유 해브 애

▶ 상대의 가족 구성원 중에 형제자매가 있는지에 대

회화

A Do you have any siblings?
두 유 해브 애니 씨블링즈
당신은 형제자매가 있나요?

B I have a twin brother. Sometim
things, but we usually get alo
아이 해버 트윈 브라더. 썸타임즈 위 아규 오버
저는 쌍둥이 형제가 하나 있습니다. 때로 논
으로 잘 지내요.

Voca sibling 형제 또는 자매 twin 쌍둥이 get a

관련 표현

■ 형제자매가 있나요?
Do you have any brothers or sis
두 유 해브 애니 브라더스 올 시스터즈

■ 형제자매가 있는 것이 좋은 것 같아요? 혼자가
Do you think having siblings or b
better?
두 유 띵크 해빙 씨블링즈 올 비잉 언 온리 차일드 이즈 베러

▶ sibling을 활용한 말 중 sibling rivalry는 형제자
말이다.

❶ 각 Day별 핵심문장

Day별로 핵심문장을 제시합니다. 그 아래에는 핵심 문장이나 문장 속 표현에 대한 간략한 설명을 담았습니다.

❷ 발음 표기

초급 학습자를 위해서 각 Day별 핵심문장, 대화 그리고 관련 표현에 한글 발음을 적어놓았습니다.

❸ 대화 속 문장 활용

Day별로 제시되는 핵심문장을 실제상황을 가정한 짧은 대화 속에서 그 활용을 익힐 수 있도록 구성했습니다.

❹ 단어

표현이나 대화문을 통해 새로운 단어를 익힙니다.

❺ 관련 표현

핵심문장과 유사한 상황에서 활용할 수 있는 문장이나 대화문에 사용된 표현들을 사용한 문장 등 다양한 표현을 함께 실어 응용된 상황에 대처할 수 있도록 구성했습니다.

❻ 영어 표현과 관련된 도움말

문장의 표면적 의미만으로 의미 전달이 명확하지 않은 문화적 표현은 관련 표현 옆에 상세한 설명을 덧붙여 이해를 높였습니다. 또한 직역으로 그 의미가 막연한 경우 관련 표현 옆에 추가 설명을 덧붙여 이해를 높였습니다.

목차

Part 09 관계 Ⅰ

Part : 01

인사/만남/소개

새해 복 많이 받으세요!

Happy New Year!

해피 뉴 이어

▶ 1월 1일이 되면 새해를 기쁘게 맞이하는 의미에서 으레 서로 덕담을 나눈다. 이때 쓰는 영어표현은 Happy New Year이다.

회화

A Happy New Year! What are you looking forward to in the new year?

해피 뉴 이어! 와라유 루킹 포워드 투 인 더 뉴 이어

새해 복 많이 받으세요! 새해에는 어떤 걸 기대하세요?

B I am hoping to get promoted.

아이 앰 호핑 투 겟 프로모티드

저는 승진이 되었으면 좋겠어요.

Voca look forward to 기대하다, 고대하다 get promoted 승진하다

관련 표현

■ 올해 어땠어?

How did everything go for you?

하우 디드 에브리띵 고 포 유

■ 올해 새해 결심 좀 한 것 있어?

Are you setting any New Year's resolutions this year?

아 유 세팅 애니 뉴 이얼스 레졸루션스 디스 이어

▶ go는 '가다'라는 뜻 말고, '(어떤 상황이) 전개되다, 진행되다'의 의미가 있다. How did everything go for you?는 "모든 것이 어떻게 진행됐어?"이다.

DAY 002

안녕하세요, 처음 뵙겠습니다

Nice to meet you.

나이스 투 미츄

▶ 누군가를 처음 만났을 때, Nice to meet you.라고 할 수 있다. 공식적인 자리에서는 How do you do?라고 한다.

회화

A Nice to meet you. What do you do?

나이스 투 미츄. 왓 두 유 두

만나서 반가워요. 어떤 일을 하세요?

B Nice to meet you too. I'm a jazz musician.

나이스 투 미츄 투. 아임 어 재즈 뮤지션

저도 만나서 반갑습니다. 저는 재즈 음악가입니다.

Voca musician 음악가

관련 표현

■ (생계를 위해서) 어떤 일을 하세요?

What do you do (for a living)?

왓 두 유 두 (포 어 리빙)

■ 어느 계통의 일을 하시나요?

What line of business are you in?

왓 라인 오브 비즈니스 아 유 인

▶ for a living은 '생계를 위해서'라는 뜻이고 make a living은 '돈을 벌다'라는 뜻이다. a line of business는 '특정 계통의 일'을 나타내므로 What line of business are you in?은 우리말로 "어디 쪽에 몸을 담고 있나요?"라는 정도의 의미다.

잘 지냈어요?
How have you been?
하우 해뷰 빈

▶ 오랫동안 보지 못한 친구를 보았을 때, How have you been (up to)? 혹은 편하게 Hey, what's up? Long time, no see.라고 말한다.

회화

A Do you want to go and get a cup of coffee?
두 유 원투 고 앤 게러 커버브 커피
가서 커피 한잔 마실까?

B Yeah, sure. So, how have you been?
예, 슈어. 쏘, 하우 해뷰 빈
응 그래. 잘 지냈어?

Voca a cup of coffee 커피 한 잔

관련 표현

■ 내가 가서 문 열어줄게.
I will go and get the door.
아이 윌 고 앤 겟 더 도어

■ 매일 일한다고 바빴어.
I've been busy working every day.
아이브 빈 비지 워킹 에브리데이

▶ go and get something은 "가서 ~할게"라는 표현으로 다양한 상황에 쓰인다. 예를 들어, I will go and get the book.라고 하면 "가서 책 가지고 올게"의 의미다.

DAY 004

그럭저럭 지내고 있어요

I am just getting by.

아이 앰 저슷 게링 바이

▶ 좋지도 나쁘지도 않은 상황을 이야기할 때 사용할 수 있는 표현이다.

회화

A **I heard you broke up with your girlfriend. How are you holding up?**
아이 허드 유 브로컵 위드 유어 걸프렌드. 하와유 홀딩 업
여자 친구랑 헤어졌다고 들었어. 어떻게 잘 견디고 있어?

B **I am just getting by.**
아이 앰 저슷 게링 바이
그냥 지내.

Voca hold up 잘 이겨내고 있다

관련 표현

■ 그럭저럭 지내고 있어.

I'm just getting along.
아임 저슷 게링 얼롱

■ 그녀가 나 바람맞혔어.

She stood me out.
쉬 스투드 미 아웃

▶ stand someone out은 '바람맞히다'는 뜻으로 활용된다.

DAY 005

Don't sweat it.

돈 스웨릿

▶ 걱정하는 상대에게 쓸 수 있는 표현이다. 같은 맥락에서 Take it easy.라고 말할 수도 있다.

회화

A We're a few minutes late. What should we do?

위어 어 퓨 미닛츠 레잇. 왓 슈드 위 두

우리 몇 분 늦을 것 같아. 어떻게 해야 해?

B He'll wait for us, so don't sweat it.

히일 웨잇 포 어스, 쏘 돈 스웨릿

그 사람 우리를 기다릴 거야, 그러니 너무 걱정 마.

Voca a few 몇 개의 late 늦은 wait 기다리다 sweat 땀, 땀을 흘리다

관련 표현

■ 걱정 마.

Don't worry about it.

돈 워리 어바우릿

■ 다 잘될 거야(걱정 마).

Everything will be fine.

에브리띵 윌 비 파인

▶ Don't sweat it.은 직역하면 "그것 때문에 땀 흘리지 마"라는 뜻이다. 즉, 너무 애쓸 필요 없다는 의미에서 "걱정 마!"라는 뜻의 Don't worry about it.과 같은 말이다.

DAY 006

그냥 인사하러 왔어
I just came by to say hi.
아이 저슷 케임 바이 투 쎄이 하이

▶ 특별한 뜻 없이 인사차 들렀을 때 쓰는 표현이다.

회화

A What did you come by for?
왓 디쥬 컴 바이 포
어쩐 일로 들렀어?

B I just came by to say hi.
아이 저슷 케임 바이 투 쎄이 하이
그냥 인사하러 왔어.

Voca come by 잠시 들르다

관련 표현

■ 기회가 될 때 그냥 들러.

Just swing by when you get a chance.
저슷 스윙 바이 웬 유 게러 찬스

■ 그 사람 그 말 하려고 들른 게 아닌 것 같아.

I don't think he just stopped by to say that.
아이 돈 띵크 히 저슷 스탑트 바이 투 쎄이 댓

▶ come by는 '잠시 들르다'라는 뜻으로 자주 활용되며, stop by, swing by도 함께 쓸 수 있다.

오늘 어땠어?
What have you been up to today?
왓 해뷰 빈 업 투 투데이

▶ 잠시 만나지 못한 상대에게 "오늘 어땠어?"라고 묻고 싶을 때 쓰는 표현이다.

회화

A What have you been up to today?
왓 해뷰 빈 업 투 투데이
오늘 하루 어땠어?

B I was at work until 5pm, and then I went to the store to pick up some milk.
아이 워즈 앳 워 언틸 파이브 피엠, 앤 덴 아이 웬투 더 스토어 투 썸 피컵 밀크
5시까지 일하고, 그런 다음 가게에 가서 우유를 좀 샀어.

Voca work until ~까지 일하다 pick up some milk 우유 좀 사다

관련 표현

■ 오늘 하루 어땠어?
How was your day?
하우 워즈 유어 데이

■ 오늘 7시에 나 좀 데리러 올래?
Can you please pick me up at 7?
캔 유 플리즈 픽 미 업 앳 쎄븐

▶ pick up은 '집어들다, 사다'라는 의미 외에 '(~을 차에) 태우다'라는 뜻으로도 쓰인다.

DAY 008

조금도 그렇지 않았어
Not a bit of it.
나러빗 오빗

▶ 기대했던 것과는 전혀 다른 상황이나 내용일 때 쓰는 표현이다. 유사표현으로 not at all과 not in the slightest가 있다.

회화

A I heard that Tom has broken mom's i-phone.
아이 허드 댓 탐 해즈 브로큰 맘스 아이폰
탐이 엄마의 아이폰을 망가뜨렸다고 들었어.

B I thought he would be sorry, but not a bit of it.
아이 쏜 히 웃비 쏘리, 벗 나러빗 오빗
나는 걔가 미안할 줄 알았는데, 조금도 그렇지 않더라고.

Voca break 부수다 be sorry 미안하다

관련 표현

■ 나 정말 조금도 놀라지 않았어.
I'm really not a bit surprised.
아임 리얼리 나러빗 써프라이즈드

■ 핸드폰이 말썽을 부리기 시작했어.
My phone has started acting up.
마이 폰 해즈 스타티드 액팅 업

▶ not a bit은 부정문에서 부정의 의미를 더 강하게 전달하고자 할 때 쓰이기도 한다. I'm really not a bit surprised.는 원래 I am not really surprised.에서 부정의 의미를 더 강조하기 위해 not과 a bit을 함께 쓴 것이다.

당신은 여전히 그대로네요
You haven't changed at all.
유 해븐트 체인지드 애롤

▶ 오래간만에 본 사람에게 여전히 변한 것이 없다고 할 때 쓸 수 있는 표현이다.

회화

A Hi, Alison. How've you been doing?
하이, 앨리슨. 하우브 유 빈 두잉
안녕, 앨리슨, 어떻게 지냈어?

B Good. Look at you! You haven't changed at all.
굿. 루캐츄! 유 해븐트 체인지드 애롤
좋았어. 네 모습 좀 봐. 전혀 변하질 않았어.

Voca change 변하다

관련 표현

■ 너는 나이를 안 먹어.
   You haven't aged at all.
   유 해븐트 에이지드 애롤

■ 변한 게 하나도 없네.
   Nothing has changed about you.
   나띵 해즈 체인지드 어바우츄

▶ age는 명사로 '나이'이지만, 동사로 '나이를 먹다'라는 뜻으로도 쓰인다. 그래서 You haven't aged at all.이라고 하면 "너는 전혀 나이를 안 먹었어." 즉, "너는 늙지를 않아"와 같은 맥락의 표현이다. not ~ at all은 not ~ a bit으로 바꾸어 쓸 수 있다.

DAY 010

제 소개를 할게요
Let me introduce myself.
렛 미 인트로듀스 마이셀프

▶ 처음 만나는 사람에게 자신을 소개할 때 쓸 수 있는 표현이다.

회화

A Let me introduce myself. I'm James.
렛 미 인트로듀스 마이셀프. 아임 제임스
내 소개를 할게. 나는 제임스야.

B Nice to meet you, James. I'm Julia.
나이스 투 미츄, 제임스. 아임 줄리아
만나서 반가워, 제임스. 나는 줄리아야.

Voca introduce 소개하다

관련 표현

■ 제 소개를 하겠습니다.
I'd like to introduce myself.
아이드 라익투 인트로듀스 마이셀프

■ 만나서 기쁩니다.
It's a pleasure to meet you.
잇처 플레저 투 미츄

▶ It's a pleasure to meet you.는 (It is) Nice to meet you. / (I am) Glad to meet you.와 같이 만나서 인사할 때 사용하는 말이다.

DAY 011

(당신에 대해서) 많이 들었습니다
I've heard a lot about you.
아이브 허드 얼랏 어바우츄

▶ 상대방과의 첫 만남에서 상대에 대한 존중의 의미를 담아 말할 수 있는 표현이다.

회화

A You must be Betty. I've heard a lot about you.
유 머슷비 베티. 아이브 허드 얼랏 어바우츄
당신이 베티겠군요. 많이 들었습니다.

B Was it a good thing or bad thing?
워짓 어 굿 띵 올 배드 띵
좋은 내용이었나요? 아님 나쁜 내용이었나요?

Voca	must be ~임에 틀림이 없다

관련 표현

■ 당신에 대해서 정말 많이 들었습니다.
I've heard a great deal about you.
아이브 허드 어 그레잇 딜 어바우츄

■ 대부분 좋은 것이었습니다.
Most of them were good, I would say.
모슷 오브 뎀 워 굿, 아이 우드 쎄이

▶ I would say는 "말하자면" 정도의 뉘앙스로 어떤 말을 하기 전에 '대략 ~하다'의 뜻으로 쓰인다. 예를 들어, I would say that the phone is 5years old.라고 하면 "그 핸드폰은 한 5년 정도 될 거야." 정도의 의미로 파악하면 된다.

DAY 012

연락하면서 지내요

Let's keep in touch.

렛츠 킵 인 터치

▶ 친한 친구나 지인과 헤어지면서 연락하자는 의도의 표현이다.

회화

A It was really great running into you.

잇 워즈 리얼리 그레잇 러닝 인투 유

우연히 마주치게 되어서 너무 좋았어요.

B It sure was. Let's keep in touch.

잇 슈어 워즈. 렛츠 킵 인 터치

정말 그랬어요. 연락해요.

Voca run into 우연히 ~를 만나다 keep in touch 연락하다

관련 표현

■ 이야기 나눠서 좋았습니다.

It was great talking to you.

잇 워즈 그레잇 토킹 투 유

■ 연락해요.

Drop me a line.

드랍 미 어 라인

▶ Drop me a line.은 일반적으로 글을 통해서 연락을 취하자는 의도에서 "편지 써" 또는 "문자 줘" 정도의 의미이다. 같은 의미로 Text me. 또는 Leave me a text.라고 할 수 있다.

잘 다녀오세요
Come back in one piece.
컴 백 인 원 피스

▶ 재미난 표현이다. 먼 길을 떠나는 친구에게 "조심해서 잘 다녀와"라는 의도로 "하나의 몸으로 돌아오라"라고 말한다.

회화

A I'll get to see my brother in the U.S. I haven't seen him for years.
아일 겟 투 씨 마이 브라더 인 더 유에스. 아이 해븐 씬 힘 포 이얼즈
미국에 있는 형을 볼 거야. 못 본 지 몇 년이나 되었어.

B Have a nice trip and come back in one piece.
해버 나이스 트립 앤 컴 백 인 원 피스
여행 건강하게 잘 다녀와.

Voca get to ~하게 되다 for years 수 년간, 오랫동안

관련 표현

■ 나는 네가 건강하게 돌아와서 기쁘다.

I am glad that you came back in one piece.
아이 앰 글래드 댓 유 케임 백 인 원 피스

■ 엄마한테 전화해서 우리가 잘 돌아왔다고 알려줘요.

Call mom and let her know that we came back in one piece.
콜 맘 앤 렛 허 노우 댓 위 케임 백 인 원 피스

▶ in one piece는 '안전히, 건강히'라는 의미의 관용표현이다.

DAY 014

이만 가봐야겠어요
I'd better leave now.
아이드 베러 리브 나우

▶ 초대를 받아 상대의 집에서 즐거운 시간을 보내다 시간이 늦어 가야 할 때 쓸 수 있는 표현이다.

회화

A I have lost track of time. I'd better leave now.
아이 해브 로스트 트랙 오브 타임. 아이드 베러 리브 나우
시간 가는 줄 몰랐네요. 이제 가야겠어요.

B Thanks again for coming today.
땡스 어겐 포 커밍 투데이
오늘 와주셔서 다시 한 번 감사해요.

Voca lose track of time 시간 가는 줄 모르다

관련 표현

■ 아직 초저녁이에요.
Night is still young.
나잇 이즈 스틸 영

■ 시간이 정말 빨리 가네요.
Time goes so fast.
타임 고즈 쏘 패스트

▶ 첫 번째 표현을 직역하면 '밤은 아직 젊다.'이다. young은 '젊은'이라는 뜻도 있지만, '아직 무르익지 않은'이란 뜻도 있다. 아직 밤이 무르익지 않았다는 뜻에서 '초저녁'이라고 말할 때 사용할 수 있는 표현이다.

연락해!
Drop me a line.
드랍 미 어 라인

▶ 편지나 전화로 글을 남겨 달라는 표현이다. 예전에는 "편지해"라고 이해하겠지만 요즘은 "문자해"라는 의도로 이해할 수 있다

회화

A **I know you'll be busy enjoying yourself, but please, drop me a line.**
아이 노우 유일 비 비지 인조잉 유어셀프, 벗 플리즈, 드랍 미 어 라인
좋은 시간 보낸다고 바쁘겠지만, 그래도 연락해.

B **I'll drop you a line once I get settled in at school.**
아일 드랍 유 어 라인 원스 아이 겟 세를드 인 앳 스쿨
학교에 일단 적응하면 연락할게.

Voca be busy v-ing ~하는 데 바쁘다 get settled in 정착하다, 자리를 잡다

관련 표현

■ 문자 줘.

Text me.
텍스트 미

■ 문자 주세요.

Give me a text message.
김미 어 텍스트 메씨지

▶ text는 문자 메시지 등을 의미하는 명사지만 '문자를 보내다'라는 의미의 동사로도 사용할 수 있다. email 역시 마찬가지로 email me. 등으로 사용할 수 있다.

DAY 016

좋은 꿈 꿔요
Sweet dreams.
스윗 드림즈

▶ 귀여운 표현이다. "좋은 꿈 꿔요"에 해당하는 우리말을 '달달한 꿈'이라고 표현하고 있다.

회화

A I will go to bed.
아이 윌 고 투 베드
자러 갈게.

B Sweet dreams.
스윗 드림즈
좋은 꿈 꿔.

Voca go to bed 자러 가다

관련 표현

■ 편안하게 자렴.

Don't let the bed bug bite you.
돈 렛 더 베드 벅 바이츄

■ 잘 자.

Sleep tight.
슬립 타잇

▶ 첫 번째 표현은 아이들에게 귀엽게 쓸 수 있는 표현인데, 직역하면 '침대 벌레가 물지 않도록 해라'로, 단잠을 자라는 의미로 해석하면 된다.

성함이 어떻게 되세요?

Can I have your name, please?

캔 아이 해브 유어 네임, 플리즈

▶ 편한 상황에선 What is your name?이라고 말하면 되겠지만, 상대에 대한 공손함을 표현해야 하는 자리에서는 이 표현을 쓸 수 있다.

회화

A Can I have your name, please?
캔 아이 해브 유어 네임, 플리즈
성함이 어떻게 되시나요?

B My name is John Sandals.
마이 네임 이즈 존 샌들스
제 이름은 존 샌들스입니다.

Voca name 이름

관련 표현

■ 성과 이름을 주시겠습니까?
Could I have your full name, please?
쿠다이 해브 유어 풀 네임, 플리즈

■ 성함을 좀 부탁드립니다.
I'd like to have your name, please.
아이드 라익투 해브 유어 네임, 플리즈

▶ would like to는 공손함을 덧붙인 표현이다.

DAY 018

제가 호칭을 어떻게 하면 좋을까요?

What should I call you?

왓 슈다이 콜 유

▶ 상대의 호칭을 물어볼 때 쓰는 표현으로 How should I call you?라고 하지 않도록 주의한다.

회화

A So, what should I call you?

쏘, 왓 슈다이 콜 유

그럼, 제가 어떻게 호칭을 불러드릴까요?

B Please, just call me Anabel.

플리즈, 저슷 콜 미 애너벨

그냥 애너밸이라고 불러주세요.

Voca call A B A를 B라 부르다

관련 표현

■ 어떻게 불러드릴까요?

How should I address you?

하우 슈다이 어드레스 유

■ 어떤 이름을 사용할까요?

What name should I use?

왓 네임 슈다이 유즈

▶ address는 '주소'라는 의미 외에 '호칭, 호칭을 부르다'라는 의미도 함께 가지고 있다.

당신이 케이트 씨군요
You must be Kate.
유 머슷비 케이트

▶ 소개받은 사람을 직접 만났을 때 쓸 수 있는 표현이다.

회화

A Hi! You must be Kate. Sam told me about you yesterday.

하이! 유 머슷비 케이트. 쌤 톨드 미 어바우츄 예스터데이

안녕하세요. 케이트 씨군요. 샘이 어제 당신에 대해서 이야기해줬어요.

B Yes, I am. I heard a lot about you, too.

예스, 아이 앰. 아이 헐드 얼랏 어바우츄, 투

예, 맞아요. 저도 당신에 대해서 많이 들었습니다.

Voca must be ~임에 틀림이 없다

관련 표현

■ 당신이 샘의 딸이겠군요.

You must be Sam's daughter.

유 머슷비 쌤스 도러

■ 김 씨의 동료 아닌가요?

Aren't you Mr. Kim's colleague?

안츄 미스터 킴스 콜릭

▶ 위의 표현 중 hear a lot about은 '~에 관해서 많이 듣다'로 처음 만나는 사람에 대해서 일전에 누군가를 통해서 많이 들었을 때 사용하는 표현이다.

DAY 020

식구가 몇 명인가요?

How many people are there in your family?

하우 매니 피플 아 데어 인 유어 패밀리

▶ 상대의 가족 구성원의 수를 물을 때 묻는 표현이다.

회화

A How many people are there in your family?
하우 매니 피플 아 데어 인 유어 패밀리
식구가 몇 명인가요?

B There are 4 of us, my dad, mom, a younger sister,
and me.
데어 아 포 오버스, 마이 댇, 맘, 어 영거 시스터, 앤 미
4명이에요. 아버지, 어머니, 여동생 그리고 저예요.

Voca There are/is ~ 있다

관련 표현

■ 가족 구성이 어떻게 되나요?

How many family members do you have?
하우 매니 패밀리 멤버스 두 유 해브

■ 저는 대학 때문에 다른 주에 있는 여동생이 그리워요.

I miss my sister who is out of town for college.
아이 미스 마이 시스터 후 이즈 아우럽 타운 포 컬리지

▶ miss는 '그리워하다'와 I've just missed the bus.(막 차를 놓쳤어요.)에서와 같이 '놓치다'라는 두 가지 뜻으로 종종 쓰인다.

형제자매는 있나요?
Do you have any siblings?

두 유 해브 애니 씨블링즈

▶ 상대의 가족 구성원 중에 형제자매가 있는지에 대해 물어볼 수 있는 표현입니다.

회화

A Do you have any siblings?

두 유 해브 애니 씨블링즈

당신은 형제자매가 있나요?

B I have a twin brother. Sometimes we argue over things, but we usually get along well.

아이 해버 트윈 브라더. 썸타임즈 위 아규 오버 띵스, 벗 위 유절리 겟 얼롱 웰

저는 쌍둥이 형제가 하나 있습니다. 때로 논쟁이 일기도 하지만, 우리는 일반적으로 잘 지내요.

Voca sibling 형제 또는 자매 twin 쌍둥이 get along well 잘 지내다

관련 표현

■ 형제자매가 있나요?

Do you have any brothers or sisters?

두 유 해브 애니 브라더스 올 시스터즈

■ 형제자매가 있는 것이 좋은 것 같아요? 혼자가 좋은 것 같아요?

Do you think having siblings or being an only child is better?

두 유 띵크 해빙 씨블링즈 올 비잉 언 온리 차일드 이즈 베러

▶ sibling을 활용한 말 중 sibling rivalry는 형제자매끼리 서로 경쟁하는 관계를 표현하는 말이다.

DAY
022

저는 외동이에요
I'm the only child.

아임 디 온리 차일드

▶ 형제자매가 없는 경우 쓰는 표현이다 .

회화

A Do your parents have any other children besides you?

두 유어 페어런츠 해브 애니 아더 칠드런 비싸이즈 유

당신 말고 다른 아이들이 있나요?

B No, I'm the only child. Sometimes I get too much attention from my parents.

노, 아임 디 온리 차일드. 썸타임즈 아이 겟 투 머치 어텐션 프럼 마이 페어런츠

아니요, 제가 다입니다. 때로 부모님께 지나치게 많은 관심을 받아요.

Voca besides ~ 외에

관련 표현

■ 저는 형제자매가 없어요.

I don't have any siblings.

아이 돈 해브 애니 씨블링즈

■ 그것을 하는 데 장점과 단점이 뭘까요?

What are some pros and cons of doing that?

왓 아 썸 프로스 앤 컨스 오브 두잉 댓

▶ I am the only child.와 달리 I am only a child.라고 하면 '나는 단지 어린 아이일 뿐이다'는 표현이다. 또한, '외동'이라는 말은 I am an only child.라고 표현할 수도 있다.

무슨 일 있나요?
What's wrong?
왓츠 렁

▶ 평소와 다른 상황에서 상대의 상태를 묻는 표현이다.

회화

A Hi Helen. What's wrong?
하이 헬렌. 왓츠 렁
안녕 헬렌. 무슨 일 있어?

B I couldn't sleep until 3 o'clock in the morning. Our neighbors' children threw a loud party last night.
아이 쿠든트 슬립 언틸 쓰리 어클락 인 더 모닝. 아워 네이버스 칠드런 쓰류 어 라우드 파리 라스트 나잇
새벽 3시가 돼서야 잤어. 동네 애들이 지난밤에 시끄러운 파티를 열었거든.

Voca neighbor 이웃 loud 시끄러운

관련 표현

■ 무슨 일 있나요?
Is there anything wrong with you?
이즈 데어 애니띵 렁 위듀

■ 마음 속 근심이 있나요?
What's on your mind?
왓츠 온 유어 마인드

▶ 위의 표현 중 not A until B는 직역하면, 'B까지 A않다'이지만 우리말에 'B하고서 A하다'에 해당하는 표현이다.

DAY 024

오늘 피곤해 보이네
You look tired today.
유 룩 타이얼드 투데이

▶ 피곤해 보이는 상대에게 하는 가장 일반적인 표현이다.

회화

A Hi Carol. You look tired today. What's wrong?
하이 캐롤. 유 룩 타이얼드 투데이. 왓츠 렁
안녕 캐롤. 오늘 피곤해 보여. 무슨 일 있어?

B I didn't get any sleep last night. I have an interview for the company today.
아이 디든트 겟 애니 슬립 라스트 나잇. 아이 해번 이너뷰 투데이
지난밤에 전혀 못 잤어. 오늘 면접이 있어.

Voca look ~하게 보이다 have an interview 면접이 있다

관련 표현

■ 나는 지쳤어.
I am exhausted.
아이 앰 이그저스티드

■ 완전히 기운이 다 빠졌어.
I am completely worn out.
아이 앰 컴플리틀리 원 아웃

▶ 재미난 표현으로 아주 많이 피곤할 때 dog-tired라는 단어를 쓴다. I am dog-tired.라고 표현할 수 있다. exhausted도 tired보다 강한 어감이다.

오늘 기분이 언짢아 보이네

You look under the weather today.

유 룩 언더 더 웨더 투데이

▶ 상대의 언짢은 표정을 언급하면서 무슨 일인지 물을 때 쓰는 말이다.

회화

A Jack, you look under the weather today.
잭, 유 룩 언더 더 웨더 투데이
잭, 오늘 좀 언짢아 보이는데.

B I think I am coming down with a cold.
아이 띵크 아이 앰 커밍 다운 위더 콜드
감기 걸리려나 봐.

Voca weather 날씨

관련 표현

■ 오늘 좀 기분이 그래.

I am feeling out of it today.
아이 앰 필링 아우러빗 투데이

■ 너 우울해 보인다.

You look depressed.
유 룩 디프레스드

▶ 위의 표현 중 come down with는 감기와 같은 병에 걸리기 전 '기운이 느껴지다'의 상황
에서 쓰인다.

DAY 026

우리 어디선가 만나지 않았어요?

Did I know you from somewhere?

디다이 노 유 프럼 썸웨어?

▶ Have we met before?라고 말할 수도 있다. 때로 관심 있는 상대에게 작업(?)을 거는 다소 진부한 pick-up line(꼬시는 말)이 될 수도 있다.

회화

A Did I know you from somewhere? You look very familiar.

디다이 노 유 프럼 썸웨어? 유 룩 베리 퍼밀리어

우리 어디선가 만나지 않았어요? 낯익어요.

B I get that a lot.

아이 겟 댓 얼랏

그런 말 많이 들어요.

Voca somewhere 어딘가에서 familiar 익숙한

관련 표현

■ 이전에 어디선가 뵌 것 같아요.

I think I met you somewhere before.

아이 띵크 아이 메츄 썸웨어 비포

■ 제 친구 중 한 명과 너무 닮았어요.

You look exactly like one of my friends.

유 룩 이그잭틀리 라익 워너브 마이 프렌즈

▶ 대화에 나오는 I get that a lot.은 "그런 말 많이 들어요."라는 말이다. 몇 단어 안 되는 문장이지만, 생활 속에서 활용도가 높다.

DAY 027

탐 너를 여기서 보게 될 줄이야

Fancy seeing you here, Tom.

팬시 씨잉 유 히어, 탐

▶ 기대치 않은 뜻밖의 상황에서 쓰는 표현이다.

회화

A Fancy seeing you here, Tom.
팬시 씨잉 유 히어, 탐
탐 여기서 보게 될 줄이야.

B I know. What a coincidence! What brought you here?
아이 노. 와러 코인써던스! 왓 브롯 유 히어
제 말이요. 우연의 일치네요. 여기 왜 오신 건가요?

Voca coincidence 우연(의 일치) bring 데리고 오다

관련 표현

■ 참 섬뜩한 우연의 일치군요.

What a creepy coincidence.
와러 크리피 코인써던스

■ 여기서 만날 줄은 생각도 못했어요.

I never thought I would meet you here.
아이 네버 쏟 아이 우드 미츄 히어

▶ creepy는 '섬뜩한, 기이한'이라는 의미를 가진 단어이다.

DAY 028

그의 학력에 대해 알고 있어?

Do you know what his school career is?

두 유 노 왓 히즈 스쿨 커리어 이즈

▶ Do you know ~?는 '너는 ~을 알고 있니?'라는 표현으로, 생활 속 활용도가 높으니 아래 관련표현을 통해서 암기하도록 한다.

회화

A Do you know what his school career is?

두 유 노 왓 히즈 스쿨 커리어 이즈

그의 학력에 대해 알고 있어?

B Born in India, he attended high school and medical school in Madras.

본 인 인디아, 히 어텐디드 하이 스쿨 앤 메디컬 스쿨 인 마드라스

인도에서 태어나서 마드라스에서 고등학교와 의과대학을 나왔어.

Voca school career 학력 attend ~에 다니다

관련 표현

■ 가장 가까운 버스정류장이 어디인 줄 아시나요?

Do you know where the nearest bus stop is?

두 유 노 웨어 더 니얼리스트 버스 스탑 이즈

■ 이 기계 다시 동작하게 하는 방법을 아나요?

Do you know how to get this machine going again?

두 유 노 하우 투 겟 디스 머신 고잉 어겐

▶ Do you know ~?는 뒤에 〈의문사 + 주어 + 동사〉와 결합하여 간접의문문 형식으로도 많이 사용된다.

지금은 아주 건강해, 고마워
I'm as right as rain now, thanks.
아임 애즈 라잇 애즈 레인 나우, 땡스

▶ (as) right as rain은 "아주 건강한(상태가 좋은)"의 관용표현이다.

회화

A I heard you were sick.
아이 허드 유 워 씩
네가 아프다고 들었는데.

B I was off work for a couple of days with a bad chest, but I soon got better. I'm as right as rain now, thanks.
아이 워즈 오프 웍 포 어 커플 오브 데이즈 위더 배드 체스트, 벗 아이 순 갓 베러. 아임 애즈 라잇 애즈 레인 나우, 땡스
가슴이 조금 아파서 이틀 쉬었는데, 곧 좋아졌어. 지금은 아주 건강해, 고마워.

Voca   be off work 일을 쉬다

관련 표현

■ 나는 건강해.
I'm in the pink.
아임 인 더 핑크

■ 그녀는 아주 튼튼해.
She's as fit as a fiddle.
쉬즈 애즈 핏 애즈 어 피들

▶ 위에서 '~라고 들었어'라는 표현의 I heard that S V는 활용도가 높다. I heard that you got promoted.(승진했다며.) / I heard that you just came back from the U.S. (미국에서 방금 돌아왔다며.) / I heard that Susan and you didn't work out.(수잔이랑 너랑 잘 안됐다고 들었어.)와 같은 다양한 표현을 만들어낼 수 있다.

DAY 030

너 요즘 달라 보여
You look different these days.

유 룩 디퍼런트 디즈 데이즈

▶ look different는 상대방의 외모나 성격이 달라 보일 때 사용한다.

회화

A You look different these days. You are not telling me that you are seeing anyone.

유 룩 디퍼런트 디즈 데이즈. 유 아 낫 텔링 미 댓 유 아 씨잉 애니원

요즘 달라 보여. 누구 만나는 건 아니겠지?

B Who am I fooling? I'm in love with Timber.

후 앰 아이 풀링? 아임 인 럽 윗 팀버

내가 누굴 속이겠어? 팀버랑 사랑에 빠졌어.

Voca see 만나다, 데이트하다 fool 속이다

관련 표현

■ 어쩜 하나도 안 변했니.

You haven't changed at all.

유 해븐트 체인지드 애롤

■ 너 요즘 뭔가 달라.

Something's not right about you these days.

썸띵스 낫 롸잇 어바웃 유 디즈 데이즈

▶ 위에서 You are not telling~은 '~하고 말하는 것은 아니겠지?'라는 활용도가 높은 표현이다.

Day 001 새해 복 많이 받으세요!

Happy New Year!

Day 002 안녕하세요, 처음 뵙겠습니다

Nice to meet you.

Day 003 잘 지냈어요?

How have you been?

Day 004 그럭저럭 지내고 있어요

I am just getting by.

Day 005 걱정 마세요

Don't sweat it.

Day 006 그냥 인사하러 왔어

I just came by to say hi.

Day 007 오늘 어땠어?

What have you been up to today?

Day 008 조금도 그렇지 않았어

Not a bit of it.

Day 009 당신은 여전히 그대로네요

You haven't changed at all.

Day 010 제 소개를 할게요

Let me introduce myself.

Day 011 (당신에 대해서) 많이 들었습니다

I've heard a lot about you.

Day 012 연락하면서 지내요

Let's keep in touch.

Day 013 잘 다녀오세요

Come back in one piece.

Day 014 이만 가봐야겠어요

I'd better leave now.

Day 015 연락해!

Drop me a line.

Day 016 좋은 꿈 꿔요

Sweet dreams.

Day 017 성함이 어떻게 되세요?

Can I have your name, please?

Part | **02**

일상생활 I

DAY 031

지난밤에 잠을 잘 못 잤어요

I didn't get much sleep last night.

아이 디든트 겟 머취 슬립 라스트 나잇

▶ 피곤해 보인다는 말을 들었을 때 사용할 수 있는 표현이다.

회화

A Rich, you look exhausted!

리취, 유 룩 이그저스티드!

리치, 몹시 지쳐 보여.

B I know. I didn't get much sleep last night. People next door had a party all night.

아이 노우. 아이 디든트 겟 머취 슬립 라스트 나잇. 피플 넥스트 도어 해드 어 파리 올 나잇.

맞아, 어젯밤 잠을 별로 못 잤어. 옆집 사람들이 밤새도록 파티했어.

Voca exhausted 몹시 지친 people next door 옆집 사람들

관련 표현

■ 밤새 잠을 못 잤어.

I couldn't sleep all night.

아이 쿠든트 슬립 올 나잇

■ 지난밤에 뒤척이다 잠을 못 잤어.

I tossed and turned last night.

아이 토스트 앤 턴드 라스트 나잇

▶ 위의 표현 중 exhausted는 tired보다 더 강한 의미로 '지친, 녹초가 된'이란 뜻이다. 다른 표현으로 worn out이 있으며, You look worn out.이라고 말하면 된다.

한번 나의 운을 시험할 때가 왔네
Time to try my luck.
타임 투 트라이 마이 럭

▶ try one's luck은 "가진 운을 시험하다"라는 문자 그대로의 의미다. 큰 일을 앞 둔 상황에서 자신에게 운을 기리는 마음에서 쓸 수 있는 표현이다.

회화

A Alright. Finally here we are. Time to try my luck.
올라잇. 파이널리 히어 위 아. 타임 투 트라이 마이 럭
좋아. 드디어 여기 왔구나. 한번 나의 운을 시험할 때가 왔네.

B Once you earn more than what you started with, that is when you stop.
원스 유 언 모어 댄 왓 유 스타티드 위드, 댓 이즈 웬 유 스탑
처음 시작한 돈보다 많이 따면 그때 관둬야 해.

Voca earn 벌다

관련 표현

■ 나를 위해 행운을 빌어줘.

Keep your fingers crossed for me.
킵 유어 핑거스 크로스드 포 미

■ 난 10년간 큰 병에 걸린 적이 없어. 운이 좋지.

I haven't had a serious illness for 10 years, knock on wood.
아이 해븐트 해드 어 씨리어스 일니스 포 텐 이얼즈, 낙 온 우드

▶ knock on wood는 나무를 두드리는 행위에서 우려하는 나쁜 일을 떨쳐버린다는 미신에서 나온 표현이다. 한 번씩 듣는 표현이다.

그래서 난 항상 일찍 와
That's why I always get in early.
댓츠 와이 아이 올웨이즈 게린 얼리

▶ 어떤 행동을 하는 이유를 설명할 때 쓰는 표현으로 That's why S V가 활용된다.

회화

A I can't believe how crowded the library is today. There isn't a seat available.

아이 캔트 빌리브 하우 크라우디드 더 라이브러리 이즈 투데이. 데어 이즌트 어 씻 어 베일러블

오늘 도서관에 사람들이 너무 많네. 자리가 하나도 없어.

B That's why I always get in early.

댓츠 와이 아이 올웨이즈 게린 얼리

그래서 나는 항상 일찍 와.

Voca crowded 사람이 붐비는 available 이용 가능한 get in 들어가다 early 일찍

관련 표현

■ 그게 바로 내가 그녀를 좋아하는 이유야.

That's why I like her.

댓츠 와이 아이 라익 허

■ 일찍 일어나는 새가 벌레를 잡는다.

An early bird catches the worm.

언 얼리 버드 캐취스 더 웜

▶ 위의 표현 중 I can't believe how crowded <u>the library is</u> today.는 간접의문문을 포함하는 문장이다. I can't believe + How crowded <u>is the library</u> today?라는 두 문장을 합친 것으로 〈의문사+주어+동사〉로 된다는 점에 주의해야 한다.

3시 15분에요

At a quarter past three.

앳 어 쿼러 패스트 쓰리

▶ quarter는 '4분의 1'이란 뜻으로 시간을 나타내는 표현에서는 15분을 의미한다.

회화

A **What time are Jane and your mom leaving?**
왓 타임 아 제인 앤 유어 맘 리빙?
제인이랑 엄마 언제 떠나시니?

B **At a quarter past three. They won't be back until Sunday night.**
앳 어 쿼러 패스트 쓰리. 데이 오운트 비 백 언틸 썬데이 나잇
3시 15분이요. 일요일 밤이나 되어서 돌아와요.

Voca leave 떠나다 be back 돌아오다

관련 표현

■ 10시 15분이다.

It's a quarter past 10.

잇처 쿼러 패스트 텐

■ 12시 50분이야.

It is ten to one.

이리즈 텐 투 원

▶ 시간을 말할 때 ten to one은 1시가 되기 10분 전을 의미하므로 12시 50분이다.

DAY 035

지난밤에 거의 사고 날 뻔했어

I almost got into a car accident last night.

아이 얼모스트 갓 인투 어 카 액씨던트 라스트 나잇

▶ 불행한 사건을 간만의 차로 피해 갔을 때 쓰는 표현이다.

회화

A I almost got into a car accident last night.
아이 얼모스트 갓 인투 어 카 액씨던트 라스트 나잇
지난밤에 거의 사고 날 뻔했어.

B That was a close call.
댓 워저 클로우즈 콜
큰일 날 뻔했네.

Voca almost 거의 car accident 자동차 사고

관련 표현

■ 나 제인과 거의 싸울 뻔했어.

I almost got into a fight with Jane.
아이 얼모스트 갓 인투 어 파잇 윗 제인

■ 그는 미끄러져 거의 넘어질 뻔했다.

He slipped and almost fell.
히 슬립트 앤 얼모스트 펠

▶ almost 한 단어 활용으로 문장의 의미가 바뀌고 있다.
  • I got into a fight with Jane. (제인과 싸웠다.)
  • I <u>almost</u> got into a fight with Jane. (제인과 거의 싸울 뻔했다.)

가까스로 잡았어요
I grabbed it just in time.
아이 그랩드 잇 저슷 인 타임

▶ 무언가를 놓칠 뻔 했을 때 쓰는 표현이다. just in time은 "겨우 시간에 맞춰, 마침 좋은 때에, 가까스로"의 의미를 갖는다.

회화

A It's so windy out there!
잇츠 쏘 윈디 아웃 데어
밖에 바람이 많이 부네.

B It sure is. I had my hat blown off my head this morning, and I grabbed it just in time.
잇 슈어 이즈. 아이 해드 마이 햇 블로운 오프 마이 헤드 디스 모닝, 앤 아이 그랩드 잇 저슷 인 타임
정말이에요. 오늘 아침에 모자가 날려서 가까스로 잡았어요.

Voca blow off 바람에 날아가다

관련 표현

■ 나는 간신히 도착했다.
I made it by the skin of my teeth.
아이 메이딧 바이 더 스킨 오브 마이 티쓰

■ 나는 제시간에 간신히 도착해서 비행기가 하늘로 솟아오르는 것을 보았다.
I was just in time to see an airplane rise into the sky.
아이 워즈 저슷 인 타임 투 씨 언 에어플레인 라이즈 인투 더 스카이

▶ in time과 유사한 표현으로 on time이 있다. '딱 그 시간에 맞춰서'의 의미이다.

DAY 037

오늘 약국에 들를 건가요?

Are you going by the pharmacy today?

아 유 고잉 바이 더 파마씨 투데이

▶ 가까운 시점에 어떤 일을 할지를 물을 때 진행의 형태인 be v-ing가 활용됨을 기억한다.

회화

A Are you going by the pharmacy today?

아 유 고잉 바이 더 파마씨 투데이

오늘 약국에 들를 건가요?

B I wasn't planning to, but I can.

아이 워즌트 플래닝 투, 벗 아이 캔

그럴 생각은 없었지만, 할 수 있어요.

Voca pharmacy 약국

관련 표현

■ 들르셔서 구경하세요.

Why not stop by and look around?

와이 낫 스탑 바이 앤 루커라운드

■ 집에 오는 길에 가게에 들러 빵 좀 사오시겠어요?

Could you stop by the store on the way home for some bread?

쿠쥬 스탑 바이 더 스토어 온 더 웨이 홈 포 썸 브레드

▶ stop by는 '~에 들르다'라는 뜻이다. 같은 표현으로 go by, drop by, swing by 등이 있다.

DAY 038

밤새 뒤척인단 말이야
I toss and turn all night.
아이 토스 앤 턴 올 나잇

▶ toss and turn은 '잠에 들지 못하고 계속 몸을 뒤척이는 것'을 의미한다.

회화

A We need a new mattress. I toss and turn all night.
위 니더 뉴 매트리스. 아이 토스 앤 턴 올 나잇
새로운 매트리스가 필요해. 밤새 뒤척인단 말이야.

B You should stop drinking coffee.
유 슈드 스탑 드링킹 커피
커피를 마시지 말아야지.

Voca all night 밤새

관련 표현

■ 나의 아기는 매일 밤 자는 중에 뒤척인다.

My baby tosses about on his bed every night.
마이 베이비 토씨스 어바웃 온 히즈 베드 에브리 나잇

■ 그는 뒤척이다 잠이 들었다.

He was tossing and turning before he fell asleep.
히 워즈 토씽 앤 터닝 비포 히 펠 어슬립

▶ '밤새 뒤척이다'라는 표현인 toss and turn은 toss over in one's sleep 또는 roll over in one's sleep이라고 바꾸어 말할 수 있다.

내 팔의 이 자국 좀 봐
Look at these marks on my arms.
룩 앳 디즈 막스 온 마이 암스

▶ 몸에 특정 자국이 생긴 상황에서 쓸 수 있는 표현으로 '자국'을 간단히 mark로 표현할 수 있다.

회화

A Look at these marks on my arms.
룩 앳 디즈 막스 온 마이 암스
내 팔의 이 자국 좀 봐.

B What are they? Did the cat bite you?
왓 아 데이? 디드 더 캣 바이츄
그게 뭐야? 고양이가 문 거야?

Voca mark 자국 arm 팔

관련 표현

■ 이 자국이 없어지지 않아.
These marks won't go away.
디즈 막스 웡 고 어웨이

■ 아이들이 부엌 바닥에 온통 더러운 자국을 남겼다.
The children left dirty marks all over the kitchen floor.
더 칠드런 레프트 더리 막스 올 오버 더 키친 플로어

▶ mark는 '자국, 표시' 외에도 '특징, 점수' 등의 의미가 있으며 동사로도 사용된다.

DAY 040

비용이 얼마나 드는데?
How much does it cost?
하우 머취 더짓 코스트

▶ 어느 나라든 짧은 해외여행이라도 계획이 있다면 반드시 알아두어야 할 표현이다.

A How much does it cost?
하우 머취 더짓 코스트
비용이 얼마나 드는데?

B Approximately a thousand dollars.
어프록시미틀리 어 싸우전 달러스
약 천 달러 정도.

Voca approximately 대략

관련 표현

■ 내가 그 가격에는 그것을 살 형편이 안 된다.
I can't afford it at that price.
아이 캔트 어포딧 앳 댓 프라이스

■ 2천 달러 비용을 들여 새 컴퓨터 시스템을 구축해놓았다.
A new computer system has been installed at a cost of 2,000 dollars.
어 뉴 컴퓨터 시스템 해즈 빈 인스톨드 앳 어 코스터브 투 싸우전 달러스

▶ 비용을 묻는 질문에 물론 cost를 활용하여 That will cost 20 dollars.라고 할 수도 있지만, be동사를 활용하여 That will be 20 dollars.라고 말할 수도 있다.

DAY 041

끝이 보이지가 않아
You can't see the end of it.
유 캔트 씨 디 엔더빗

▶ 어떤 대상의 크기가 아주 클 때 쓰는 표현이다. 때로 일의 진행 속도가 너무 더디거나 마무리 짓기가 쉽지 않다는 것을 의도한 표현이기도 하다.

회화

A The ocean is so big.
디 오션 이즈 쏘 빅
바다가 정말 넓다.

B You can't see the end of it.
유 캔트 씨 디 엔더빗
끝이 보이지가 않아.

Voca ocean 바다

관련 표현

■ 짐은 예전만큼 술을 마실 수 없다.

Jim cannot drink as much as before.
짐 캔낫 드링크 애즈 머취 애즈 비포

■ 내 여동생은 그녀가 원했던 직장을 얻을 수 있었다.

My sister was able to get her job she wanted.
마이 씨스터 워즈 에이블 투 겟 허 잡 쉬 원티드

▶ can은 크게 두 가지, 가능성과 추측을 주로 표현한다. can이 가능성을 나타낼 때 '~할 수 있다'로 해석하며, be able to로 전환할 수 있다. 또한 can은 '추측'을 나타낼 때 강한 의구심을 나태낼 수 있다.

그냥 나눠주려고
I'm going to give them away.
아임 고잉 투 기브 뎀 어웨이

▶ 돈을 받지 않고 무료로 나눠주려고 할 때 give something away라는 표현을 쓸 수 있다.

회화

A These kittens are all so cute. What are you going to do with them?
디즈 키튼스 아 올 쏘 큐트. 와라유 고잉 투 두 윗 뎀
이 새끼 고양이들 너무 귀엽다. 고양이들 어떻게 하려고?

B I'm going to give them away. Do you want one?
아임 고잉 투 기브 뎀 어웨이. 두 유 원트 원
그냥 나눠주려고. 한 마리 데리고 갈래?

Voca | kitten 새끼 고양이 do with ~을 …하다

관련 표현

■ 그는 자기 돈 대부분을 자선단체에 기부했다.

He gave away most of his money to charity.
히 게이브 어웨이 모스트 오브 히즈 머니 투 채러티

■ 답을 알려주지 마.

Don't give away the answer.
돈 기브 어웨이 디 앤써

▶ give away는 '거저주다, 나누어주다, 수여하다, 양보하다, 폭로하다' 등의 다양한 의미를 가지고 있다.

DAY 043

오늘 13일의 금요일이야

Today is Friday the thirteenth.

투데이 이즈 프라이데이 더 썰틴쓰

▶ Friday the thirteenth은 유명한 서양 미신인 '13일의 금요일'이다.

회화

A Today is Friday the thirteenth. It's a bad day.

투데이 이즈 프라이데이 더 썰틴쓰. 잇쳐 배드 데이

오늘 13일의 금요일이야. 재수 없는 날이지.

B Yeah, it's supposed to be unlucky.

예, 잇츠 서포즈드 투 비 언럭키

응, 불운이 따른다고 하지.

Voca be supposed to ~해야 한다, ~하기로 되어 있다

관련 표현

■ 그는 2020년 2월 1일 토요일에 결혼한다.

He is getting married on Saturday, Feb 1, 2020.

히 이즈 게링 메리드 온 쌔러데이, 페이브러리 퍼스트, 투웨니 투웨니

■ 2019년 12월 31일 화요일 자정에 그녀에게 결혼하자고 할 거야.

I will tell her to marry me on Tuesday, Dec 31, 2019 at midnight.

아이 윌 텔 허 투 메리 미 온 튜즈데이, 디쎔버 써리 펄스트, 투웨니 나인틴 앳 미드나잇

▶ 날짜는 요일-일-월-년도 순으로 표기한다. 구체적으로 전치사 in은 월과 구체적 년도와 함께 쓰이고, 요일은 전치사 on과 함께 쓰인다. in July, in 1996, on Friday

인스턴트라면 가격이 요즘 계속 오르고 있어

These days the price of instant noodles goes up and up.

디즈 데이즈 더 프라이스 오브 인스턴트 누들스 고즈 업 앤 업

▶ 가격이 오르는 상황에서 쓸 수 있는 표현으로 go up은 '오르다', go up and up은 '계속 오르다'라는 의미다.

회화

A These days the price of instant noodles goes up and up.

디즈 데이즈 더 프라이스 오브 인스턴트 누들스 고즈 업 앤 업

인스턴트라면 가격이 요즘 계속 오르고 있어.

B I think noodles used to cost 10 cents.

아이 띵크 누들스 유즈드 투 코스트 텐 센츠

라면 가격은 100원이었던 것 같은데.

Voca instant 즉석의

관련 표현

■ 그는 (규칙적으로) 산책을 하곤 했다.

He used to take a walk.

히 유즈드 투 테이커 웍

■ 담뱃값이 오르고 있다.

The price of cigarettes is going up.

더 프라이스 오브 씨거렛츠 이즈 고잉 업

▶ used to는 '~하곤 했다'는 과거의 규칙적 습관을 나타낸다. 반면 would는 과거의 불규칙 습관을 나타낸다.

DAY 045

단추 하나가 셔츠에서 떨어져 나갔어
A button came off my shirt.

어 버튼 케임 오프 마이 셔츠

▶ 어떤 물건이 원래 자리에서 '떨어져 나가다'라고 하고 싶으면 come off를 쓴다.

회화

A **A button came off my shirt.**
어 버튼 케임 오프 마이 셔츠
단추 하나가 셔츠에서 떨어져 나갔어.

B **Shirts usually come with an extra button.**
셔츠스 유절리 컴 위던 엑스트라 버튼
셔츠는 일반적으로 단추 하나가 추가로 달려 나오는데.

Voca come with ~가 딸려 나오다 extra 여분의

관련 표현

■ 이 셔츠는 5가지 색상으로 나온다.

This shirt comes in five different colors.
디스 셔츠 컴스 인 파이브 디퍼런트 컬러스

■ 내가 그것을 씻었을 때 얼룩이 바로 빠져나왔다.

The stain came off right away when I washed it.
더 스테인 케임 오프 라잇 어웨이 웬 아이 워시딧

▶ come은 어떤 물건이 '(~상태로) 나오다, 출시되다'의 의미가 있다. come off에는 '떨어져 나가다' 말고도, '(~이) 빠져 나오다'라는 의미도 있다.

베개커버를 세탁했니?
Did you wash the pillowcases?

디쥬 워시 더 필로우케이시스

▶ wash는 '(옷, 천)을 물세탁하다'의 의미다.

회화

A **Did you wash the pillowcases?**
디쥬 워시 더 필로우케이시스
베개커버 세탁했니?

B **Yes, I took them off the pillows and washed them.**
예스, 아이 툭 뎀 오프 더 필로우스 앤 워시드 뎀
네, 베개에서 벗겨서 씻었어요.

Voca pillowcase 베개커버

관련 표현

■ 과일은 먹기 전에 철저히 씻어라.
Wash the fruit thoroughly before eating.
워시 더 프룻 쏘로우리 비포 이링

■ 당신은 내 마음의 짐을 덜어주었어요.
You've taken the load off my mind.
유브 테이큰 더 로드 오프 마이 마인드

▶ take A off B는 'B에서 A를 떼어내다'라는 뜻이다. 예를 들어, He took the badge off my shirt.는 '그는 나의 셔츠에서 뱃지를 때어냈다.'라는 뜻이다.

DAY
047

냉장고에 아무것도 없어
There's nothing in the fridge.
데얼즈 낫띵 인 더 프리지

▶ 텅 비어 있는 대상을 묘사할 때 There's nothing in의 표현을 사용한다.

회화

A I'm hungry. There's nothing in the fridge.
아임 헝그리. 데얼즈 낫띵 인 더 프리지
나 배고파. 냉장고에 아무것도 없어.

B Are you sure? I went to the market yesterday, and I bought lots of oranges and apples.
아 유 슈어? 아이 웬트 투 더 마켓 예스터데이, 앤 아이 봇 랏처브 어린지스 앤 애플스
확실해? 어제 장을 봐서, 오렌지랑 사과 많이 샀는데.

Voca fridge 냉장고

관련 표현

■ 밖에서 두 사람이 기다리고 있다.

There are two people waiting outside.
데어 아 투 피플 웨이링 아웃싸이드

■ 옛날에 네 아들을 둔 가난한 농부가 있었다.

There once was a poor farmer who had four sons.
데어 원스 워즈 어 푸어 파머 후 해드 포 썬즈

▶ 〈There + be + 주어〉 구문은 주어자리의 명사의 단복수를 따져 be동사의 수일치를 맞춰야 한다.

컴퓨터에 이상이 있어
Something's wrong with my computer.
썸띵스 롱 윗 마이 컴퓨터

▶ 생활을 하다보면 항상 문제가 발생하기 마련이다. Something's wrong with~는 '~에 문제가 발생했어.'라는 아주 유용한 표현이다.

회화

A Something's wrong with my computer. All I get is a black screen.
썸띵스 롱 윗 마이 컴퓨터. 올 아이 겟 이저 블랙 스크린
컴퓨터에 문제 있어. 온통 검은 화면이야.

B I think I know, because that happened to me before, too. My hard drive crashed.
아이 띵크 아이 노, 비커즈 댓 해픈드 투 미 비포, 투. 마이 하드 드라이브 크래쉬드
알 것 같아. 나도 이전에 그랬거든. 하드드라이브가 충돌했었어.

Voca happen to 일어나다, 발생하다 crash 충돌하다

관련 표현

■ 전화기가 좀 이상한데요.
Something's wrong with this phone.
썸띵스 롱 윗 디스 폰

■ 제 생각으로는 키보드에 이상이 있는 것 같아요.
I think something's wrong with the keyboard.
아이 띵크 썸띵스 롱 윗 더 키보드

▶ '~뿐이다'는 위에 있는 All (that) I get is ~로 표현할 수 있다. 우리말에 해당하는 영어를 생각하려면 소위 말하는 콩글리쉬가 나올 수 밖에 없다. 영어적 사고를 기르는 가장 손쉬운 방법은 암기임을 잊지 말자.

DAY 049

핸드폰 무음모드에 놓아야겠어

I am going to put the phone on the silent mode.

아이 앰 고잉 투 풋 더 폰 온 더 싸일런트 모드

▶ 일상이 된 핸드폰 사용과 관련이 있는 필수 표현이다.

회화

A I'm going to take a nap. I am going to put the phone on the silent mode.

아임 고잉 투 테이커 냅. 아임 고잉 투 풋 더 폰 온 더 싸일런트 모드

나는 낮잠을 좀 자야겠어. 핸드폰 무음모드로 놓아야겠어.

B Do you want me to wake you in an hour?

두 유 원트 미 투 웨이큐 인 언 아워

한 시간 후에 깨워줄까?

Voca take a nap 낮잠을 자다

관련 표현

■ 이제 진동에서 벨소리 모드로 바꾸셔도 됩니다.

You may now change your phones from vibrate to ring.

유 메이 나우 체인지 유어 폰즈 퍼름 바이브레잇 투 링

■ 영화 보는 동안 핸드폰을 진동모드로 해놓고 있어.

They keep their phones in vibrate mode as they are seeing a movie.

데이 킵 데어 폰즈 인 바이브레잇 모드 애즈 데이 아 씨잉 어 무비

▶ the silent mode는 '무음모드'이다. 이외에 vibrate mode(진동모드), mute(무음모드), ring tone(벨소리모드) 등도 함께 암기하자.

MI 의미가 뭐야?
What does "MI" mean?
왓 더즈 엠아이 민

▶ 모르는 정보를 얻고자 할 때 쓰는 표현이다. What does it mean?은 '그것이 무슨 의미인가요?'라는 뜻이다.

회화

A I don't understand some things. What does "MI" mean?
아이 돈 언더스탠 썸 띵즈. 왓 더즈 엠 아이 민
몇 가지 이해가 안 돼. MI 뜻이 뭐야?

B That's simple enough. "MI" stands for Middle Initial.
댓츠 씸플 이넙. 엠아이 스탠즈 포 미들 이니셜
아주 간단해. MI는 중간 이름 머리 글자를 의미하는 거야.

Voca stand for ~을 의미하다, 상징하다

관련 표현

■ 절대 안 된다는 게 무슨 말씀이세요?
   What do you mean by never?
   왓 두 유 민 바이 네버

■ 무슨 말씀인지 잘 모르겠습니다. 좀 쉬운 말로 해 주시겠습니까?
   I don't follow you very well. Would you mind using simpler words?
   아이 돈 팔로우 유 베리 웰. 우쥬 마인 유징 씸플러 워즈

▶ What do you mean?과 비슷한 표현으로 What does it mean by that? / I don't get it. / I'm not with you. / I don't follow you. / I haven't the faintest idea what you mean. 등이 있다.

DAY 051

쓰레기통 거리 밖에 놔뒀니?
Did you put the blue bin out on the street?

디쥬 풋 더 블루 빈 아웃 온 더 스트릿

▶ 미국의 경우 쓰레기수거차가 오기 전에 길거리에 쓰레기통을 내다놓는다.

회화

A Did you put the blue bin out on the street?
디쥬 풋 더 블루 빈 아웃 온 더 스트릿
쓰레기통 거리 밖에 놔뒀니?

B Oh, no. I completely forgot.
오, 노. 아이 컴플릿틀리 포갓
아 이런. 완전 잊고 있었어요.

Voca put out ~을 밖에 내놓다 completely 완전히

관련 표현

■ 당신은 차키 가져오는 것을 잊어버렸어요?
  Did you forget to bring your car key?
  디쥬 포겟 투 브링 유어 카 키

■ 쓰레기통을 앞에 내놓는 게 낫겠어.
  You'd better take the trash bin out front.
  유드 베러 테익 더 트래쉬 빈 아웃 프런트

▶ 상대방에게 부탁한 일을 확인할 때, 직접 Did you ~?로 ~을 했는지 물을 수도 있고 Do you remember/forget to~?로 앞으로 해야 할 일을 환기시켜줄 수도 있다.

재활용 트럭이 언제 들르죠?
What time does the recycle truck come by?

왓 타임 더즈 더 리싸이클 트럭 컴 바이

▶ 일정 시간에 들르가는 시간이나 때를 물어볼 때 사용하는 표현이다.

회화

A What time does the recycle truck come by?

왓 타임 더즈 더 리싸이클 트럭 컴 바이

재활용 트럭이 언제 들르죠?

B It usually gets here at noon on Tuesday, which is tomorrow.

잇 유절리 겟츠 히어 앳 눈 온 튜즈데이, 위치 이즈 투마로우

일반적으로 목요일 정오에 여기에 오는데, 내일이네.

Voca come by ~에 들르다

관련 표현

■ 괜찮으시다면 다음 주 월요일에 들르겠습니다.

I can drop by next Monday if that's okay.

아이 캔 드랍 바이 넥스트 먼데이 이프 댓츠 오케이

■ 들르셔서 신상품들을 둘러보시는 게 어때요?

Why don't you stop by and look around at the brand new products?

와이 돈츄 스탑 바이 앤 룩 어라운드 앳 더 브랜뉴 프로덕츠

▶ come by 외에 stop by, drop by, come over, look in 등이 '~에 들르다'의 표현으로 사용된다.

DAY 053

TV 뉴스에서 은행 강도를 보도하는 거 들었어

I heard the TV news reporting a bank robbery.

아이 허드 더 티비 뉴스 리포팅 어 뱅크 로버리

▶ 지각동사 hear는 '~가 ~하는 것을 듣다'의 의미를 갖는다.

회화

A The police said they need our help finding a robber.
더 폴리스 쎋 데이 니드 아워 헬프 파인딩 어 로버
경찰이 강도 잡는 데 우리 도움이 필요하다고 했어.

B Yeah, I heard the TV news reporting a bank robbery.
예, 아이 허드 더 티비 뉴스 리포팅 어 뱅크 로버리
응, TV 뉴스에서 은행 강도를 보도하는 거 들었어.

Voca bank robbery 은행 강도

관련 표현

■ 나는 그녀가 마음을 바꿀 것으로 볼 수가 없다.

I can't see her changing her mind.
아이 캔트 씨 허 체인징 허 마인드

■ 경찰이 한 남자가 그 은행에 들어가는 것을 목격했다.

The police observed a man enter the bank.
더 폴리스 옵저브드 어 맨 엔터 더 뱅크

▶ 지각동사 hear, see, feel, observe, listen to는 목적어와 목적격 보어를 갖추며 '~가
…하는 것을 듣다, 보다, 느끼다, 관찰하다, 듣다'로 해석한다. 목적격 보어로는 능동일 경우
동사원형이나 현재분사가 올 수 있다.

안경 어떤 것을 쓸지 처방전을 줄 거예요

He'll give you a prescription for glasses.

히일 기뷰 어 프리스크립션 포 글래시스

▶ give A a prescription은 'A에게 처방전을 써주다'의 의미이다.

회화

A **My eye-sight is getting worse and worse. I'd better see an eye doctor.**
마이 아이싸이트 이즈 게링 월스 앤 월스. 아이드 베러 씨 언 아이 닥터
눈이 점점 나빠지나 봐. 안과의사에게 가봐야겠어요.

B **He'll give you a prescription for glasses.**
히일 기뷰 어 프리스크립션 포 글래시스
그가 안경 어떤 것을 쓸지 처방전을 줄 거예요.

Voca eye doctor 안과의사 prescription 처방전

관련 표현

■ 내 아이가 건강이 점점 호전되고 있다.

My child has been getting better and better.
마이 차일드 해즈 빈 게링 베러 앤 베러

■ 의사가 내 아이에게 독감에 대한 처방전을 써 주었다.

The doctor gave my son a prescription for bad cold.
더 닥터 게이브 마이 썬 어 프리스크립션 포 배드 콜드

▶ get 뒤에 '비교급 and 비교급'을 붙이면 '점점 더 ~해지다'라는 뜻이다. I'm getting thinner and thinner nowadays.(나 요즘에 점점 날씬해지고 있어.)

DAY 055

항상 유심히 살펴본다니까

I always keep my eye open.

아이 올웨이즈 킵 마이 아이 오픈

▶ 꼼꼼한 성격을 드러내는 표현이다.

회화

A This library has lots of thieves. You should keep your belongings close to you.

디스 라이브러리 해즈 랏츠 오브 띱스. 유 슈드 킵 유어 빌롱잉스 클로즈 투 유

이 도서관은 도둑이 많아서 소지품을 항상 가까이 두어야 해.

B I always keep my eye open.

아이 올웨이즈 킵 마이 아이 오픈

나는 항상 유심히 살펴본다니까.

Voca keep close ~을 가까이 두다 belongings 소지품

관련 표현

■ 나는 옷 가게를 유심히 살펴보겠습니다.

I'll keep my eye open for dress shop.

아일 킵 마이 아이 오픈 포 드레스 샵

■ 적신호에 일단 멈춰서야 한다.

You should stop at a red light first.

유 슈드 스탑 앳 어 레드 라잇 펄스트

▶ keep my eye open과 같은 표현으로 take a closer look at을 쓸 수 있다. All the kids took a close look at cows, pigs, and sheep on the farm.(모든 아이들은 농장에서 소, 돼지, 양들을 자세히 살펴보았다.)

어떻게 했어?
How did it go?
하우 디딧 고

▶ 일의 진행 상황을 묻는 표현이다.

회화

A I had an interview with the company that I've really wanted to work for.
아이 해던 이너뷰 윗 더 컴퍼니 댓 아이브 리얼리 원티드 투 웍 포
내가 정말 일하고 싶은 회사에 인터뷰를 봤어.

B How did it go?
하우 디딧 고
어떻게 했어?

Voca company 회사

관련 표현

■ 프로젝트 어떻게 됐어?

How did the project go?
하우 디드 더 프로젝트 고

■ 요즘 어때요?

How's it going?
하우즈 잇 고잉

▶ go는 '가다' 외에 '진행되다'라는 의미로도 많이 쓰인다.

DAY 057

좀 더 간단하게 만들었어야 했는데요

They should've been made more simple.

데이 슈드브 빈 메이드 모어 씸플

▶ 과거에 하지 않은 일에 대해 후회를 나타내는 표현으로 should have p.p의 표현에 주목한다.

회화

A All the signs at this airport is somewhat confusing. They weren't well designed at all.

올 더 싸인즈 앳 디스 에어포트 이즈 썸왓 컨퓨징. 데이 원트 웰 디자인드 앳 올

이 공항의 모든 표지가 다소 헷갈려. 제대로 디자인이 되지 않았어.

B They should've been made more simple.

데이 슈드브 빈 메이드 모어 씸플

좀 더 간단하게 만들었어야 했는데.

Voca   somewhat 다소   be designed 만들어지다

관련 표현

■ 너는 거기에 더 일찍 갔어야 했는데.

You should've been there earlier.

유 슈드브 빈 데어 얼리어

■ 첫 기차를 놓치지 않기 위해 좀 더 일찍 떠났어야 했는데.

Maybe they should have left earlier not to miss the first train.

메이비 데이 슈드 해브 레프트 얼리어 낫 투 미스 더 펄스트 트레인

▶ should have p.p.는 '~했었어야 했는데 (하지 않았다)'는 의미의 후회를 담고 있는 표현이다.

DAY 058

무엇 때문에 문제가 생겼나요?

What caused the problem?

왓 커즈드 더 프라블름

▶ 일상에서 자주 접할 수 있는 표현이므로 꼭 암기하도록 하자.

A **What caused the problem?**
   왓 커즈드 더 프라블름
   무엇 때문에 문제가 생겼나요?

B **He overestimated the demand, and produced too much.**
   히 오버에스티메이티드 더 디맨드, 앤 프로듀스드 투 머취
   그가 수요를 과대평가해서 지나치게 과잉생산을 했답니다.

Voca overestimate 과대평가하다 demand 수요

관련 표현

■ 난 무엇이 문제를 일으키고 있는지 알아.

   I know what's causing the problem.
   아이 노 왓츠 커징 더 프라블름

■ 심장이 무엇 때문에 멈췄던 거니?

   What caused the heart to stop?
   왓 커즈드 더 헛 투 스탑

▶ cause는 명사로 '원인, 이유'라는 의미가 있으며 동사로는 '~을 야기하다, 일으키다'라는 의미가 있다.

바로 길 건너편에 있어요
It's right across the street.
잇츠 라잇 어크로스 더 스트릿

▶ 특정 대상의 위치를 나타내는 표현이며, right는 '정확히, 바로, 꼭'의 의미이다.

회화

A Excuse me. Is Chan's Bar around here?
익스큐즈 미. 이즈 찬스 바 어라운드 히어
실례합니다. Chan's Bar가 여기 있나요?

B Right. Keep going ahead until you hit the ABC bank.
It's right across the street from it.
라잇. 킵 고잉 어헤드 언틸 유 힛 더 에이비씨 뱅크. 잇츠 라잇 어크로스 더 스트릿
프롬 잇
맞아요. 계속 앞으로 가면 ABC은행이 있어요. 그 바로 건너편에 있습니다.

Voca hit (어떤 장소에) 닿다

관련 표현

■ 리는 바로 그녀 뒤에 서 있었다.

Lee was standing right behind her.
리 워즈 스탠딩 라잇 비하인드 허

■ 그 은행은 바로 모퉁이에 있어요.

The bank is right around the corner.
더 뱅크 이즈 라잇 어라운드 더 코너

▶ right는 부사로 '정확히, 바로, 꼭'의 의미 외에도 '완전히, 줄곧, 즉시, 곧바로, 제대로' 등이
있다.

코가 꽉 막혔어
My head's stuffed-up.

마이 헤드즈 스텁드 업

▶ stuffed-up은 '꽉 막힌'이다. My head's stuffed-up.은 직역하면 '머리가 꽉 막힌'이
지만 일반적으로 코가 막혀 머리까지 다 아픈 상태를 말한다.

회화

A You don't look so good. What's wrong?

유 돈 룩 쏘 굿. 왓츠 롱

너 좀 안 좋아 보여. 왜 그러니?

B My head's stuffed-up, I've got a runny nose and I
ache all over.

마이 헤드즈 스텁드 업, 아이브 가러 러니 노우즈 앤 아이 에익 올 오버

코가 꽉 막힌 데다 콧물도 흐르고 온 몸이 아파.

Voca get a runny nose 콧물이 흐르다 ache 아프다

관련 표현

■ 전 벌써 나흘째 코가 꽉 막혔어요.

I have been stuffed-up for four days.

아이 해브 빈 스텁드 업 포 포 데이즈

■ 약발이 드는 데 시간이 걸린다.

It takes time for the meds to kick in.

잇 테익스 타임 포 더 메즈 투 킥 인

▶ 약이 효과가 있다는 말은 work으로 표현하는데 '약발이 든다'라는 표현으로 kick in을 사
용할 수도 있다.

Day 031 지난밤에 잠을 잘 못 잤어요

I didn't get much sleep last night.

Day 032 한번 나의 운을 시험할 때가 왔네

Time to try my luck.

Day 033 그래서 난 항상 일찍 와

That's why I always get in early.

Day 034 3시 15분에요

At a quarter past three.

Day 035 지난밤에 거의 사고 날 뻔 했어

I almost got into a car accident last night.

Day 036 가까스로 잡았어요

I grabbed it just in time.

Day 037 오늘 약국에 들를 건가요?

Are you going by the pharmacy today?

Day 038 밤새 뒤척인단 말이야

I toss and turn all night.

Day 039 내 팔의 이 자국 좀 봐

Look at these marks on my arms.

Day 040 비용이 얼마나 드는데?

How much does it cost?

Day 041 끝이 보이지가 않아

You can't see the end of it.

Day 042 그냥 나눠주려고

I'm going to give them away.

Day 043 오늘 13일의 금요일이야

Today is Friday the thirteenth.

Day 044 인스턴트라면 가격이 요즘 계속 오르고 있어

These days the price of instant noodles goes up and up.

Day 045 단추 하나가 셔츠에서 떨어져 나갔어

A button came off my shirt.

Part 02

일상생활 I

Part | *03*

일상생활 II

여기 오신 적이 있나요?
Have you been here before?

해뷰 빈 히어 비포

▶ 과거의 경험을 묻고 싶을 때 Have you ever ~와 같은 표현을 쓴다.

회화

A This is Caleb Park. I'd like to make an appointment.
디시즈 칼렙 박. 아이드 라익투 메이컨 어포인먼트
저는 칼렙 박인데요. 예약을 하고 싶어요.

B Have you ever been here before?
해뷰 에버 빈 히어 비포
여기 오신 적이 있나요?

Voca make an appointment 예약하다

관련 표현

■ 다음 주로 예약을 잡았습니다.

I made an appointment for next week.
아이 메이던 어포인먼트 포 넥스트 윅

■ 취소한 분이 계셔서 내일 10시에 해드릴 수 있겠네요.

I had a cancellation so I can get you in tomorrow at 10:00.
아이 해더 캔설레이션 쏘 아이 캔 게츄 인 투마로우 앳 텐

▶ plan은 편한 친구 사이에 "나 오늘 친구를 만날 약속이 있어."를 I have a plan to meet a friend of mine.과 같이 표현할 수 있다. appointment는 병원 예약 같은 격식 있는 경우에 사용한다. promise는 맹세와 같은 맥락에서 쓰인다.

DAY 062

아주 가까이 계시는데요

You're a stone's throw away.

유어 어 스톤스 쓰로우 어웨이

▶ a stone's throw away (from something)는 '아주 가깝다'의 의미이다.

회화

A Excuse me. Can you help me? I'm looking for Sam's Groceries.

익스큐즈 미. 캔 유 헬프 미? 아임 루킹 포 샘스 그로서리즈

죄송하지만 저 좀 도와주시겠어요? 샘 식료품점을 찾고 있어요.

B You're a stone's throw away. It's straight ahead three blocks on your right.

유어 어 스톤스 쓰로우 어웨이. 잇츠 스트레잇 어헤드 쓰리 블락스 온 유어 라잇

아주 가까이 계시는데요. 쭉 앞으로 세 블록을 가시면 우측에 있어요.

| **Voca** | grocery 식료품 |

관련 표현

■ 어디로 가세요?

Where are you headed?

웨어 아 유 헤디드

■ 그 버스 정류장은 걸어갈 거리에 있어요.

The bus stop is within a walking distance.

더 버스 스탑 이즈 위딘 어 워킹 디스턴스

▶ 가까운 거리를 나타내는 표현으로 within a walking distance가 있다.

머리 누가 잘라줘?
Who cuts your hair?
후 컷츠 유어 헤어

▶ 의문사 who를 이용하여 머리 잘라준 사람을 묻는 표현이다.

회화

A Who cuts your hair?
후 컷츠 유어 헤어
머리 누가 잘라줘?

B I go to a woman who has a shop by me.
아이 고 투 어 워먼 후 해즈 어 샵 바이 미
집 옆에 미용실 하는 여자분에게 가.

Voca cut one's hair 머리카락을 자르다

관련 표현

■ 나 흰머리 나기 시작했어.
I'm starting to get white hair.
아임 스타팅 투 겟 화잇 헤어

■ 머리한 것이 맘에 안 들어.
I don't like the way I had my hair cut.
아이 돈 라익 더 웨이 아이 해드 마이 헤어 컷

▶ 미용실에서 쓸 수 있는 표현으로 get a perm(파마하다), have hair dyed(염색하다), trim(숱을 치다) 등이 있다.

DAY 064

막내 여동생 내가 봐야 돼

I have to baby-sit for my youngest sister.

아이 햅투 베이비 씻 포 마이 영기스트 씨스터

▶ baby-sit은 '~의 아이를 돌봐주다, ~을 감시하다, 지켜보다'의 의미이다.

회화

A Do you want to study together at my house this Saturday?

두 유 원투 스터디 투게더 앳 마이 하우스 디스 쌔러데이

토요일에 우리 집에서 같이 공부할래?

B I can't. I'm going to be busy Saturday. I have to baby-sit for my youngest sister.

아이 캔트. 아임 고잉 투 비 비지 쌔러데이. 아이 햅투 베이비 씻 포 마이 영기스트 씨스터

난 안 돼. 토요일에 바쁠 거라서. 막내 여동생 내가 봐야 돼.

Voca youngest 가장 어린

관련 표현

■ 일요일에 바쁠 거야.

I will have my hands full on Sunday.

아이 윌 해브 마이 핸즈 풀 온 썬데이

■ 우리 언니네 아이 둘을 내가 봐야 돼.

I have to baby-sit for my sister's two kids.

아이 햅투 베이비 씻 포 마이 씨스터즈 투 키즈

▶ be going to는 예정된 또는 계획된 미래의 일을 표현할 때 쓰인다. 그러므로 I'm going to be busy this Saturday.라는 뜻은 이미 토요일에 할 일이 있어 바쁠 것이라는 의미가 된다.

내가 도울 수 있는 유일한 시간이야
It's the only window I have to help you.
잇츠 디 온리 윈도우 아이 햅투 헬퓨

▶ window은 '(잠깐 동안의) 기회, (기회의) 시간, 틈'의 의미를 갖는다.

회화

A When are you going to help me prepare for the math test?
웨나유 고잉 투 헬프 미 프리페어 포 더 매쓰 테스트
수학 시험 준비 언제 도와줄 거야?

B What about this Sunday? It's the only window I have to help you.
와러바웃 디스 썬데이? 잇츠 디 온리 윈도우 아이 햅투 헬퓨
이번 일요일 어때? 내가 도울 수 있는 유일한 시간이야.

Voca prepare for ~을 준비하다

관련 표현

■ 어휴, 너는 항상 바쁘구나.
Man, you are always busy.
맨, 유 아 올웨이즈 비지

■ 5시 30분에서 8시 30분 사이에 너를 도와줄 수 있어.
I have a window between 5:30 and 8:30 to help you.
아이 해버 윈도우 비튄 파이브 써리 앤 에잇 써리 투 헬퓨

▶ window를 '창문'이 아닌 다른 의미로 활용해보자.

DAY 066

말할 때도 아프니?

Does it still hurt when you talk?

더짓 스틸 허트 웬 유 톡

▶ 몸이 아프면 좋을 리 없지만, 삶의 일부분이라 언제나 사용할 수 있는 표현이다.

회화

A Mom, I am not feeling so hot. It really hurts when I swallow.

맘, 아이 앰 낫 필링 쏘 핫. 잇 리얼리 헐츠 웬 아이 스왈로우

엄마, 몸이 안 좋아. 침을 삼킬 때 너무 아파요.

B Does it still hurt when you talk?

더짓 스틸 허트 웬 유 톡

말할 때도 아프니?

Voca swallow 침을 삼키다

관련 표현

■ 말할 때 아파요.

It hurts when I talk.

잇 헐츠 웬 아이 톡

■ 목이 너무 뻣뻣해요.

My neck feels really stiff.

마이 넥 필즈 리얼리 스티프

▶ stiff는 '뻣뻣한, 뻐근한, 심한, 딱딱한' 등의 의미를 가지고 있다.

DAY 067

현재 것을 고수할까?

Do I stick with my current one?

두 아이 스틱 윗 마이 커런트 원

▶ stick(달라붙다)을 활용한 stick with는 '~을 고수하다'라는 멋진 뜻을 가진 표현이다.

회화

A Should I take this new job? Or do I stick with my current one?

슈다이 테익 디스 뉴 잡? 올 두 아이 스틱 윗 마이 커런트 원

이 새로운 일자리 잡아야 할까? 아니면, 현재 것을 고수할까?

B Well, I think it's time for a change, don't you?

웰, 아이 띵크 잇츠 타임 포 어 체인지, 돈츄?

음, 변화가 필요한 시기인 것 같지 않아?

Voca current 현재의 time for a change 변화를 위한 시간

관련 표현

■ 주변 문제에는 집착하지 마라.

Just don't stick to a side issue.

저슷 돈 스틱 투 어 싸이드 이슈

■ 원래 계획을 고수하자.

Let's just stick with the original plan.

렛츠 저슷 스틱 윗 디 오리지널 플랜

▶ stick with에서 with 대신 to를 사용하여 stick to(~에 집착하다)도 자주 사용된다.

DAY 068

돈에 확실히 쪼들리고 있어

We're certainly feeling the pinch.

위어 썰튼리 필링 더 핀치

▶ feel the pinch는 '돈에 쪼들리다'의 의미이다.

회화

A **Why the long face?**
와이 더 롱 페이스
왜 우울해 보여?

B **My wife is not working anymore, so there's less money coming into the house. We're certainly feeling the pinch.**
마이 와잎 이즈 낫 워킹 애니모어, 쏘 데얼즈 레스 머니 커밍 인투 더 하우스. 위어 썰튼리 필링 더 핀치
아내가 더 이상 일을 하지 않아서, 집에 돈이 덜 들어와. 돈에 확실히 쪼들리고 있어.

Voca long 우울한

관련 표현

■ 다음 달에는 돈에 쪼들릴 거야.

We will feel the pinch next month.
위 윌 필 더 핀치 넥스트 먼쓰

■ 그는 완전 구두쇠야.

He is a complete penny-pincher.
히 이저 컴플릿 페니 핀처

▶ pinch와 관련하여 재밌는 표현 중 하나가 a penny-pincher이다. 직역하면 '1센트도 줍는 사람'으로, 그만큼 구두쇠라는 의미다.

아는 사람이 없었을걸
I don't think anybody did.
아이 돈 띵크 애니바리 디드

▶ 아래 대화문에서 "나뿐 아니라 아는 사람이 없다"는 의미로 쓰이고 있다. 문맥적 해석이 필요한 문장이므로 적절한 상황에 사용해야 한다.

회화

A Did Jane get married? I didn't even know she had a boyfriend.

디드 제인 겟 메리드? 아이 디든트 이븐 노우 쉬 해더 보이프렌

제인이 결혼했어? 남자친구가 있는지도 몰랐는데.

B I don't think anybody did. It was all very sudden.

아이 돈 띵크 애니바리 디드. 잇 워즈 올 베리 써든

아는 사람이 없었을걸. 갑자기 일어난 거야.

Voca all very sudden 완전히 갑작스러운

관련 표현

■ 그것에 대해서 아는 사람이 없어.

Nobody knows about that.

노바리 노우즈 어바웃 댓

■ 나는 정말로 아무도 신경 쓰지 않는다고 생각한다.

I don't think anybody really cares.

아이 돈 띵크 애니바리 리얼리 케얼즈

▶ 위의 I don't think anybody did.에서 did는 대동사로 앞의 내용을 대신해서 쓴 동사이다. 원래 문장은 I don't think anybody knew she had a boyfriend.인데 밑줄 친 내용이 이미 언급된 사항이라 대동사가 사용되었다.

아주 돈을 많이 줬다고
I paid the earth for that.
아이 페이드 디 얼쓰 포 댓

▶ pay the earth는 '큰돈을 지불하다'의 의미이다.

회화

A Did you drop my new phone? I paid the earth for that.
디쥬 드랍 마이 뉴 폰? 아이 페이드 디 얼쓰 포 댓
내 새로 산 폰 떨어뜨렸어? 비싸게 주고 산 건데.

B I'm terribly sorry. I'll buy you another one.
아임 테러블리 쏘리. 아일 바이 유 어나더 원
정말 미안해. 내가 하나 사줄게.

Voca pay 지불하다

관련 표현

■ 돈이 많이 들었다.
It cost the earth.
잇 코스트 디 얼쓰

■ 많은 돈이 들었다.
It cost an arm and a leg.
잇 코스트 언 암 앤 어 렉

▶ terribly는 '끔찍하게'라는 뜻보다는 일반적으로 의미를 강조하는 부사로 많이 쓰인다. 대화문에서도 마찬가지로 I'm sorry.의 의미를 강조하기 위해 I'm terribly sorry.라고 표현한 것이다.

어디 아픈 거 아니야?

Is he ill or something?

이즈 히 일 올 썸띵

▶ or something은 대화할 때 추임새를 넣는 기능으로, '~인가 아니면 ~인가, ~따위, ~등등'의 의미를 갖는다.

회화

A Good heavens! John is drinking orange juice! Is he ill or something?

굿 헤븐스! 존 이즈 드링킹 어린지 주스! 이즈 히 일 올 썸띵

이런, 존이 오렌지 주스를 마시고 있어. 어디 아픈 거 아냐?

B He's given up all his bad habits.

히즈 기븐 업 올 히즈 배드 해빗츠

그가 모든 나쁜 습관을 버렸어.

Voca	ill 아픈 give up 버리다, 포기하다

관련 표현

■ 그가 이전보다 더 건강하다고 생각해.

I think he's healthier than he's been.

아이 띵크 히즈 헬씨어 댄 히즈 빈

■ 자기가 뭐라고 생각하는 거야? 미친 거 뭐 그런 거 아니야?

What does he think he is? Is he crazy or something?

왓 더즈 히 띵크 히 이즈? 이즈 히 크레이지 올 썸띵

▶ or something은 '~인가 무엇인가, 따위, 등등' 등으로 해석할 수 있으며 something 대신 somebody 혹은 somewhere 등을 사용하여 '~인가 누구인가' 혹은 '~인가 어디인가' 등의 의미를 만들 수 있다.

DAY 072

가끔 시동이 안 걸려
Sometimes it just won't start.
썸타임즈 잇 저슷 오운트 스타트

▶ 영어의 경우 사물도 '고집, 의지'가 있다고 생각하여 will을 사용한다. won't는 will not의 축약된 표현이다.

회화

A What's the matter with it?
왓츠 더 매러 위딧
무슨 문제야?

B I don't know. Sometimes it just won't start. I don't know what's wrong with it.
아이 돈 노우. 썸타임즈 잇 저슷 오운트 스타트. 아이 돈 노 왓츠 롱 위딧
모르겠어. 가끔 시동이 안 걸려. 뭐가 문제인지 모르겠어.

Voca start 시동이 걸리다

관련 표현

■ 자판기가 또 고장이네.

The vending machine is out of order again.
더 벤딩 머신 이즈 아우러브 오더 어겐

■ 내 친구가 너한테 차 좀 봐달라고 부탁했어.

My friend asked you to have a look at his car.
마이 프렌드 애슥트 유 투 해버 루캣 히즈 카

▶ out of order는 '고장 난'이라는 의미이다.

도대체 무슨 야단이야?

What was all that about?

왓 워즈 올 댓 어바웃

▶ 상대방이 평소와 달리 흥분해 있을 때나 통제가 되지 않는 상황에서 사용하는 표현이다.

회화

A I've had enough. He just pissed me off.

아이브 해드 이넙. 히 저슷 피스트 미 오프

도저히 못 참겠어. 그는 나를 정말 화나게 만들어.

B Calm down. What was all that about?

캄 다운. 왓 워즈 올 댓 어바웃

진정해, 도대체 무슨 야단이야?

Voca piss A off A를 화나게 하다

관련 표현

■ 그녀는 나를 정말 화나게 만들어.

He drives me up the wall.

히 드라입스 미 업 더 월

■ 그의 계속되는 농담에 그녀가 짜증이 나기 시작하는 참이었다.

His constant joking was beginning to annoy her.

히즈 컨스턴트 조킹 워즈 비기닝 투 어노이 허

▶ piss off는 '~을 화나게 만들다'라는 표현이다. piss off와 같은 표현으로 irritate, annoy, drive ~ up the wall 등이 있다.

어디 가려고 생각하고 있어?

Where are you thinking of going?

웨어라유 띵킹 오브 고잉

▶ Where are you thinking of ~?는 상대방의 계획이나 의도를 묻는 표현이다.

회화

A Dad, could I borrow the car on Friday evening please?

댇, 쿠다이 바로우 더 카 온 프라이데이 이브닝 플리즈

아빠, 금요일 저녁에 차 좀 빌릴 수 있을까요?

B Friday? Well, where are you thinking of going?

프라이데이? 웰, 웨어라유 띵킹 오브 고잉

금요일? 음, 어디 가려고 생각하고 있어?

Voca borrow 빌리다

관련 표현

■ 미국에서 무엇을 할 의도인가요?

What do you intend to do in U.S?

왓 두 유 인텐드 투 두 인 유에스

■ 이번 주말에 무슨 계획이 있니?

What are you planning to do this weekend?

와라유 플래닝 투 두 디스 위켄드

▶ 계획이나 예정을 나타내는 표현으로 What are you planning to ~? / What are you going to ~? / What do you intend to ~? 등이 있다.

착착 진행되었어요
It went like clockwork.
잇 웬트 라익 클락웍

▶ go[run] like clockwork는 '계획대로(순조롭게) 진행되다'라는 의미이다.

회화

A How did the meeting go?
하우 디드 더 미링 고
회의가 어떻게 진행되었어요?

B Oh, quite well. Better than expected. It went like clockwork.
오, 콰잇 웰. 베러 댄 이스펙티드. 잇 웬트 라익 클락웍
오, 꽤 잘되었어요. 기대보다 좋았죠. 착착 진행되었어요.

Voca expect 기대하다

관련 표현

■ 모든 것이 계획대로 진행되었다.

Everything went like clockwork.
에브리띵 웬트 라익 클락웍

■ 준비과정이 그리 순조롭지 않았다.

The preparation did not go smoothly.
더 프리페어레이션 디드 낫 고 스무쓸리

▶ '일이 순조롭게 진행되다'라는 표현에는 go smoothly와 run on wheel 등이 있다.

바다에서 모래알 찾기야
It's like looking for a needle in a haystack.

잇츠 라익 루킹 포 어 니들 이너 헤이스택

▶ "서울에서 김 서방 찾기"란 한국 속담과 같이 look for a needle in a haystack은 "거의 불가능한 일"을 나타낼 때 쓰인다.

회화

A Mom, I can't find my homework. Have you seen it?

맘, 아이 캔트 파인 마이 홈웍. 해뷰 씨닛

엄마, 숙제를 못 찾겠어요. 못 보셨어요?

B Look at your room. I've never seen such a muddle. It's like looking for a needle in a haystack.

루캣 유어 룸. 아이브 네버 씬 써처 머들. 잇츠 라익 루킹 포 어 니들 이너 헤이스택

방 좀 보렴. 이렇게 정신 사나운 걸 본 적이 없어. 바다에서 모래알 찾기야.

Voca muddle 엉망 haystack 건초더미

관련 표현

■ 오늘 밤까지 물건을 정돈하렴.

Organize your stuff by tonight.

오거나이즈 유어 스터프 바이 투나잇

■ 눈 속에서 흰 개를 찾겠다니 가망 없는 생각이다.

Trying to find a white dog in the snow is like looking for a needle in a haystack.

트라잉 투 파인더 화잇 독 인 더 스노우 이즈 라익 루킹 포 어 니들 이너 헤이스택

▶ '물건을 정리해라'를 organize your stuff라고도 할 수 있겠지만, get your stuff organized라고 표현할 수도 있다.

그거 잘 진행되었어?

Have you had any luck with it?

해뷰 해드 애니 럭 위딧

▶ 일이 잘 진행되는지를 물을 때 have any luck with를 사용할 수 있다.

회화

A I know you were quite busy finding a part time. Have you had any luck with it?

아이 노 유 워 콰잇 비지 파이닝 어 팔트 타임. 해뷰 해드 애니 럭 위딧

너 아르바이트 구한다고 꽤 바빴잖아. 구한 것은 있어?

B Yeah, luckily I got a truck delivery job.

예, 러킬리 아이 가러 트럭 딜리버리 잡

응, 운 좋게도 트럭으로 배달하는 일자리 찾았어.

Voca be busy v-ing ~하느라 바쁘다 luckily 운 좋게

관련 표현

■ 주변 일들이 아주 잘 되어가고 있다.

Things are going great with me.

띵즈 아 고잉 그레잇 윗 미

■ 요즘 뭐 하고 지냈어?

What have you been doing lately?

왓 해뷰 빈 두잉 레이틀리

▶ late는 '늦은'이라는 뜻의 형용사이며, '늦게'라는 부사적 의미도 가지고 있다. late에 -ly가 붙은 lately는 '늦게'가 아니라 '요즘에, 최근에'라는 의미이다.

왜 이리 소란이야?
What's all the fuss?
왓츠 올 더 퍼스

▶ fuss는 '호들갑, 법석, 야단'이라는 의미의 단어다.

회화

A **What's all the fuss?**
왓츠 올 더 퍼스
왜 이리 소란이야?

B **Somebody stole my cell-phone. It must've been
done by someone who knows us well.**
썸바리 스톨 마이 셀폰. 잇 머슷브 빈 던 바이 썸원 후 노우즈 어스 웰
누군가 내 핸드폰을 훔쳐갔어. 우리를 잘 알고 있는 사람에 의한 짓임에 틀림이
없어.

Voca steal 훔치다

관련 표현

■ 그는 호들갑 떨지 않고 시키는 대로 한다.

He does what he's told without any fuss.
히 더즈 왓 히즈 톨드 위다웃 애니 퍼스

■ 그녀는 허락도 없이 나갔음에 틀림이 없어.

She must have gone out without permission.
쉬 머슷 해브 곤 아웃 위다웃 퍼미션

▶ must have p.p는 '~임에 틀림이 없다'는 과거에 확신에 찬 추측을 표현한다.

정말 지독한 감기에 걸렸어

I have a bad case of cold.

아이 해버 배드 케이스 오브 콜드

▶ bad가 '질이 나쁜'이란 의미에서 a bad case of cold은 '지독한 감기'라는 뜻이다.

회화

A I have a bad case of cold. I think I got it on the plane coming from the trip.

아이 해버 뱃 케이스 업 콜드. 아이 띵크 아이 가릿 온 더 플레인 커밍 프럼 더 트립

정말 지독한 감기에 걸렸어. 여행에서 돌아오다 비행기에서 걸린 듯해.

B Yeah, you easily get sick on the plane. It is full of germs.

예, 유 이질리 겟 씩 온 더 플레인. 이리즈 풀 오브 점스

맞아. 비행기에서 쉽게 병에 걸리지. 세균으로 가득 차 있잖아.

Voca germ 세균

관련 표현

■ 꽃가루 알레르기가 아주 심해요.

I have a bad case of hay fever.

아이 해버 배드 케이스 오브 해이 피버

■ (감기 옮지 않게) 가까이 오지 마.

Don't get close to me.

돈 겟 클로우즈 투 미

▶ '감기에 걸리다'라는 표현을 대화문에서 How did you get it?에서와 같이 get을 사용하고 있다. catch를 사용하여 How did you catch it?이라고 말할 수도 있다.

DAY 080

(상황이) 너무 변했어
Things changed too much.
띵즈 체인지드 투 머취

▶ 전과 비교했을 때 너무 변한 상황에 쓰는 표현이다.

회화

A When I was young, there were always a bunch of kids playing outside. Things changed too much.

웬 아이 워즈 영, 데어 워 올웨이즈 어 번치 오브 키즈 플레잉 아웃사이드. 띵즈 체인지드 투 머취

내가 어렸을 때는 밖에 노는 많은 아이들의 무리가 있었는데. 너무 변했어.

B Yeah, just like you said.

예, 저슷 라이큐 쎋

맞아. 네가 말한 대로야.

Voca a bunch of 한 무리의

관련 표현

■ 그때 이래 상황이 전혀 변한 게 없어.

Things haven't changed at all since that.

띵즈 해븐트 체인지드 애롤 씬스 댓

■ 저 코너에 아주 큰 단풍나무 한 그루가 있었는데.

There used to be a huge maple tree at that corner.

데어 유즈드 투 비 어 휴즈 메이플 트리 앳 댓 코너

▶ Things changed too much와 유사한 표현으로 used to가 있다. '예전에 그랬었는데 지금은 ~이 아니다'의 의미로 쓰인다.

뒤로 넘어져서 바닥에 머리를 찧었어
I fell backward and hit my head on the floor.

아이 펠 백워드 앤 힛 마이 헤드 온 더 플로어

▶ fall backward는 '뒤로 넘어지다'이다. 일반적으로 접촉 상황을 묘사할 때 on을 쓴다는 것도 함께 기억해둔다.

회화

A What happened to your head? That's a big hump.
왓 해픈드 투 유어 헤드? 댓츠 어 빅 험프
머리 무슨 일이야? 큰 혹이 있잖아.

B I fell backward and hit my head on the floor.
아이 펠 백워드 앤 힛 마이 헤드 온 더 플로어
뒤로 넘어져서 바닥에 머리를 찧었어.

Voca hump 혹 backward 뒤로

관련 표현

■ 그 소녀는 급하게 뛰어가다가 발목이 부러졌어요[삐었어요].

The girl hurried to run and broke[sprained] her ankle.
더 걸 허리드 투 런 앤 브로크[스프레인드] 허 앵클

■ 내 아이가 자전거에서 떨어져 피부에 많은 상처가 생겼어요.

My son fell out of his bike and got a lot of scarring on his skin.
마이 썬 펠 아우러브 히즈 바이크 앤 갓 얼라더브 스카링 온 히즈 스킨

▶ 다쳤을 때 쓸 수 있는 표현을 더 익히도록 한다.

자동차 사고 났다고 말하는 건 아니지?

You are not telling that you got into a car accident.

유 아 낫 텔링 댓 유 갓 인투 어 카 액씨던트

▶ You are not telling that은 '~라고 말하는 건 아니지?'의 의미로, 상대방의 말을 확신하지 못할 때 사용하거나 확인차 묻는 표현이다.

회화

A **Why did you get hurt? You are not telling that you got into a car accident.**
와이 디쥬 겟 헐트? 유 아 낫 텔링 댓 유 갓 인투 어 카 액씨던트
왜 다쳤어? 자동차 사고 났다고 말하는 건 아니지?

B **No, I bumped into a telephone pole.**
노, 아이 범프트 인투 어 텔레폰 폴
아니, 전봇대에 부딪쳤어.

Voca bump into (우연히) 부딪히다 telephone pole 전봇대

관련 표현

■ 지금 네가 완전히 알거지라고 말하는 거니?

Are you telling me that you're completely broke?
아 유 텔링 미 댓 유어 컴플릿틀리 브로크

■ 나 어제 창피한 일이 있었어.

I had an embarrassing experience yesterday.
아이 해던 엠버러싱 익스피어리언스 예스터데이

▶ 당황한 처지를 표현하고 싶을 때는 I am embarrassed.라고 -ed를 붙이고, 당황케 하는 대상을 설명할 때는 It was an embarrassing experience.처럼 -ing를 붙인다.

시간이 흐르면 모든 것은 밝혀지잖아
Time reveals all things.
타임 리빌즈 올 띵즈

▶ Time reveals all things.는 '시간(세월)이 약이다'의 의미다. 격언이므로 문장 자체를 암기해두도록 한다.

회화

A I am sorry I didn't tell you first. It's not something to celebrate, is it?
아이 앰 쏘리 아이 디든트 텔 유 퍼스트. 잇츠 낫 썸띵 투 셀러브레잇, 이짓
너에게 먼저 말하지 않아서 미안해. 자랑할 것도 아니잖아.

B But you have to tell me the truth. Time reveals all things.
벗 유 햅투 텔 미 더 트루쓰. 타임 리빌즈 올 띵즈
그래도 나에게 사실을 말해야지. 시간이 흐르면 모든 것은 밝혀지잖아.

Voca celebrate 축하하다

관련 표현

■ 시간은 만물을 성숙하게 한다.
Time ripens all things.
타임 라이픈즈 올 띵즈

■ 시간은 사람을 기다리지 않는다.
Time and tide wait for no man.
타임 앤 타이드 웨잇 포 노 맨

▶ Time reveals all things.와 유사한 표현으로, Time cures all things. 또는 Time is a healer.가 있다.

DAY 084

죄송하지만, 신용대출 한도액이 다 되었습니다

I am sorry, but your credit card maxed out.

아이 앰 쏘리, 벗 유어 크레딧 카드 맥스드 아웃

▶ 신용카드를 썼는데, 대출금액이 초과되어 거절될 경우 max out이라는 단어를 써서 표현한다.

회화

A **I am sorry, but your credit card maxed out.**
아이 앰 쏘리, 벗 유어 크레딧 카드 맥스드 아웃
죄송하지만, 신용대출 한도액이 다 되었습니다.

B **In that case, I think I'll pay cash.**
인 댓 케이스, 아이 띵크 아일 페이 캐쉬
그렇다면, 현금으로 낼게요.

Voca in that case 그런 경우라면 pay cash 현금으로 결제하다

관련 표현

■ 한 번만 더 긁어주실래요?

Could you run it again, please?
쿠쥬 런 잇 어겐, 플리즈

■ 당신의 신용 카드 한도액 500만 원이 초과 사용되었다

Your credit limit of five million won has been exceeded.
유어 크레딧 리밋 오브 파이브 밀리언 원 해즈 빈 엑시디드

▶ run은 다의어로 다양한 뜻을 가진다. 아래 두 표현은 반드시 알아두도록 하자.
  1. 운영하다 He is running a small business. (그는 작은 사업체를 운영한다.)
  2. 작동하다 The car runs on oil. (그 자동차는 석유로 간다.)

이 시계가 맞지가 않아요
This watch doesn't keep accurate time.
디스 와치 더즌트 킵 애큐럿 타임

▶ keep time은 '때를 (정확히) 가리키다'라는 뜻이다.

회화

A What seems to be the problem?
왓 씸쯔 투 비 더 프라블름
문제점이 뭔가요?

B This watch doesn't keep accurate time. I'd like to return this.
디스 와치 더즌트 킵 애큐럿 타임. 아이드 라익투 리턴 디스
이 시계가 맞지가 않아요. 환불받고 싶어요.

Voca accurate 정확한 return 반납하다, 반품하다

관련 표현

■ 증상이 어떤가요?
What are your symptoms?
왓 아 유어 씸틈즈

■ 오늘 여기에 어떻게 오셨어요?
What brings you here today?
왓 브링즈 유 히어 투데이

▶ 위의 What seems to be the problem?은 다양한 상황에서 사용할 수 있다. 예를 들어, 병원에서 의사가 "어디가 어떻게 안 좋으세요?"라고 할 때 사용할 수도 있고, 대화에서와 같이 가게 점원이 손님에게 건넬 수 있는 표현이기도 하다. 상황에 맞게 사용하면 된다.

DAY 086

숨어 있는 살이 많아
I am kind of skinny fat.
아이 앰 카인더브 스키니 팻

▶ skinny는 '깡마른, 비쩍 여윈'이란 뜻으로 fat과 함께 쓰이면 모순 같지만, 겉으로 보기엔 말라보이지만 보이지 않는 살이 많다는 의미를 전달한다.

회화

A I've gained a little weight. I am kind of skinny fat.
아이브 게인드 어 리를 웨잇. 아이 앰 카인더브 스키니 팻
살이 좀 쪘어. 숨어 있는 살이 많아.

B I am telling you that you don't look fat at all.
아이 앰 텔링 유 댓 유 돈 룩 팻 애롤
말하지만, 전혀 뚱뚱하게 보이지 않아.

Voca weight 몸무게 I am telling you ~ 솔직히 말하지만 not ~ at all 전혀 아닌

관련 표현

■ 나는 약간 과체중이야.

I'm a bit overweight.
아임 어 빗 오버웨잇

■ 넌 살 정말 많이 뺐구나.

You've lost so much weight.
유브 로스트 쏘 머취 웨잇

▶ '(살이) 찌다'라는 단어는 gain이라고 할 수도 있지만, put on이라고도 표현할 수 있다. I've put on a lot of weight these days.(요즘 살이 많이 쪘어.) 반대말은 lose(살 빠지다)이다.

Part 03

일상생활 II

107 ●

박스 다 풀었나요?

Are you finished with unpacking the boxes?

아 유 피니쉬드 윗 언패킹 더 박시즈

▶ be finished with는 be done with와 같은 표현으로 '~을 끝내다'의 뜻이다.

회화

A Are you finished with unpacking the boxes?
아 유 피니쉬드 윗 언패킹 더 박시즈
박스 다 풀었나요?

B No, I am still working on it.
노, 아이 앰 스틸 워킹 온 잇
아뇨, 아직 작업 중이에요.

Voca unpack (짐을) 풀다

관련 표현

■ 난 이제 이것 끝이야(더 이상 못하겠어).

I am done with this.
아이 앰 던 윗 디스

■ 그것 언제 다 끝낼 것 같아요?

When do you think you will be finished with it?
웬 두 유 띵크 유 윌 비 피니쉬드 위딧

▶ '마치다, 끝내다'라는 의미를 가진 표현들에 대해 알아보자.

DAY 088

거꾸로 생각을 했네
I thought it the other way around.
아이 쏟 잇 디 아더 웨이 어라운드

▶ the other way around는 '반대, 거꾸로'라는 뜻으로 한 단어처럼 암기해서 활용한다.

회화

A Too much caffeine impairs your ability to concentrate.

투 머취 카페인 임페얼즈 유어 어빌리티 투 컨센트레잇

너무 많은 카페인은 집중력을 방해해.

B I am drinking much coffee for the test tomorrow. I thought it the other way around.

아이 앰 드링킹 머취 커피 포 더 테스트 투마로우. 아이 쏟 잇 디 아더 웨이 어라운드

내일 시험 때문에 커피를 많이 마시고 있었는데. 거꾸로 생각했네.

Voca impair 손상(악화)시키다 ability to concentrate 집중력

관련 표현

■ 반대여야 하는데요.

It should be the other way around.

잇 슈드 비 디 아더 웨이 어라운드

■ 상황이 반대라고 상상해봐.

Imagine the situation is the other way around.

이매진 더 시츄에이션 이즈 디 아더 웨이 어라운드

▶ the other way around를 사용한 표현을 더 익혀보자.

DAY 089

사실 나 거의 미끄러질 뻔했어

Actually I almost slipped on it.

액츄얼리 아이 얼모스트 슬립트 오닛

▶ 일어날 뻔한 상황을 설명할 때 almost를 사용하면 아주 쉽게 표현할 수 있다. A car almost ran over me.(자동차가 거의 나를 칠 뻔했어.)

회화

A Did you see that puddle of water on the floor?
디쥬 씨 댓 퍼들 오브 워러 온 더 플로어
바닥에 물이 고여 있는 것 봤어?

B Yes. Actually I almost slipped on it. It's real easy to slip on.
예스. 액츄얼리 아이 얼모스트 슬립트 오닛. 잇츠 리얼 이지 투 슬립 온
응, 사실 나 거의 미끄러질 뻔했어. 넘어지기 딱이야.

Voca puddle 웅덩이 slip 미끄러지다

관련 표현

■ 나 계단에서 거의 넘어질 뻔했어.
I almost fell down the stairs.
아이 얼모스트 펠 다운 더 스테얼즈

■ 나 자전거에서 넘어질 뻔했어.
I almost fell off the bicycle.
아이 얼모스트 펠 오프 더 바이씨클

▶ fall을 사용하여 '넘어지다'라는 표현을 좀 더 활용해보자.

빌딩 전체가 불붙을 뻔했어
The whole building could've been on fire.

더 홀 빌딩 쿠드브 빈 온 파이어

▶ could have p.p는 과거에 있었던 일을 가정할 때 쓰는 표현이다.

회화

A There was a fire in the basement, but it was quickly controlled.

데어 워즈 어 파이어 인 더 베이스먼트, 벗 잇 워즈 퀴클리 컨트롤드.

지하에 불이 붙었나 봐. 그런데 금방 진압되었어.

B Otherwise, the whole building could've been on fire.

아더와이즈, 더 홀 빌딩 쿠드브 빈 온 파이어

안 그랬으면, 빌딩 전체가 불붙을 뻔 했어.

Voca basement 지하 be controlled 통제되다

관련 표현

■ 그나마 다행이다. (더 안 좋은 상황이 될 수 있었다)

It could've been worse.

잇 쿠드브 빈 월스

■ 더없이 좋았었어요. (이보다 더 좋을 순 없다)

It couldn't have been better.

잇 쿠든트 해브 빈 베러

▶ 위의 Otherwise는 '그렇지 않다면'이라는 부사로 가정의 상황에서 활용된다. '그렇지 않았더라면, 너를 만날 수 있었을 것이다.'는 Otherwise, I could've met you.이다. 결국 못 만났다는 뜻이므로 가정의 상황을 나타낸다.

Day 061 여기 오신 적이 있나요?

Have you been here before?

Day 062 아주 가까이 계시는데요

You're a stone's throw away.

Day 063 머리 누가 잘라줘?

Who cuts your hair?

Day 064 막내 여동생 내가 봐야 돼

I have to baby-sit for my youngest sister.

Day 065 내가 도울 수 있는 유일한 시간이야

It's the only window I have to help you.

Day 066 말할 때도 아프니?

Does it still hurt when you talk?

Day 067 현재 것을 고수할까?

Do I stick with my current one?

Day 068 돈에 확실히 쪼들리고 있어

We're certainly feeling the pinch.

Day 069 아는 사람이 없었을걸

I don't think anybody did.

Day 070 아주 돈을 많이 줬다고

I paid the earth for that.

Day 071 어디 아픈 거 아니야?

Is he ill or something?

Day 072 가끔 시동이 안 걸려

Sometimes it just won't start.

Day 073 도대체 무슨 야단이야?

What was all that about?

Day 074 어디 가려고 생각하고 있어?

Where are you thinking of going?

Day 075 착착 진행되었어요

It went like clockwork.

Day 076 바다에서 모래알 찾기야

It's like looking for a needle in a haystack.

Day 077 그거 잘 진행되었어?

Have you had any luck with it?

Day 078 왜 이리 소란이야?

What's all the fuss?

Day 079 정말 지독한 감기에 걸렸어

I have a bad case of cold.

Day 080 (상황이) 너무 변했어

Things changed too much.

Day 081 뒤로 넘어져서 바닥에 머리를 찧었어

I fell backward and hit my head on the floor.

Day 082 자동차 사고 났다고 말하는 건 아니지?

You are not telling that you got into a car accident.

Day 083 시간이 흐르면 모든 것은 밝혀지잖아

Time reveals all things.

Day 084 죄송하지만, 신용대출 한도액이 다 되었습니다

I am sorry, but your credit card maxed out.

Day 085 이 시계가 맞지가 않아요

This watch doesn't keep accurate time.

Day 086 숨어 있는 살이 많아

I am kind of skinny fat.

Day 087 박스 다 풀었나요?

Are you finished with unpacking the boxes?

Day 088 거꾸로 생각을 했네

I thought it the other way around.

Day 089 사실 나 거의 미끄러질 뻔 했어

Actually I almost slipped on it.

Day 090 빌딩 전체가 불붙을 뻔했어

The whole building could've been on fire.

Part | 04

취미/여가

이 영화는 오스카상을 탈 만큼 좋더라
The film was good enough to win an Oscar.
더 필름 워즈 굿 이넢 투 윈 언 오스카

▶ good enough to는 '~할 만큼 좋은, 훌륭한'이란 뜻으로 칭찬이 아깝지 않은 영화에 쓸 수 있는 표현이다.

회화

A Have you seen The Lord of the Rings? The film was good enough to win an Oscar.
해뷰 씬 더 로드 옵더 링스? 더 필름 워즈 굿 이넢 투 윈 언 오스카
'반지의 제왕' 봤어? 영화가 오스카상 탈 만큼 좋더라고.

B Some of the scenes with special effects were great.
썸 옵더 씬즈 윗 스페셜 이펙츠 워 그레잇
특수효과가 있는 몇몇 장면은 정말 대단했어.

Voca win 타다 special effect 특수효과

관련 표현

■ 나는 그 영화가 최고 중의 하나였다고 생각해.
I think the movie was one of the best.
아이 띵크 더 무비 워즈 원 옵더 베스트

■ 특수효과가 없다면 어떻게 보일지 궁금해.
I wonder what they really would look like without special effects.
아이 원더 왓 데이 리얼리 우드 룩 라익 위다웃 스페셜 이펙츠

▶ '~이 없다'라는 without과 would를 통해서 가정법 문장을 파악할 수 있다. Man couldn't live without water.(인간은 물 없이 살 수 없다.)

전화비가 매달 계속 늘어나
My phone bill keeps going up and up every month.
마이 폰 빌 킵스 고잉 업 앤 업 에브리 먼쓰

▶ 동일한 단어를 두 번 사용하면, 의미를 강조하는 표현이다.

회화

A My phone bill keeps going up and up every month.
마이 폰 빌 킵스 고잉 업 앤 업 에브리 먼쓰
전화비가 매달 늘어나.

B What plan are you with? You must have an un-limited calling plan.
왓 플랜 아 유 윗? 유 머슷 해번 언리미티드 콜링 플랜
어떤 플랜(약정)을 쓰니? 너는 무제한 통화 플랜을 써야 해.

Voca bill 청구서 keep v-ing 계속 ~하다 go up and up 오르고 또 오르다

관련 표현

■ 이번 달 청구서가 두 배야.
The bill for the month has doubled.
더 빌 포 더 먼쓰 해즈 더블드

■ 이번 달에 내야 할 청구서가 더 있어.
I have more bills to pay this month.
아이 해브 모어 빌스 투 페이 디스 먼쓰

▶ 위의 표현 중 plan은 '계획, 계획하다'로 알고 있지만, 같은 맥락에서 나에게 맞는 요금제를 설정해 준다는 의미에서 '약정'이란 의미를 가진다.

곧 미국에 첫 여행을 할 거예요
I will be going on my first trip to the U.S. soon.

아이 윌 비 고잉 온 마이 퍼스트 트립 투 더 유에스 순

▶ 미래의 의지를 나타내는 will과 예정된 계획을 드러내는 be going to가 함께 쓰인 문장이다.

회화

A I will be going on my first trip to the U.S. soon.
아이 윌 비 고잉 온 마이 퍼스트 트립 투 더 유에스 순
곧 미국에 첫 여행을 할 거예요.

B Wow, you must be excited.
와우, 유 머슷 비 익싸이디드
와, 정말 흥분되겠어요.

Voca must be ~임에 틀림이 없다

관련 표현

■ 난 이번 여름에 중국에 여행 갔다 올 거예요.

I will make a trip to China this summer.
아이 윌 메이커 트립 투 차이나 디스 써머

■ 나는 미래를 위한 계획을 세울 예정이야.

I am going to make a plan for the future.
아이 앰 고잉 투 메이커 플랜 포 더 퓨처

▶ trip은 한 장소에서 다른 한 장소를 갔다 온다는 개념으로 거리와 상관없이 쓸 수 있는 표현이다. 예를 들어, I will make a quick grocery shopping trip.은 "나 금방 장 좀 보고 올게."라는 뜻이다.

DAY 094

언제 피아노를 연주하기 시작하셨나요?
When did you start playing the piano?

웬 디쥬 스타트 플레잉 더 피애노

▶ 의문사를 활용한 의문문이 쉽지 않다. 보통 평서문에 대한 학습보다 덜 되어 있으므로 많은 연습이 필요하니 충분히 듣고, 말하도록 한다.

회화

A When did you start playing the piano?
웬 디쥬 스타트 플레잉 더 피애노
언제 피아노를 연주하기 시작하셨나요?

B I started in 1999 when I was 6 years old.
아이 스타티드 인 나인틴 나인티 나인 웬 아이 워즈 씩스 이어즈 올드
저는 6살이던 1999년에 시작했습니다.

Voca start 시작하다

관련 표현

■ 내가 너에게 전화했을 때 너는 무엇을 했니?

What did you do when I gave a ring to you?
왓 디쥬 두 웬 아이 게이브 어 링 투 유

■ 당신은 영어 공부하러 여기에 언제 왔나요?

When did you come here to study English?
웬 디쥬 컴 히어 투 스터디 잉글리쉬

▶ who, when, where, what, how, why 등의 의문사가 있는 의문문의 어순은 다음과 같다. 〈의문사 + be동사 + S ~?〉 / 〈의문사 + do/does/did + S + V ~?〉

사진 찍는 데 흥미가 있어요
I am interested in taking pictures.
아이 앰 인터레스티드 인 테이킹 픽처스

▶ '~에 흥미가 있다'고 하고 싶을 때 be interested in을 활용한다.

회화

A There are a lot of photos on the walls of your practice room.
데어 아 얼라더브 포토스 온 더 월스 오브 유어 프랙티스 룸
저는 당신의 연습실 벽에 많은 사진들이 있다는 말을 들은 적이 있습니다.

B I am interested in taking pictures.
아이 앰 인터레스티드 인 테이킹 픽처스
사진 찍는 데 흥미가 있어요.

Voca practice room 연습실

관련 표현

■ 그는 서핑을 굉장히 좋아한다.

He's into surfing in a big way.
히즈 인투 서핑 인 어 빅 웨이

■ 아빠는 온 가족이 함께하는 크리스마스를 매우 좋아하신다.

Dad is big on having Christmas with the whole family.
댇 이즈 빅 온 해빙 크리스마스 윗 더 홀 패밀리

▶ be interested in(~에 관심이 있다)와 유사한 표현으로 be into something이 있다.

자동차 잘 관리하시나요?

Do you take good care of your car?

두 유 테익 굿 케어 오브 유어 카

▶ take good care of는 '~을 잘 관리하다'의 의미이다.

회화

A **Do you take good care of your car?**
두 유 테익 굿 케어 오브 유어 카
자동차 잘 관리하시나요?

B **Oh, yes. I wash it once a week.**
오, 예스. 아이 워시 잇 원스 어 윅
네, 일주일에 한 번 세차를 해요.

Voca wash 씻다

관련 표현

■ 그녀는 옷을 대단히 잘 관리한다.
She takes great care of her clothes.
쉬 테익스 그레잇 케어 오브 허 클로우쓰

■ 그는 스스로를 돌볼 만큼 나이가 들었다.
He's old enough to take care of himself.
히즈 올드 이넙 투 테익 케어 오브 힘쎌프

▶ take good[great] care of는 다의어로 '~을 돌보다, ~에 주의하다, ~에 대한 책임이 있다, ~를 처리하다' 등 다양한 의미를 갖는다.

저는 강아지 산책시켜야 해요
I have to walk the dog.
아이 햅투 웍 더 독

▶ walk the dog에서 walk는 '~을 산책시키다'의 의미로 쓰이고 있다.

회화

A Where are you going?
웨어 아 유 고잉
어디 가나요?

B I have to walk the dog.
아이 햅투 웍 더 독
강아지 산책시켜야 해요.

Voca walk (~을) 산책시키다

관련 표현

■ 어제는 사장이 개 산책시키는 것까지 나를 시켰다!

Yesterday the president even had me walk his dog!
예스터데이 더 프레지던트 이븐 해드 미 웍 히즈 독

■ 한국의 많은 사람들은 주말에 산책하러 갑니다.

Many people in Korea go for a walk on the weekends.
매니 피플 인 코리아 고 포러 웍 온 더 위켄즈

▶ '산책하다'는 take a walk, go for a walk이다.

지루하게 만드는 게 TV가 아니라 너네
It's not TV but you that make it boring.
잇츠 낫 티비 벗 유 댓 메이킷 보링

▶ not A but B는 'A가 아니라 B이다'의 의미다.

회화

A Nothing that's interesting.
낫띵 댓츠 인터레스팅
흥미로운 건 없어.

B It's not TV but you that make it boring.
잇츠 낫 티비 벗 유 댓 메이킷 보링
지루하게 만드는 게 TV가 아니라 너네.

Voca boring 지루한

관련 표현

■ 모든 것을 엉망으로 만든 것은 내가 아니고 팀이다.

It is not me but Tim who messed everything up.
이리즈 낫 미 벗 팀 후 메스드 에브리띵 업

■ 내가 아니라 그가 암이 있는지 아닌지 검사해야 한다.

Not I but he has to go and check if he has cancer.
낫 아이 벗 히 해즈 투 고 앤 체크 이프 히 해즈 캔써

▶ 상관 접속사 not A but B는 "A가 아니라 B이다"의 의미로, 주어로 쓰이면, B에 동사의 수일치를 맞춘다.

이것 녹화한 다음에 다시 봐야겠네

Maybe you should record it, and watch the rerun.

메이비 유 슈드 레코드 잇, 앤 와치 더 리런

▶ 조동사 should는 상대방에게 충고나 조언할 때 사용한다.

회화

A I want to watch this TV show.
아이 원투 와치 디스 티비 쇼
이 TV쇼 보고 싶어.

B Maybe you should record it, and watch the rerun.
메이비 유 슈드 레코드 잇, 앤 와치 더 리런
이것 녹화한 다음에 다시 봐야겠네.

Voca rerun (텔레비전프로의) 재방송

관련 표현

■ 너 그 기침 때문에 병원에 가보는 게 좋을 거야.

You'd better go to the doctor about your cough.
유드 베러 고 투 더 닥터 어바웃 유어 코프

■ 탐은 좀 더 조심했어야 했다.

Tom should have been more careful when he crossed the street.
탐 슈드 해브 빈 모어 케어풀 웬 히 크로스드 더 스트릿

▶ had better는 should와 같은 의미를 표현한 것으로 '~하는 게 좋겠다'로 해석할 수 있다.

고양이 밥 먹였니?

Did you feed the cat?

디쥬 피드 더 캣

▶ 해야 할 일을 했는지 확인할 때 Did you ~?라고 물어볼 수 있다.

회화

A Did you feed the cat?

디쥬 피드 더 캣

고양이 밥 먹였니?

B I'll do that in a minute.

아일 두 댓 이너 미닛

좀 있다 할게.

Voca feed 먹이를 주다

관련 표현

■ 그 화초들에 일주일에 한 번씩 영양분을 공급해줘.

You need to feed the plants once a week.

유 니드 투 피드 더 플랜츠 원스 어 윅

■ 개 밥 먹이는 걸 잊었어.

I forgot to feed the dog.

아이 포갓 투 피드 더 독

▶ 위의 표현 중 in a minute는 '잠시 후'라는 뜻으로 상대적으로 짧은 시간을 나타낼 때 after가 아닌 in을 많이 쓴다. 예를 들어, in 5 minutes는 '5분 후에'이다.

이 신문 읽고 있으신가요?
Are you reading this paper?
아 유 리딩 디스 페이퍼

▶ Are you v-ing ~?(지금 ~하는 건가요?)와 같이 상대가 어떤 행위를 하는지 확인하고 싶을 때 진행형으로 표현이 가능하다.

회화

A Excuse me. Are you reading this paper?
익스큐즈 미. 아 유 리딩 디스 페이퍼
실례합니다. 이 신문 읽고 있으신가요?

B Oh, no. Help yourself. That's polite of you to ask.
오, 노. 헬프 유어쎌프. 댓츠 폴라잇 오브 유 투 애스크
아뇨 가져가셔도 돼요. 그렇게 물어보시고 친절하시네요.

Voca polite 정중한

Part 04

취미/여가

관련 표현

■ 그렇게 말씀해주시다니 참 감사해요.

It is kind of you to say so.
이리즈 카인더뷰 투 쎄이 쏘

■ 밖에 비가 와 속도 줄이는 것을 보니 참 조심스럽군.

It is careful of him to slow down because it's raining outside.
이리즈 케어풀 오브 힘 투 슬로우 다운 비코즈 잇츠 레이닝 아웃싸이드

▶ 상대방의 친절한 행위에 That's polite of you to ask. = It is kind of you to ask. 라고 말할 수 있다.

DAY 102

강아지는 돈이 들어

A puppy costs money.

어 퍼피 코스츠 머니

▶ 동물을 키우는 데 돈이 든다는 표현이다.

회화

A Mom, I want a puppy.
맘, 아이 워너 퍼피
엄마, 나 강아지 가지고 싶어요.

B Let me think about it. A puppy costs money.
렛 미 띵커바우릿. 어 퍼피 코스츠 머니
생각 좀 하고. 강아지는 돈이 들어.

Voca cost 비용이 들다

관련 표현

■ 그 한 가지 실수로 그는 거의 목숨을 잃을 뻔했다.

That one mistake almost cost him his life.
댓 원 미스테익 얼모스트 코스트 힘 히즈 라이프

■ 엄마는 결국 그것이 돈이 너무 많이 들어서 못 샀다

My mom didn't get it in the end because it cost too much.
마이 맘 디든트 게릿 인 디 엔드 비코즈 잇 코스트 투 머취

▶ cost는 '비용이 들다' 외에도 '희생시키다, ~을 잃게 하다, ~ 비용이 들다'와 같이 다양한 의미가 있다.

팟캐스트 듣니?
Do you listen to the podcast?
두 유 리슨 투 더 팟캐스트

▶ listen to는 '~을 듣다'의 의미이다. to가 반드시 붙는다는 점에 유의한다.

회화

A Do you listen to the podcast?
두 유 리슨 투 더 팟캐스트
팟캐스트 듣니?

B I listen day and night. Mostly talk shows.
아이 리슨 데이 앤 나잇. 모스틀리 토크 쇼즈
밤낮으로 듣지. 거의 대부분 토크쇼야.

Voca mostly 대부분

관련 표현

■ 얼마나 종종 라디오를 듣니?

How often do you listen to the radio?
하우 옵튼 두 유 리슨 투 더 래디오

■ 팟캐스트를 듣는 것은 나의 삶의 일부분이 되었어.

Listening to the Podcast has become part of my life.
리스닝 투 더 팟캐스트 해즈 비컴 파터브 마이 라잎

▶ 위에서 Mostly talk shows.는 <u>They are</u> mostly talk shows.에서 밑줄 친 표현이 생략됐다.

DAY 104

아들에게 강아지 하나 사주려고요

I want to get a puppy for my son.

아이 원투 게러 퍼피 포 마이 썬

▶ 기본동사 get은 다양한 의미를 가지는데, I want to get a puppy for my son.에선 "~에게 …을 사다(사주다)"의 의미로 사용되고 있다.

회화

A Let's go to the animal shelter. I want to get a puppy for my son.

렛츠 고 투 디 애니멀 셸터. 아이 원투 게러 퍼피 포 마이 썬

동물보호소에 가자. 아들에게 강아지 하나 사주려고.

B That will make him so happy.

댓 윌 메익 힘 쏘 해피

정말 좋아하겠다.

Voca animal shelter 동물 보호소

관련 표현

■ 내가 가서 먹을 것을 좀 사올게요.

I go and get something to eat.

아이 고 앤 겟 썸띵 투 잇

■ 나 집에 가서 애들 간식 챙겨줘야 해요.

I must go home and get the kids some snack.

아이 머슷 고 홈 앤 겟 더 키즈 썸 스낵

▶ go and get이 함께 쓰이면 '~에 가서 …를 한다'라는 의미로 해석할 수 있다.

매거진 구독하는 것 있나요?

Do you subscribe to any magazine?

두 유 섭스크라입 투 애니 매거진

▶ subscribe to는 '~을 구독하다'의 의미로, 신문이나 잡지 등의 구독에 사용되는 표현이다.

회화

A Do you subscribe to any magazine?
  두 유 섭스크라입 투 애니 매거진
  매거진 구독하는 것 있나요?

B Yeah, I get a health magazine once a month.
  예, 아이 게러 헬쓰 매거진 원스 어 먼쓰
  네, 저는 한 달에 한 번 건강 매거진 받아요.

Voca subscribe 구독하다

관련 표현

■ 나는 일주일에 5번은 조깅하기로 규칙을 만들었다.

I made a rule to jog five times a week.
아이 메이더 룰 투 족 파이브 타임즈 어 윅

■ 내 아들은 어린이 과학잡지를 구독 신청했다.

My son subscribed to a science magazine for kid.
마이 썬 섭스크라입드 투 어 싸이언스 매거진 포 키드

▶ 어떠한 행동에 대해 '횟수'를 나타내는 표현으로, once는 한 번, twice는 두 번, 세 번부터는 three times, four times...로 나타낸다.

Part 04

취미/여가

언제든 재방송 볼 수 있잖아

You can always watch the rerun.

유 캔 올웨이즈 와치 더 리런

▶ rerun은 '(텔레비전 프로의) 재방송'의 의미로, 좋아하는 방송을 여러 번 보고 싶을 때 사용할 수 있는 표현이다.

회화

A Mom, I'll do my homework a little later. My favorite show is on now.

맘, 아일 두 마이 홈웍 어 리를 레이러. 마이 페이버릿 쇼 이즈 온 나우

엄마, 숙제 좀 이따 할게요. 제가 가장 좋아하는 쇼가 지금 해요.

B You can always watch the rerun once you are done with your homework.

유 캔 올웨이즈 와치 더 리런 원스 유아 던 위드 유어 홈웍

숙제 끝내고 언제든 재방송 볼 수 있잖아.

Voca once 일단 ~하면 be done with ~가 끝나다

관련 표현

■ 그는 차 고치는 거 끝냈니?

Has he done repairing his car?

해즈 히 던 리페어링 히즈 카

■ 내가 제일 좋아하는 프로그램이 재방송 안 한대.

They won't show a rerun of my favorite program.

데이 오운트 쇼 어 리런 오브 마이 페이버릿 프로그램

▶ 어떤 일을 끝냈는지 물어보고 싶을 때, Have you done ~ ?이란 표현을 활용한다. 예를 들어 Have you done your paper?라고 하면, "너는 리포트 다 썼니?"가 된다.

넷플릭스에 나올 때까지 기다려야겠다
I will just wait for it to come on Netflix.
아이 윌 저슷 웨잇 포 잇 투 컴 온 넷플릭스

▶ 영화 CD를 주로 대여해주던 넷플릭스는 요즘 온라인 스트리밍 서비스도 제공 중이며, 우리나라에서도 이젠 자리를 잡은 상태다.

회화

A If I were you, I wouldn't bother with that movie.
이프 아이 워 유, 아이 우든트 바더 윗 댓 무비
너라면 난 굳이 그 영화 안 볼 거야.

B I am curious about the plot, so I will just wait for it to come on Netflix.
아이 앰 큐리어스 어바웃 더 플럿, 쏘 아이 윌 저슷 웨잇 포 잇 투 컴 온 넷플릭스
내용은 궁금해서 넷플릭스에 나올 때까지 기다려야겠다.

Voca bother 신경 쓰다. be curious about ~를 궁금해 하다 plot 내용

관련 표현

■ 돈값 한 것 같아.

I think I got what I paid for.
아이 띵크 아이 갓 와라이 페이드 포

■ 만일 내가 너라면 좀 더 노력했을 텐데.

If I were you, I would try harder.
이프 아이 워 유, 아이 우드 트라이 하더

▶ If I were you는 내가 상대방의 입장이 되어 '만일 내가 너라면'의 의미로 쓰인다.

많이 연습했어요
I put in a lot of practice.
아이 풋 인 얼라더브 프랙티스

▶ put in practice는 '연습을 하다'의 의미로, 열심히 노력했다는 점을 상대에게 어필하고 싶을 때 사용하는 표현이다.

회화

A **What a fantastic play. You did great in that guitar contest.**
와러 팬타스틱 플레이. 유 디드 그레잇 인 댓 기타 컨테스트
정말 대단한 연주였어. 기타경연에서 정말 잘했어.

B **I put in a lot of practice.**
아이 풋 인 얼라더브 프랙티스
많이 연습했어요.

Voca fantastic 대단한

관련 표현

■ 그녀는 하루 종일 연습을 해왔어요.

She has put in practice all day long.
쉬 해즈 풋 인 프랙티스 올 데이 롱

■ 너는 하루에 춤추는 연습을 몇 시간 했니?

How many hours did you practice dancing a day?
하우 매니 아워즈 디쥬 프랙티스 댄싱 어 데이

▶ How many hours ~?는 '하루에 몇 시간 ~?'의 의미로, 횟수를 나타내는 How many times ~?와 혼동해서는 안 된다.

그렇다면, 얼마든지 쓰세요
If that's the case, be my guest.
이프 댓츠 더 케이스, 비 마이 게스트

▶ be my guest는 '(상대방의 부탁을 들어주며 하는 말로) 그러세요(그래라)'의 의미로 사용된다.

회화

A Do you mind if I use your laptop for a second? I just want to check out my email.
두 유 마인 이파이 유즈 유어 랩탑 포 어 세컨? 아이 저슷 원투 체카웃 마이 이메일
노트북 잠시 사용할 수 있나요? 그냥 이메일만 확인하려고요.

B If that's the case, be my guest.
이프 댓츠 더 케이스, 비 마이 게스트
그렇다면, 얼마든지 쓰세요.

Voca Do you mind if I~ ~해도 될까요? check out 확인하다

관련 표현

■ 전화 좀 써도 될까요?

Do you mind if I use the phone?
두 유 마인 이파이 유즈 더 폰

■ 제가 이 책을 봐도 될까요?

May I look at this book?
메이 아이 루캣 디스 북

▶ Do you mind if ~는 '~하면 꺼리실까요?'라는 의미로 대답에 주의해야 한다. 만약 Yes, I do.라고 답변하면, "네, 안 하셨으면 해요."라는 의미가 된다. 보통 긍정의 답변으로 No, not at all. / Sure, go ahead. / No problem. 등이 쓰인다.

DAY 110

네가 중고자동차 살 생각이 있다고 들었어

I heard that you are in the market for a used car.

아이 허드 댓 유 아 인 더 마켓 포 어 유즈드 카

▶ a used car는 '중고차'로, used는 명사 앞에 쓰여 '중고의'의 의미를 나타낸다.

회화

A I heard that you are in the market for a used car.
아이 허드 댓 유 아 인 더 마켓 포 어 유즈드 카
네가 중고자동차 살 생각이 있다고 들었어.

B Yes, I am looking to see if there's one I like.
예스, 아이 앰 루킹 투 씨 이프 데얼즈 원 아이 라익
응, 맘에 드는 것이 있는지 보고 있어.

Voca see if ~인지 알다

관련 표현

■ 집을 좀 알아보고 있어요.

I am in the market for a house.
아이 앰 인 더 마켓 포 어 하우스

■ 특별히 생각하는 것이 있나요?

Do you have anything particular in mind?
두 유 해브 애니띵 파티큘러 인 마인드

> ▶ 위에 나오는 see if는 '~인지 아닌지 확인하다'라는 뜻으로 활용도가 높은 표현이다. Let me see if there's anything that I like.(내가 좋아하는 것이 있는지 알아볼게요.)

저희랑 같이 가시겠어요?

Would you want to come with us?

우쥬 원투 컴 위더스

▶ Would you want to ~?는 정중한 요청, 제의, 초대를 할 때 쓴다.

A I'm thinking of taking my daughter to a kids café that just opened last week.

아임 띵킹 오브 테이킹 마이 도러 투 어 키즈 카페 댓 저슷 오픈드 라스트 윅

지난주에 막 연 키즈 카페에 딸을 데리고 갈까 생각 중인데요.

B Would you want to come with us?

우쥬 원투 컴 위더스

저희랑 같이 가시겠어요?

Voca daughter 딸

Part 04

취미/여가

■ 내가 6시 30분에 회사로 데리러 갈게.

Let me pick you up at your work at 6:30.

렛 미 피큐 업 앳 유어 웍 앳 씩스 써리

■ 부모님을 모시고 멋진 식당에 갈까 생각 중이야.

I'm thinking of taking my parents to a fancy restaurant.

아임 띵킹 오브 테이킹 마이 페어런츠 투 어 팬시 레스토런

▶ I am thinking of v-ing는 '나는 ~할 생각 중이다'라는 아주 유용한 표현이다.

이번 상품은 큰 인기가 있을 거예요
This product will be a big hit.
디스 프라덕트 윌 비 어 빅 힛

▶ big hit은 '대히트, 대성공'을 뜻한다. 인기를 끌고 있는 어떠한 대상에게 사용할 수 있는 표현이다.

회화

A I am 100% positive that this product will be a big hit.
아이 앰 원 헌드레드 퍼센트 파저티브 댓 디스 프라덕트 윌 비 어 빅 힛
이번 상품은 큰 인기가 있을 거라 100% 확신해요.

B I think so, too. We just found our niche, and made it our own.
아이 띵크 쏘, 투. 위 저슷 파운드 아워 니치, 앤 메이딧 아워 오운
저도 그렇게 생각해요. 우리는 딱 맞는 걸 잘 찾아서 우리 걸로 만들었어요.

Voca niche 틈새

관련 표현

■ 저희는 이번 행사가 큰 성공을 거두기를 원합니다.
We want this event to be a big success.
위 원트 디스 이벤트 투 비 어 빅 썩세스

■ 그 영화는 작년에 할리우드에서 큰 성공을 거두었다.
That movie hit it big in Hollywood last year.
댓 무비 히릿 빅 인 헐리웃 라스트 이어

▶ I was a big success. / I have become a huge success. / It made a big splash. / I was a killing in the stock market. 모두 같은 맥락에서 '큰 성공을 하다'의 뜻이다.

기계 같은 것은 딱 그가 좋아하는 것이거든
Anything mechanical is up his street.
애니띵 메카니컬 이즈 업 히즈 스트릿

▶ be up street은 '~에게 적합한, 딱 맞는'의 뜻으로 be suitable for와 같은 표현이다.

회화

A The copy machine's jammed again.
더 카피 머신즈 잼드 어겐
복사기가 또 걸렸네.

B Let me ask Brian to take a look at it. Anything mechanical is up his street.
렛 미 애슥 브라이언 투 테이커 루캐릿. 애니띵 메카니컬 이즈 업 히즈 스트릿
브라이언에게 한 번 살펴보라고 말해 볼게. 기계 같은 것은 딱 그가 좋아하는 것이거든.

Voca jam 작동하지 못하게 되다 mechanical 기계의

Part 04 취미/여가

관련 표현

■ 그것은 그의 전문분야야.
It's in his line.
잇츠 인 히즈 라인

■ 그는 자동차라면, 물 만난 물고기라니깐(자동차에 아주 정통하다)
He's in his element when it comes to cars.
히즈 인 히즈 엘리먼트 웬 잇 컴즈 투 카즈

▶ 위의 jam은 동사로, be jammed라고 하면 복사기 따위의 장비가 걸리는 현상을 말한다.

왜 너는 항상 내 제안에 찬물을 끼얹니?

Why do you always pour cold water on my ideas?

와이 두 유 올웨이즈 푸어 콜드 워러 온 마이 아이디어즈

▶ pour cold water on은 '~에 찬물을 끼얹다(~을 비판하다)'의 의미이다.

회화

A I don't want to sleep in a tent! It'd be freezing for one thing. And what if it rains?

아이 돈 원투 슬립 이너 텐트! 잇츠드 비 프리징 포 원 띵. 앤 왓 이프 잇 레인즈

나는 텐트에서 자고 싶지 않아. 먼저 추울 것 같고, 만약 비가 오면 어떡해?

B Why do you always pour cold water on my ideas?

와이 두 유 올웨이즈 푸어 콜드 워러 온 마이 아이디어즈

왜 넌 항상 내 제안에 찬물을 끼얹니?

Voca pour 물을 붓다

관련 표현

■ 흥 좀 깨지 마.

Don't be such a wet blanket.

돈 비 써처 웻 블랭킷

■ 호텔에서 머물기보다는 캠핑을 가는 것이 어때?

Why don't we go camping instead of staying at a hotel?

와이 돈 위 고 캠핑 인스테드 오브 스테잉 앳 어 호텔

▶ 위에서 What if ~?는 가상의 상황을 설명할 때 쓰는 표현으로 '~하면 어떡해' 정도의 의미다. What if he doesn't come?(그가 안 오면 어떡해?)

무대공포증 뭐 그런 것이 있어

She has stage fright or something.

쉬 해즈 스테이지 프라잇 올 썸띵

▶ or something은 '뭐 그런 거, ~등등'의 의미다.

회화

A Her face completely turned red as a beet. I've been never seen a person turning that red.

허 페이스 컴플릿틀리 턴드 레드 애저 빗. 아이브 빈 네버 씬 어 펄슨 터닝 댓 레드

그녀 얼굴이 홍당무처럼 빨개졌어. 저렇게 얼굴이 빨개지는 것을 본 적이 없어.

B She has stage fright or something.

쉬 해즈 스테이지 프라잇 올 썸띵

무대공포증 뭐 그런 게 있어.

Voca beet 근대, 홍당무 stage freight 무대공포증

관련 표현

■ 그들은 공황 상태에 빠져 있었다.

They were in a state of panic.

데이 워 이너 스테잇 오브 패닉

■ 능력의 한계나 뭐 그런 걸 느껴요.

I feel the limit of my ability or something.

아이 필 더 리밋 오브 마이 어빌리티 올 썸띵

▶ 위의 turn red as a beet은 관용표현으로 한 단어처럼 암기하도록 한다.

DAY 116

줄이 엄청 길게 늘어서 있네
The line got really long.

더 라인 갓 리얼리 롱

▶ 미국은 줄서기 문화가 우리보다는 좀 더 일상화되어 있으며 공공기관에서 상당히 오래 걸리는 경우도 많다. 한 번씩 쓰거나 듣게 될 표현이다.

회화

A See what happens on Saturday night? The line got really long.

씨 왓 해픈즈 온 쌔러데이 나잇? 더 라인 갓 리얼리 롱

토요일 밤에 어떤지 봤지? 줄이 엄청 길게 늘어서 있네.

B Why don't we just go to another restaurant?

와이 돈 위 저슷 고 투 어나더 레스토런

다른 식당 가는 게 어때?

Voca happen 발생하다(= take place, occur)

관련 표현

■ 줄 선 사람 끝도 안 보이네.

I can't see the end of the line.

아이 캔트 씨 디 엔드 오브 더 라인

■ 한 시간 넘게 기다리지 마. 그럴 가치가 없어.

Don't wait for over an hour. It's not worth it.

돈 웨잇 포 오버 언 아워. 잇츠 낫 월쓰 잇

> ▶ be worth는 '~할 가치가 있다'로 다양한 상황에서 유용하게 쓰일 수 있다. 상품이 그만한 가격의 가치가 없다고 생각할 때 It is not worth the price.라고 말하면 된다.

규칙적으로 운동하기 시작해야겠다

You should start to work out on a regular basis.

유 슈드 스타트 투 워카웃 오너 레귤러 베이시스

▶ 권유 또는 제안을 할 때 should를 쓸 수 있다. 상대방에게 제안을 할 때 Why don't you ~?로도 표현이 가능하다.

회화

A Going hiking was good yesterday, but I was struggling. I felt a little dizzy.

고잉 하이킹 워즈 굿 예스터데이, 벗 아이 워즈 스트러글링. 아이 펠터 리를 디지

어제 하이킹은 좋았는데 힘겨웠어. 약간 어지럽기도 했어.

B You should start to work out on a regular basis.

유 슈드 스타트 투 워카웃 오너 레귤러 베이시스

규칙적으로 운동하기 시작해야겠다.

Voca struggle 힘겨워하다 dizzy 어지러운(= light-headed) work out 운동하다

관련 표현

■ 산책하러 가는 것이 어때?

Why don't you take a walk?

와이 돈츄 테이커 웍

■ 짐한테 부탁해 보는 게 어때요? 그가 도와줄 거예요.

Why don't you ask Jim? He will help you.

와이 돈츄 애스크 짐? 히 윌 헬퓨

▶ Why don't you ~?를 이용한 추가적인 표현을 익혀보자.

나는 좋은 노래만 기억하는데

I only get good ones stuck in my head.

아이 온리 겟 굿 원즈 스틱 인 마이 헤드

▶ 특정 노래가 하루 종일 머리를 떠나지 않을 때가 있다. 이럴 때 쓸 수 있는 좋은 표현이다.

회화

A I heard this one song from the radio. It is completely stuck in my head.

아이 헐드 디스 원 송 프럼 더 래디오. 이리즈 컴플리틀리 스틱 인 마이 헤드

라디오에서 이 노래 한 곡을 들었는데, 머릿속에서 전혀 떠나질 않아.

B I only get good ones stuck in my head.

아이 온리 겟 굿 원즈 스틱 인 마이 헤드

나는 좋은 노래만 기억하는데.

Voca completely 완전히, 전적으로

관련 표현

■ 오늘 하루 종일 이 노래가 머리에서 떠나질 않아.

I have this song in my head all day long.

아이 해브 디스 송 인 마이 헤드 올 데이 롱

■ 그것이 영영 내 머릿속에서 지워지지 않을 것 같다.

I'm afraid it's stuck in my head forever.

아임 어프레이드 잇츠 스틱 인 마이 헤드 포에버

▶ 머릿속에서 떠나지 않는다는 관용적인 표현을 좀 더 익혀보자.

오늘 밤에 클럽 갈래?
Would you want to go to a club tonight?

우쥬 원투 고 투 어 클럽 투나잇

▶ '클럽 가다'라는 표현은 go clubbing이라고 할 수도 있다.

회화

A Would you want to go to a club tonight?
우쥬 원투 고 투 어 클럽 투나잇
오늘 밤에 클럽 갈래?

B No, I hate dance music.
노, 아이 헤잇 댄스 뮤직
아니, 나 댄스음악 싫어해.

Voca hate 싫어하다(= dislike)

Part 04 취미/여가

관련 표현

■ 오늘 밤 클럽에 가서 춤출래요?

Would you want to go clubbing tonight?
우쥬 원투 고 클러빙 투나잇

■ 이번 주말에 스키를 타러 갈래요?

Would you want to go skiing this weekend?
우쥬 원투 고 스키잉 디스 위켄드

▶ 무엇인가를 하자고 제안하는 표현을 좀 더 익혀보자.

▶ 간접적으로 소식을 들었을 때, I heard (that) S V의 구조를 가진다.

회화

A I heard he broke his leg skiing. Luckily, it was a hairline fracture.
아이 허드 히 브로크 히즈 레그 스키잉. 러킬리, 잇 워저 헤어라인 프랙처
그가 스키를 타다가 다리가 부러졌다고 들었어요. 다행히도 살짝 금이 간 정도 더라고.

B It could've been a lot worse.
잇 쿠드브 빈 얼랏 월스
그나마 다행이네.

Voca hairline 아주 가느다란 금 fracture 골절됨, 금이 감

관련 표현

■ 나는 제인이 병원에 아파서 누워있다는 것을 들었다.
I heard Jane was sick in bed at hospital.
아이 헐드 제인 워즈 씩 인 베드 앳 하스피럴

■ 시간만 좀 더 있었더라면 더 먹을 수 있었을 텐데.
I could have eaten more if I had had more time.
아이 쿠드 해브 이튼 모어 이프 아이 해드 해드 모어 타임

▶ could have p.p는 '~할 수도 있었다'라는 의미의 표현이다.

Day 091 이 영화는 오스카상을 탈 만큼 좋더라

The film was good enough to win an Oscar.

Day 092 전화비가 매달 계속 늘어나

My phone bill keeps going up and up every month.

Day 093 곧 미국에 첫 여행을 할 거예요

I will be going on my first trip to the U.S. soon.

Day 094 언제 피아노를 연주하기 시작하셨나요?

When did you start playing the piano?

Day 095 사진 찍는 데 흥미가 있어요

I am interested in taking pictures.

Day 096 자동차 잘 관리하시나요?

Do you take good care of your car?

Day 097 저는 강아지 산책시켜야 해요

I have to walk the dog.

Day 098 지루하게 만드는 게 TV가 아니라 너네

It's not TV but you that make it boring.

Day 099 이것 녹화한 다음에 다시 봐야겠네

Maybe you should record it, and watch the rerun.

Day 100 고양이 밥 먹였니?

Did you feed the cat?

Day 101 이 신문 읽고 있으신가요?

Are you reading this paper?

Day 102 강아지는 돈이 들어

A puppy costs money.

Day 103 팟캐스트 듣니?

Do you listen to the podcast?

Day 104 아들에게 강아지 하나 사주려고요

I want to get a puppy for my son.

Day 105 매거진 구독하는 것 있나요?

Do you subscribe to any magazine?

Day 106 언제든 재방송 볼 수 있잖아

You can always watch the rerun.

Day 107 넷플릭스에 나올 때까지 기다려야겠다

I will just wait for it to come on Netflix.

Day 108 많이 연습했어요

I put in a lot of practice.

Day 109 그렇다면, 얼마든지 쓰세요

If that's the case, be my guest.

Day 110 네가 중고자동차 살 생각이 있다고 들었어

I heard that you are in the market for a used car.

Day 111 저희랑 같이 가시겠어요?

Would you want to come with us?

Day 112 이번 상품은 큰 인기가 있을 거예요

This product will be a big hit.

Day 113 기계 같은 것은 딱 그가 좋아하는 것이거든

Anything mechanical is up his street.

Day 114 왜 너는 항상 내 제안에 찬물을 끼얹니?

Why do you always pour cold water on my ideas?

Day 115 무대공포증 뭐 그런 것이 있어

She has stage fright or something.

Day 116 줄이 엄청 길게 늘어서 있네

The line got really long.

Day 117 규칙적으로 운동하기 시작해야겠다

You should start to work out on a regular basis.

Day 118 나는 좋은 노래만 기억하는데

I only get good ones stuck in my head.

Day 119 오늘 밤에 클럽 갈래?

Would you want to go to a club tonight?

Day 120 그가 스키를 타다가 다리가 부러졌다고 들었어요

I heard he broke his leg skiing.

Part | *05*

....

감정 I

유감이네요!
What a pity!
와러 피리

▶ 안타까움을 표현할 때 하는 말이다. It is a pity!라고 말할 수도 있다.

회화

A I am afraid we won't be able to attend the party this Friday.
아이 앰 어프레이드 위 오운트 비 에이블 투 어텐드 더 파리 디스 프라이데이
유감이지만 이번 금요일 파티에 못 갈 것 같아요.

B What a pity! What happened?
와러 피리! 왓 해픈드
아쉽네요! 무슨 일이에요?

Voca attend ~에 참석하다

관련 표현

■ 유감이다.
That's a pity.
댓처 피리

■ 아, 슬퍼요.
Alas!
얼래스

▶ 위의 표현 중 I am afraid (that) S V는 '~라서 유감이다'라는 표현이다.

일이 잘 안 풀리는 날이야
It's just one of those days.

잇츠 저슷 워너브 도우즈 데이즈

▶ 살다 보면 한 번씩 일이 꼬이고, 꼬이는 날이 있다. 그런 상황에서 "오늘은 일진이 안 좋아"라고 할 때 쓸 수 있는 표현이다.

회화

A Why are you making a long face?

와이 아 유 메이킹 어 롱 페이스

왜 이리 우울해?

B I got into a car accident this morning. It's just one of those days.

아이 갓 인투 어 카 액시던트 디스 모닝. 잇츠 저슷 워너브 도우즈 데이즈

오늘 아침에 자동차 사고가 났어. 일이 안 풀리는 날인가 보다.

Voca this morning 오늘 아침에

관련 표현

■ 오늘은 날이 아닌가 봐.

This isn't my day, I guess.

디스 이즌트 마이 데이, 아이 게스

■ 어떤 여성이 뒤에서 나를 박았어.

A woman rear-ended me.

어 워먼 리어 엔디드 미

▶ rear-end는 '뒤에서 들이박다'라는 의미로, 비슷한 표현으로는 hit the back이 있다. '뒤에서 받치다'는 be hit from the back으로 표현한다.

Part 05

감정 I

더 이상 못 참겠어요
I can't stand it anymore.
아이 캔트 스탠드 잇 애니모어

▶ 상대방의 행동이나 언행을 참지 못하는 상황에서 쓰는 표현이다. stand는 타동사로 위와 같이 목적어를 가질 때 '~을 참다'라는 뜻으로 쓰인다.

회화

A He's just broke the window again. He needs to learn how to behave. I can't stand it anymore.

히즈 저슷 브로크 더 윈도우 어겐. 히 니즈 투 런 하우 투 비헤이브. 아이 캔트 스탠드 잇 애니모어

그가 창문을 또 막 깼어요. 조심히 행동하는 법을 배워야 해요. 더 이상 참을 수 없어요.

B You need to calm down. He's just a kid.

유 니투 캄 다운. 히즈 저스터 키드

진정해요. 아이잖아요.

Voca break 부수다, 깨다 need to ~할 필요가 있다 calm down 진정하다

관련 표현

■ 더 이상 받아들일 수 없어요.

I can't take it anymore.

아이 캔트 테이킷 애니모어

■ 그는 도저히 통제가 안 돼요.

He's completely out of control.

히즈 컴플리틀리 아우러브 컨트롤

▶ 위의 표현 중 behave라는 단어는 단순히 '행동하다'라는 뜻도 있지만, 버릇없는 아이에게 사용할 경우 '(바르게) 행동하다'라는 의미로 '바르다'는 뜻을 내포한다.

그 생각만 하면 너무 무서워요
I dread the thought of that.
아이 드레드 더 쏱 오브 댓

▶ 특정 상황이나 경험에 대한 무서움을 나타낼 때 쓰는 표현이다. think는 '생각하다', think of는 '~에 대해서 떠올리다'라는 뜻이 강하다.

회화

A Remember how I told you about the accident that happened last year?
리멤버 하우 아이 톨쥬 어바웃 디 엑시던트 댓 해픈드 라스트 이어
작년에 일어났던 사고에 대해서 말한 것 기억나요?

B How can I forget it? I dread the thought of that.
하우 캐나이 포게릿? 아이 드렛 더 쏱 오브 댓
내가 그것을 어떻게 잊겠어요? 그 생각만 해도 무서워요.

Voca happen 발생하다, 일어나다 thought 생각

관련 표현

■ 그것은 아주 무서운 경험이었어요.

That was a really scary experience.
댓 워즈 어 리얼리 스캐리 익스피리언스

■ 그 생각을 하면 온몸에 소름이 돋아요.

That thought gives me a goose bumps.
댓 쏱 깁스 미 어 구스 범스

▶ 소름은 a goose bumps라고 한다. '소름이 돋다'라고 하고 싶으면 have[get] a goose bumps라고 표현한다.

그것 때문에 소름이 돋아
That gives me the creeps.
댓 깁스 미 더 크립스

▶ 오싹한 경험을 할 때 쓰는 표현이다.

회화

A Jane was driving on the highway, and it just stopped in the middle.
제인 워즈 드라이빙 온 더 하이웨이, 앤 잇 저슷 스탑트 인 더 미들
제인이 고속도로에서 운전하다가 자동차가 중간에 멈췄대.

B Man, she just bought it last week. That gives me the creeps.
맨, 쉬 저슷 보릿 라스트 윅. 댓 깁스 미 더 크립스
아이고 지난주에 산 거잖아. 소름 돋는다.

Voca on the highway 고속도로에서

관련 표현

■ 그녀가 고물을 샀네.
She surely got the lemon.
쉬 슈얼리 갓 더 레몬

■ 무서운 생각이다.
It's a frightening thought.
잇처 프라이트닝 쏟

▶ get the lemon에서 lemon은 '고물'이란 뜻이다. 그러므로 She surely got the lemon.은 "그녀는 분명 고물을 산 거야." 라는 뜻이다.

무슨 일이죠?
What's going on?
왓츠 고잉 온

▶ 걱정과 두려운 상황을 표현할 때 사용한다.

회화

A First, Kim quit, and then Jack quit. What's going on around here?

퍼스트, 킴 큇, 앤 덴 잭 큇. 왓츠 고잉 온 어라운드 히어

처음엔 킴이 관두고, 다음엔 잭이 관두고. 여기 무슨 일이야?

B I guess the pressure workers feel from this job is getting too much.

아이 게스 더 프레셔 워커스 필 프럼 디스 잡 이즈 게링 투 머치

이 일에서 느끼는 압박이 너무 심해지고 있나 봐.

Voca pressure 압박 the pressure (that) workers feel 직원들이 느끼는 압박

관련 표현

■ 무슨 일이야?

What is the matter?
왓 이즈 더 매러

■ 무언가 이상해.

Something's not right.
썸띵스 낫 라잇

▶ 위의 표현 중 too는 일반적으로 부정적인 상황을 표현한다. 그러므로 get too much는 어떤 상황이 '지나치게 되다'이다.

뭘 그렇게 초초해하는 거야?

What are you fretting over?

와라유 프레팅 오버

▶ 초초해하는 상대에게 What are you so nervous about?이라고 할 수도 있지만, 위와 같은 표현도 함께 쓸 수 있음을 기억하자.

회화

A What are you fretting over?

와라유 프레팅 오버

뭘 그렇게 초초해하는 거야?

B I have a job interview tomorrow.

아이 해버 잡 인터뷰 투마로우

내일 일자리 인터뷰가 있어요.

Voca fret 조마조마하다

관련 표현

■ 왜 그렇게 안절부절못해?

Why are you so on edge?

와이 아 유 쏘 온 엣지

■ 무엇 때문에 그렇게 초초해하는 거야?

What are you so nervous about?

와라유 쏘 너벌스 어바웃

▶ fret over라는 표현은 다소 어렵게 느껴지지만 회화라고 해서 항상 쉬운 표현만 활용되는 않는다. '~에 대해서 초조해하다'로 nervous about과 같은 의미로 사용된다.

정말 간발의 차였지
It was a close call.
잇 워저 클로우즈 콜

▶ 큰 불행이 따를 수 있었던 상황을 모면했을 때 쓰면 좋은 짧지만 멋진 표현으로 '큰일 날 뻔했어'라는 의미이다.

회화

A What's up! You look quite upset.
왓츠 업! 유 룩 콰잇 업셋
무슨 일 있니? 아주 속상해 보여.

B A car nearly hit me. It was a close call.
어 카 니얼리 힛 미. 잇 워저 클로우즈 콜
하마터면 차에 차일 뻔했어. 정말 간발의 차였지.

Voca upset 속이 상한(= unhappy) a close call 구사일생

관련 표현

■ 큰일 날 뻔했어.

It was close.
잇 워즈 클로우즈

■ 간신히 모면했어.

It was a narrow escape.
잇 워저 내로우 이스케이프

▶ 위의 표현 중 nearly라는 표현은 '거의'라는 뜻이므로 일어날 뻔한 상황을 나타낸다. al-most라는 표현으로 바꾸어 쓸 수 있다.

맥이 다 빠졌어
I feel so enervated.
아이 필 쏘 에너베이티드

▶ enervate는 '기력을 떨어뜨리다'로, 힘이 빠져 기력을 못 쓸 때 쓰는 표현이다. 회화
에서 직접 사용하기에 다소 어렵지만 종종 접하는 단어이니 외워두자.

회화

A I feel so enervated by that sultry heat.
아이 필 쏘 에너베이티드 바이 댓 썰트리 힛

이 무더위 때문에 맥이 다 빠졌어.

B Isn't it because you're skipping breakfast everyday in the name of losing weight?
이즈닛 비커즈 유어 스키핑 브렉퍼스트 에브리데이 인 더 네임 오브 루징 웨잇

살 뺀다는 명목으로 매일 아침을 거르기 때문은 아니고?

Voca enervated 맥빠진 sultry 찌는 듯한 in the name of 명목으로

관련 표현

■ 나른하다.

I feel lethargic.
아이 필 리쌀직

■ 아침 거르지 마요.

Don't skip breakfast.
돈 스킵 브렉퍼스트

▶ breakfast의 fast는 '단식하다'라는 동사의 뜻이 있다. 저녁부터 아침까지 단식(fast)하
다가, 그것을 끊고(break) 다시 밥을 먹는다는 의미로 '아침(식사)'가 된다.

등이 아파 죽겠어
My back is really killing me.
마이 백 이즈 리얼리 킬링 미

▶ 움직일 수가 없을 정도로, 또는 그 정도의 상태를 나타내고 싶을 때 kill이라는 단어를 활용하여 위와 같이 표현할 수 있다.

회화

A Hey, Alison. My back is really killing me. Taking care of a baby is not a joke.

헤이, 앨리슨. 마이 백 이즈 리얼리 킬링 미. 테이킹 케어 오버 베이비 이즈 나러 족

앨리슨. 등이 아파 죽겠다. 아기 돌보는 거 장난 아닌데.

B Yeah, it takes a whole village to raise kids.

예, 잇 테익서 홀 빌리지 투 레이즈 키즈

그래 애 키우는 게 정말 힘들지.

Voca whole 전체의

관련 표현

■ 그것 때문에 죽겠어.

It is killing me.

이리즈 킬링 미

■ 목이 너무 아파. 컴퓨터 앞에서 일을 너무 많이 하는 것 같아.

My neck is killing me. I think I am working too much at the computer.

마이 넥 이즈 킬링 미. 아이 띵크 아이 앰 워킹 투 머치 앳 더 컴퓨러

▶ 대화에 나오는 It takes a whole village to raise kids.는 흑인사회 속담으로 한 아이를 기르기 위해선 동네 전체가 필요하다는 뜻이며 아이 키우는 일에 그만큼 많은 사람의 손이 필요함을 의미한다.

빠져나갈 수 있을 것이라 생각하지 마
Don't think you can get away with this.
돈 띵크 유 캔 게러웨이 윗 디스

▶ 사고를 친 후에 책임을 져야 하는 상대에게 쓰는 표현이다.

회화

A Don't think you can get away with this. I saw you lifting a few articles in the store.
돈 띵크 유 캔 게러웨이 윗 디스. 아이 쏘 유 리프팅 어 퓨 아리클스 인 더 스토어.
빠져나갈 수 있을 거라 생각하지 마. 가게에게 물건 훔치는 것 봤어.

B What are you talking about it?
와라유 토킹 어바우릿
무슨 소리 하는지 모르겠네요.

Voca get away with ~에 대해 회피하다 lift articles in a store 좀도둑질하다

관련 표현

■ 나에게 책임을 전가하지 마세요.

Don't pass the buck to me.
돈 패스 더 벅 투 미

■ 그는 자기가 그것에 대한 어떠한 책임도 지지 않을 거라고 말했어.

He said he wouldn't take any responsibility for it.
히 쎄드 히 우든트 테이크 애니 리스펀서블리티 포 잇

▶ buck은 포커 게임에서 패를 돌릴 차례가 된 사람의 앞에 표시를 하기 위해 놓는 물건이다.
여기에서 비롯되어 the buck은 '책임'이라는 의미로 많이 사용된다.

말이 씨가 되니 말조심해
Be careful what you ask for.
비 케어풀 왓 유 애스크 포

▶ 말이 씨가 된다고 한다. 말의 중요성을 되새기게 하는 표현이다.

회화

A Gee. It is bumper-to-bumper. We will be so late.
지. 이리즈 범퍼 투 범퍼. 위 윌 비 쏘 레잇
아이구. 차가 너무 많아. 완전 늦었어.

B It will get better. And don't say that we will be late.
Be careful what you ask for.
잇 윌 겟 베러. 앤 돈 쎄이 댓 위 윌 비 레잇. 비 케어풀 왓 유 애스크 포
괜찮아질 거야. 그리고 늦는다는 말 하지마. 말이 씨가 된다.

Voca bumper-to-bumper 차가 아주 막히는

관련 표현

■ 네가 자초한 것이잖아.

You asked for it.
유 애스크트 포 잇

■ 엎지른 물은 다시 담을 수 없다.

What's done cannot be undone.
왓츠 던 캔낫 비 언던

▶ 위의 표현 중 bumper-to-bumper는 자동차가 꼬리를 문 광경을 가리키는 말로, 차가
너무 많아 막히는 것을 의미한다.

Part 05

감정 I

다 큰 사람이 감기 가지고 웬 엄살을 그렇게 부려요

What's a grown-up like you making a fuss over a cold for?

왓처 그로운업 라이큐 메이킹 어 퍼스 오버 어 콜드 포

▶ 상대가 가벼운 일에 엄살을 부리는 상황에서 활용할 수 있는 표현이다.

회화

A What's a grown-up like you making a fuss over a cold for?

왓처 그로운 업 라이큐 메이킹 어 퍼스 오버 어 콜드 포

어른이 그깟 감기로 웬 엄살이야?

B No, this cold is different. All the joints in my body ache.

노, 디스 콜드 이즈 디퍼런트. 올 더 조인츠 인 마이 바디 에익

아니야, 이번 감기는 다르다니까. 온 몸의 뼈마디가 다 욱신거리고 또….

Voca grown-up 성인 joint 관절, 뼈마디 ache 아프다

관련 표현

■ 그것 가지고 너무 난리 부리지 마.

Don't make a fuss over that.

돈 메이커 퍼스 오버 댓

■ 너는 그것에 대해서 너무 야단법석을 부리고 있어.

You are making a big deal out of it.

유 아 메이킹 어 빅 딜 아우러빗

▶ '소란을 피우다'라는 의미의 make a fuss와 같이 쓸 수 있는 표현은 make a big deal 이다.

어째 먹히는 수가 없네
It seems like you can not win.
잇 씸즈 라이큐 캔 낫 원

▶ 수단과 방법을 다 써도 일이 해결되지 않은 답답한 상황에서 쓰는 표현이다.

회화

A The garage door downstairs always wakes the baby up.
더 개러지 도어 다운스테얼스 올웨이즈 웨익스 더 베이비 업.
밑층 차고 문 때문에 항상 애가 깨.

B I've tried everything I could do not to wake him up. But it seems like you can not win.
아이브 트라이드 에브리띵 아이 쿠드 두 낫 투 웨익 힘 업. 벗 잇 씸즈 라이큐 캔 낫 원
할 수 있는 건 다 했는데, 도저히 먹히는 수가 없네.

Voca garage door 차고 문 downstairs 아래층

관련 표현

■ 효과가 있는 것이 없어.
Nothing works.
낫띵 웍스

■ 네가 무엇을 하든 효과가 없을 거야.
Whatever you do won't work.
와레버 유 두 오운트 웍

▶ work는 '일하다'라는 의미 외에 '효과가 있다'라는 뜻으로도 사용된다.

그 부분이 저를 불쾌하게 하네요
That rubs me the wrong way.
댓 럽즈 미 더 롱 웨이

▶ 물고기의 비늘이 일정 방향으로 정돈된 것처럼, 각 사람에게 일정한 '결'이 있음에도 이를 무시하고 반대로 문질러 불쾌하게 한다는 뜻이다.

회화

A Don't get so bent out of shape. He only bumped into you.
돈 겟 쏘 벤타웃 오브 셰입. 히 온리 범프트 인투 유
너무 짜증내지 마요. 그 사람은 그냥 모르고 부딪친 것뿐인데.

B He didn't say he was sorry, and that rubs me the wrong way.
히 디든트 쎄이 히 워즈 쏘리, 앤 댓 럽즈 미 더 롱 웨이
저 사람이 미안하단 소리를 안 했잖아요. 그 부분이 저를 불쾌하게 해요.

Voca get bent out of shape 화를 내다 bump into (~와) 우연히 부딪히다

관련 표현

■ 그는 내 신경을 건드리고 있어.
He is getting on my nerves.
히 이즈 게링 온 마이 널브스

■ 저는 당신과 함께 있는 것이 아주 불편하네요.
I am very uncomfortable with you.
아이 앰 베리 언컴퍼터블 위듀

▶ get on one's nerves는 '~의 신경을 건드리다'라는 의미의 표현이다. rub someone the wrong way와 비슷한 뜻이다.

일을 결국 더 망쳤어요
I ended up making things worse.

아이 엔디드 업 메이킹 띵즈 월스

▶ 일이나 상황을 더 좋게 하려다가 결국에는 더 안 좋은 쪽의 결과가 나왔을 때 쓰는 표현이다. end up v-ing는 활용도가 높은 표현이다.

회화

A I thought I could fix it, but I ended up making things worse.

아이 쏟 아이 쿠드 픽싯, 벗 아이 엔디드 업 메이킹 띵스 월스

내가 고칠 수 있다고 생각했는데 더 엉망으로 만들었네.

B I warned you to be careful with it. You should've listened to me.

아이 원드 유 투 비 케어풀 위딧. 유 슈드브 리슨드 투 미

조심하라고 말했잖아. 내 말을 들었어야 했어.

| **Voca** | fix 고치다 make things worse 상황을 더 악화시키다 warn 경고하다 |

관련 표현

■ 난 결국 살쪘어.

I end up gaining weight

아이 엔덥 게이닝 웨잇

■ 그는 결국 후회할 거야.

He will end up regretting.

히 윌 엔덥 리그렛팅

▶ end up 뒤에는 -ing형이 온다.

정말 대단한 파티였어
That was such a great party.
댓 워즈 써쳐 그레잇 파리

▶ 어떤 행사가 성공적이었을 때 활용할 수 있는 표현으로 의미를 강조할 때 such를 덧붙여 표현한다.

회화

A That was such a great party.
댓 워즈 써쳐 그레잇 파리
정말 대단한 파티였어.

B Yeah, everyone danced and sang till they were worn out.
예, 에브리원 댄스드 앤 쌩 틸 데이 워 원 아웃
맞아. 모든 사람들이 지칠 때까지 춤추고, 노래를 불렀어.

Voca be worn out 지치다

관련 표현

■ 정말 멋진 파티였어.
What a party we had.
와러 파티 위 해드

■ 너에 대한 기억은 평생 나와 있을 거야.
The memory of you will stay with me forever.
더 메모리 오뷰 윌 스테이 윗미 포레버

▶ stay with me를 직역하면 '나와 함께 있다'로, 기억 등을 잊지 않는다는 말로 유연하게 해석할 수 있다.

DAY 138

그게 나와 무슨 상관이야?
What's that got to do with me?

왓츠 댓 갓 투 두 윗미

▶ have got to do with는 '~와 연계성이 있다, 상관이 있다'라는 뜻이다.

회화

A I am so messed up again. It's because of you.

아이 앰 쏘 메스드 업 어겐. 잇츠 비커저브 유

나 또 엄청 망했다. 너 때문이야.

B What's that got to do with me? I didn't do anything wrong.

왓츠 댓 갓 투 두 윗미? 아이 디든트 두 애니띵 렁

나랑 무슨 상관이야. 난 잘못한 것이 없어.

Voca mess up 망치다 anything wrong (부정문에서) 잘못된 것

관련 표현

■ 그것은 나와 전혀 관련이 없어요.

It has nothing to do with me.

잇 해즈 낫띵 투 두 윗미

■ 우리는 공통점이 많아요.

We have a lot in common.

위 해브 얼랏 인 커먼

▶ 위의 표현 중 because와 because of는 '~때문에'라는 같은 뜻이지만, 뒤따르는 구조가 다르다. because는 절을 이끌어 because S V의 구조를, because of는 전치사구로 because of N(v-ing)의 구조를 가진다.

Part 05 감정 I

165 •

늦기 싫단 말이야!
We don't want to be late!
위 돈 원투 비 레잇

▶ 직역하면, '우리는 늦기를 원치 않는다'이지만, '늦기 싫단 말이야!'라는 뉘앙스의 표현이다.

회화

A Hurry! We don't want to be late!
허리! 위 돈 원투 비 레잇
서둘러! 늦기 싫다 말이야.

B Can't you see? I'm coming.
캔츄 씨? 아임 커밍
안 보여? 가고 있어.

| **Voca** | hurry 서둘러 see 보다, 이해하다 |

관련 표현

■ 우리 늦겠어.
We are running late.
위 아 러닝 레잇

■ 늦으면 안 돼.
We can't be late.
위 캔트 비 레잇

▶ 위의 표현 중 Can't you see?는 "안 보이니?"라는 뜻으로 해석할 수도 있지만, 문맥에 따라 "보면 몰라"라는 의미도 담고 있다.

다시는 데이트 안 할 거예요

I am never going to date again.

아이 앰 네버 고잉 투 데잇 어겐

▶ date는 동사로 '데이트하다'라는 뜻도 있지만, 명사로 '데이트 상대'라는 뜻으로 쓰이기도 한다.

회화

A I am never going to date again. He stood me up again.

아이 앰 네버 고잉 투 데잇 어겐. 히 스투드 미 업 어겐

다신 데이트 안 할 거야. 또 날 바람맞혔어.

B I don't think he is right for you. You deserve a better person.

아이 돈 띵크 히 이즈 라잇 포 유. 유 디절버 베러 펄슨

그 사람 너하고 아닌 것 같아. 너는 좀 더 나은 사람을 만날 자격이 있어.

Voca stand someone up 바람맞히다 deserve ~할 자격이 있다

관련 표현

■ 무슨 일이 있더라도 그를 찾을 거야. (화자의 강한 의지)

I will find him no matter what happens.

아이 윌 파인 힘 노 매러 왓 해픈즈

■ 나 내일 차 고칠 거야. (전에 꽤나 계획되거나 약속된 일)

I am going to fix my car tomorrow.

아이 앰 고잉 투 픽스 마이 카 투마로우

▶ 때로 will은 화자의 의지 표현에 중점을 두고 be going to는 이미 계획된 경우에 사용되는 경우가 있다.

DAY 141

가지고 있는 줄 알았는데?
I thought you had it with you.
아이 쏟 유 해딧 위듀

▶ 상대방이 물건을 가지고 있는 줄 알았다는 표현이다.

회화

A Can I please have my phone?
캐나이 플리즈 해브 마이 폰
핸드폰 좀 줘봐요.

B I thought you had it with you.
아이 쏟 유 해딧 위듀
가지고 있는 줄 알았는데?

Voca Can I have ~? ~ 줄래요?

관련 표현

■ 네가 잠을 더 자야 할 것 같았어.

I thought you needed more sleep.
아이 쏟 유 니디드 모어 슬립

■ 나는 네가 나를 아끼는 줄 알았어.

I thought you cared for me.
아이 쏟 유 케얼드 포 미

▶ 생각했던 것과 다른 상황이 벌어졌을 때 쓸 수 있는 유용한 표현으로 I thought S V를 활용할 수 있다.

이 책상 때문에 미치겠어
This desk is driving me crazy.
디스 데스크 이즈 드라이빙 미 크레이지

▶ 상대로 인해 화가 났을 때 drive ~ crazy라는 표현을 활용하는데, 우리말에 '~때문에 미치겠어'와 같은 표현이다.

회화

A **This desk is driving me crazy.**
디스 데스크 이즈 드라이빙 미 크레이지
이 책상 때문에 미치겠어.

B **Calm down. What's the matter?**
캄 다운. 왓츠 더 매러
진정해. 무슨 일이야?

Voca calm down 진정하다

관련 표현

■ 넌 네 자신을 너무 심하게 몰아붙이고 있어.

You're driving yourself too hard.
유어 드라이빙 유어쎌프 투 하드

■ 저 아이들 때문에 내가 두 손 들겠어.

Those kids are driving me to despair.
도우즈 키즈 아 드라이빙 미 투 디스페어

▶ drive 대신 make를 사용하여, He drives me crazy.를 He makes me crazy.로 표현할 수 있다.

나는 이것에 전혀 준비가 되어 있지 않았어

I wasn't prepared for this at all.

아이 워즌트 프리페얼드 포 디스 애롤

▶ not ~ at all은 부정의 의미를 강조할 때 활용된다.

회화

A How are you holding up?

하와유 홀딩 업

잘 견디고 있어?

B Well, I wasn't prepared for this at all. I wish I could've apologized before he passed away.

웰, 아이 워즌트 프리페얼드 포 디스 애롤. 아이 위시 아이 쿠드브 어폴로자이즈드 비포 히 패스트 어웨이

음, 나는 이것에 전혀 준비가 되어있지 않았어. 그가 죽기 전에 내가 사과할 수 있었다면 좋았을 텐데.

Voca hold up 견디다, 지탱하다 apologize 사과하다 pass away 죽다

관련 표현

■ 나는 이번 주말에 있을 파티를 전혀 준비하지 못했어.

I didn't make preparation for the party this coming weekend at all.

아이 디든트 메익 프리퍼레이션 포 더 파리 디스 커밍 위켄드 애롤

■ 그녀의 이름과 전화번호를 물어봤으면 좋았을 텐데.

I wish I could have asked her name and phone number.

아이 위시 아이 쿠드 해브 애스크트 허 네임 앤 폰 넘버

▶ I wish S could have p.p의 표현은 과거에 능력이 되지 못해 하지 못한 것에 대한 후회의 감정을 표현한다.

한 푼도 없는 건 달갑지 않은 일이야
Being broke is no fun.
비잉 브로크 이즈 노 펀

▶ be broke는 '파산하다'라는 의미다.

회화

A I want to buy lunch. I don't have even one dollar in my wallet.

아이 원투 바이 런치. 아이 돈 해브 이븐 원 달러 인 마이 월렛

점심을 사 먹으려 하는데, 지갑에 1달러조차도 없네.

B Being broke is no fun.

비잉 브로크 이즈 노 펀

한 푼도 없는 건 달갑지 않은 일이야.

Voca wallet 지갑

관련 표현

■ 소문에 의하면, 그녀의 선거 운동은 완전히 실패했다.

Allegedly, her campaign is utterly broke.

얼리지들리, 허 캠페인 이즈 어털리 브로크

■ 중국의 시골마을이 완전히 파산한 것은 흔한 일이다.

It is common for a rural town in China to be flat broke.

이리즈 커먼 포러 루럴 타운 인 차이나 투 비 플랫 브로크

▶ '파산'을 뜻하는 be broke의 의미를 강조하고자 할 때 flat을 붙여 be flat broke라고 하면, '한 푼 없는 빈털터리다'라는 뜻이 된다. flat을 utterly로 바꾸어 표현이 가능하다.

DAY 145

신경 쓰지 마
Who cares?
후 케얼스

▶ 아무도 신경 쓸 사람 없다는 의미에서 '신경 쓸 필요 없어.'라는 뜻으로 쓰인다.

회화

A You're watching too much TV. I mean you're wasting your life. You're sitting there with your mouth open.

유어 와칭 투 머취 티비. 아이 민 유어 웨이스팅 유어 라잎. 유어 씨링 데어 위드 유어 마우쓰 오픈

너는 TV를 너무 많이 봐. 내 말은 네가 삶을 너무 낭비한다는 거야. 입벌리고 거기에 앉아 있잖아.

B I'm having fun. Who cares?

아임 해빙 펀. 후 케얼스

나는 재미있어. 신경 쓰지 마.

Voca waste 낭비하다

관련 표현

■ 그를 다시 못 본다 해도 난 상관없어!

I don't care if I never see him again!

아이 돈 케어 이프 아이 네버 씨 힘 어겐

■ 그는 진정으로 직원들을 배려한다.

He genuinely cares about his employees.

히 제뉴인리 케얼스 어바웃 히즈 임플로이스

▶ care는 명사로 '돌봄, 주의' 등의 의미가 있는데, 동사로 '상관하다'라는 의미도 있다.

나 면도하는 게 너무 싫어
I hate shaving.
아이 헤잇 셰이빙

▶ hate는 사람을 싫어할 때도 쓰이지만, 특정 행위에도 쓸 수 있는 단어이다.

회화

A I hate shaving. I just cut myself again.
아이 헤잇 셰이빙. 아이 저슷 컷 마이 쎌프 어겐
나 면도하는 게 너무 싫어. 방금 또 베었어.

B Did you use a new blade?
디쥬 유저 뉴 블레이드
새로운 면도날을 쓴 거야?

Voca blade (칼)날

관련 표현

■ 존은 우리에게 자기소개를 했다.

John introduced himself to us.
존 인트로듀스드 힘쎌프 투 어스

■ 그들은 그 행사를 그들끼리 끝마쳤다.

They finished the event among themselves.
데이 피니쉬드 디 이벤트 어몽 뎀쎌브즈

▶ 재귀대명사 oneself는 주어와 목적어가 동일 인물이거나 동일한 것일 때, 주어에 맞는
-self형으로 나타낸다. avail oneself(틈타다), wash oneself(씻다), pride one-
self(자랑하다), behave oneself(얌전히 굴다), dress oneself(입다), shave one-
self(면도하다) 등이 있다.

DAY 147

네가 화를 부른 거네
You were asking for it.
유 워 애스킹 포 잇

▶ 화를 자초한 경우에 쓰는 유용한 표현이다.

회화

A I stayed on the thirteenth floor on Friday the thirteenth. I learned my lesson. Someone stole my laptop.

아이 스테이드 온 더 썰틴쓰 플로어 온 프라이데이 더 썰틴쓰. 아이 런드 마이 레슨. 썸원 스톨 마이 랩탑

13일의 금요일에 13층에 머물었어. 교훈을 얻었지. 누군가 내 노트북을 훔쳐갔어.

B You were asking for it.

유 워 애스킹 포 잇

네가 화를 부른 거네.

Voca learn 배우다

관련 표현

■ 나는 그것을 힘든 경험을 통해서 배웠습니다.

I learned it the hard way.

아이 런드 잇 더 하드 웨이

■ 그들은 그렇게 집에 아이들만 남겨놓다니 화를 부르고 있어.

They're asking for trouble, leaving young children alone in the house like that.

데이어 애스킹 포 트러블, 리빙 영 칠드런 얼론 인 더 하우스 라익 댓

▶ be asking for trouble은 '화를 자초하다, 자업 자득이다'라는 의미로 trouble 대신 it 을 사용할 수 있다.

•174

귀가 먹는 줄 알았어
I think I've gone deaf.
아이 띵크 아이브 건 뎁

▶ 과장된 표현으로 소리가 너무 커 귀가 먹을 정도라는 의미다.

회화

A **What was that noise? I think I've gone deaf.**
왓 워즈 댓 노이즈? 아이 띵크 아이브 건 뎁
무슨 소리였어? 귀가 먹는 줄 알았어.

B **I had to blow my nose.**
아이 해드 투 블로우 마이 노우즈
코 풀었어.

Voca blow one's nose 코를 풀다

관련 표현

■ 사랑은 이성을 잃게 만듭니다.

Love will make you go blind.
러브 윌 메이큐 고 블라인드

■ 소리가 너무 커서 귀를 먹을 뻔했다.

The noise was so big that I almost went deaf.
더 노이즈 워즈 쏘 빅 댓 아이 얼모스트 웬트 뎁

▶ '귀가 먹다'의 go deaf에서 go는 become과 같은 뜻이다. 유사한 표현으로 go blind(맹인이 되다, 분별력을 잃다), go mad(미치다, ~에 열중하다), go bad(음식이 썩다, 상하다)와 같은 표현이 있다.

절대 바람피우지 마
Don't you ever cheat on me.
돈츄 에버 칫 온 미

▶ cheat on은 '~를 놔두고 바람을 피우다'의 의미다.

회화

A Don't you ever cheat on me. Don't even think about it.
돈츄 에버 칫 온 미. 돈 이븐 띵크 어바우릿
절대 바람피우지 마. 생각도 하지 말아야 해.

B Why would I do that? Not every man cheats.
와이 우다이 두 댓? 낫 에브리 맨 칫츠
내가 왜 그래? 모든 남자가 바람피우는 거 아니야.

Voca cheat 속이다

관련 표현

■ 어떻게 그렇게 오랫동안 바람피울 수가 있어?
How could you cheat on me for that long?
하우 쿠쥬 칫 온 미 포 댓 롱

■ 그들은 또한 항상 휴대폰을 사용해서 시험에서 부정행위를 합니다.
They also always use their cell phone to cheat on tests.
데이 얼쏘 올웨이즈 유즈 데어 쎌 폰 투 칫 온 테스츠

▶ cheat을 이용한 다양한 표현이 있다. cheat on a test(시험에서 부정행위를 하다), cheat on weight(중량을 속이다)

날씨가 어때?

What's the weather like?

왓츠 더 웨더 라익

▶ 사람을 만났을 때 쓸 수 있는 인사와 같은 표현이다.

회화

A **What's the weather like?**
왓츠 더 웨더 라익
날씨가 어때?

B **It looks like rain. The sky is gray.**
잇 룩스 라익 레인. 더 스카이 이즈 그레이
비가 올 것 같아. 하늘이 흐려.

Voca gray 회색의, 우중충한

관련 표현

■ 요즘 한국은 너무 추워.

It has been freezing cold in Korea these days.
잇 해즈 빈 프리징 콜드 인 코리아 디즈 데이즈

■ 여름철에 몇 주 동안은 좀 후덥지근합니다.

It gets a little muggy for a few weeks in the summer.
잇 겟처 리를 머기 포 어 퓨 윅스 인 더 써머

▶ 날씨, 명암, 시간, 길이 등을 표현할 때는 비인칭 주어 it을 사용한다.

Day 121 유감이네요!

What a pity!

Day 122 일이 잘 안 풀리는 날이야

It's just one of those days.

Day 123 더 이상 못 참겠어요

I can't stand it anymore.

Day 124 그 생각만 하면 너무 무서워요

I dread the thought of that.

Day 125 그것 때문에 소름이 돋아

That gives me the creeps.

Day 126 무슨 일이죠?

What's going on?

Day 127 뭘 그렇게 초초해하는 거야?

What are you fretting over?

Day 128 정말 간발의 차였지

It was a close call.

Day 129 맥이 다 빠졌어

I feel so enervated.

Day 130 등이 아파 죽겠어

My back is really killing me.

Day 131 빠져나갈 수 있을 것이라 생각하지 마

Don't think you can get away with this.

Day 132 말이 씨가 되니 말조심해

Be careful what you ask for.

Day 133 다 큰 사람이 감기 가지고 웬 엄살을 그렇게 부려요

What's a grown-up like you making a fuss over a cold for?

Day 134 어째 먹히는 수가 없네

It seems like you can not win.

Day 135 그 부분이 저를 불쾌하게 하네요

That rubs me the wrong way.

Day 136 일을 결국 더 망쳤어요

I ended up making things worse.

Day 137 정말 대단한 파티였어

That was such a great party.

Day 138 그게 나와 무슨 상관이야?

What's that got to do with me?

Day 139 늦기 싫단 말이야!

We don't want to be late!

Day 140 다시는 데이트 안 할 거예요

I am never going to date again.

Day 141 가지고 있는 줄 알았는데?

I thought you had it with you.

Day 142 이 책상 때문에 미치겠어

This desk is driving me crazy.

Day 143 나는 이것에 전혀 준비가 되어 있지 않았어

I wasn't prepared for this at all.

Day 144 한 푼도 없는 건 달갑지 않은 일이야

Being broke is no fun.

Day 145 신경 쓰지 마

Who cares?

Day 146 나 면도하는 게 너무 싫어

I hate shaving.

Day 147 네가 화를 부른 거네

You were asking for it.

Day 148 귀가 먹는 줄 알았어

I think I've gone deaf.

Day 149 절대 바람피우지 마

Don't you ever cheat on me.

Day 150 날씨가 어때?

What's the weather like?

Part | 06

감정 Ⅱ

정말 너무 더워서 믿기지가 않는다
I can't believe how hot it is.
아이 캔트 빌리브 하우 핫 잇 이즈

▶ 날씨가 너무 더워 믿겨지지 않을 정도라고 표현하고 싶을 때, I can't believe~를 활용할 수 있다.

회화

A I can't believe how hot it is. It's not even noon yet.
아이 캔트 빌리브 하우 핫 잇 이즈. 잇츠 낫 이븐 눈 옛
정말 너무 더워서 믿기지가 않는다. 아직 정오도 안 되었는데.

B I am literally dying from the heat.
아이 앰 리터럴리 다잉 프럼 더 힛
말 그대로 더위 때문에 죽을 것 같아.

Voca literally 말 그대로 be dying from ~ 때문에 죽을 것 같다

관련 표현

■ 난 그가 얼마나 빨랐는지 믿을 수 없다.

I can't believe how fast the guy was.
아이 캔트 빌리브 하우 패스트 더 가이 워즈

■ 이 날씨에 어떻게 사는지 도무지 믿기지가 않아.

I can't believe how you can live in this weather.
아이 캔트 빌리브 하우 유 캔 리브 인 디스 웨더

▶ 위의 표현 중 I am literally dying from the heat.는 직역하면 "나는 더위 때문에 말 그대로 죽어가고 있는 중이다"인데 die라는 단어를 사용하여 과장되게 표현하고 있다.

행복하지만, 결혼은 많은 책임감이 따르잖아
I am happy, but marriage is a lot of responsibility.

아이 앰 해피, 벗 매리지 이즈 얼라더브 리스펀서블리티

▶ 마냥 행복할 것만 같은 결혼도 어느 일과 마찬가지로 책임감이 따르기 마련이다.

회화

A I'm getting married. I'm worried. I am happy, but marriage is a lot of responsibility.

아임 게링 메리드. 아임 워리드. 아이 앰 해피, 벗 매리지 이즈 얼라더브 리스펀서블리티

곧 결혼을 하는데 걱정돼. 행복하지만, 결혼은 많은 책임감이 따르잖아.

B Yes, you have to take care of your wife.

예스, 유 햅투 테익케어 오브 유어 와잎

맞아, 너는 아내를 잘 보살펴야 해.

Voca responsibility 책임

관련 표현

■ 그녀가 벌금을 내야 했나요?

Did she have to pay a fine?

디드 쉬 햅투 페이 어 파인

■ 당신에게 다시는 그러지 말라고 당부해야겠군요.

I must ask you not to do that again.

아이 머슷 애스크 유 낫 투 두 댓 어겐

▶ must는 말하는 사람의 입장에서 '~해야 한다'고 할 때 사용되는데 화자의 의지가 담겨 있다. have to는 외부의 어떤 상황으로 인해 해야만 하게끔 만들 때 '~을 해야 한다'는 뉘앙스로 주로 사용된다.

나는 예술이나 예술가를 이해 못 하겠어
I don't get art, or artists.
아이 돈 겟 아트, 올 아티스츠

▶ get은 여러 의미를 갖고 있지만, 예시에서 '이해하다'의 의미이다. I don't get it.은 '이해가 안 가.'라는 뜻이다.

회화

A I don't get art, or artists. They're in a different world.
아이 돈 겟 아트, 올 아티스츠. 데이어 인 어 디퍼런트 월드
난 예술이나 예술가를 이해 못 하겠어. 이들은 전혀 다른 세계에 살아.

B That's what I'm saying. Artists see things differently.
댓츠 와라임 쎄잉. 아티스츠 씨 띵즈 디퍼런틀리
내 말이. 예술가는 사물을 달리 봐.

Voca differently 다르게

관련 표현

■ 네 말이 맞아(옳아).
  That's what I am talking about.
  댓츠 왓 아이 앰 토킹 어바웃.

■ 난 그게 이해가 안 돼. 왜 그녀가 그런 짓을 하겠니?
  I don't get it – why would she do a thing like that?
  아이 돈 게릿 - 와이 우드 쉬 두 어 띵 라익 댓

▶ That's what I am talking about.은 "네 말이 옳아"의 의미로, 전적으로 동의한다는 I couldn't agree with you more.와 같은 표현이다.

DAY 154

다니는 학교는 어떤 점이 좋아요?
What do you like about your school?
왓 두 유 라익 어바웃 유어 스쿨

▶ What do you like about ~?은 상대방의 의견을 묻는 질문이다.

회화

A **What do you like about your school?**
왓 두 유 라익 어바웃 유어 스쿨
다니는 학교는 어떤 점이 좋아요?

B **The reason why I like my school is that it has great teachers.**
더 리즌 와이 아이 라익 마이 스쿨 이즈 댓 잇 해즈 그레잇 티처스
제가 학교를 좋아하는 이유는 훌륭한 선생님이 있어서 그래요.

Voca reason 이유

관련 표현

■ 너는 그에 대해 어떻게 생각하니?
What do you like about him?
왓 두 유 라익 어바웃 힘

■ 그는 외향적이고, 잘생겼어, 무엇보다도 나를 좋아해.
He is outgoing, good looking, above all likes me.
히 이즈 아웃고잉, 굿 루킹, 어보브 올 라익스 미

▶ 위의 표현 중 The reason why S V is that S V는 '~라고 생각하는 이유는 ~와 같다'
로 해석하며 하나의 굳어진 표현으로 암기하는 것이 좋다.

네가 반드시 만나봐야 하는 멋진 남자를 알아
I know a great guy you should meet!
아이 노우 어 그레잇 가이 유 슈드 밋

▶ 친구에게 소개시켜줄 멋진 사람이 있다면 주저 없이 사용해보자!

회화

A Hey, Susan. I know a great guy you should meet!
헤이 수잔. 아이 노우 어 그레잇 가이 유 슈드 밋
수잔, 네가 반드시 만나봐야 하는 멋진 남자를 알아.

B I don't think I would date anyone now.
아이 돈 띵크 아이 우드 데잇 애니원 나우
지금 누구 만날 생각 없어.

Voca date 데이트하다

관련 표현

■ 너의 능력을 과소평가하지 마.
Never limit yourself.
네버 리밋 유어쎌프.

■ 내가 그에게 전화를 걸어 사과를 해야 할까?
Should I call him and apologize?
슈다이 콜 힘 앤 어폴로자이즈

▶ Never limit yourself는 '자신을 과소평가하지 말라'는 뜻으로 Don't sell yourself
short.와 같은 의미이다.

듣던 중 반가운 소리네요
That's music to my ears.
댓츠 뮤직 투 마이 이얼스

▶ '내 귀에는 음악처럼 들린다'는 말로 상대가 듣고 싶은 말을 했을 때 사용하는 표현이다.

회화

A Your input at the meeting was great. We are thinking of employing you as a permanent worker.
유어 인풋 앳 더 미링 워즈 그레잇. 위 아 띵킹 오브 엠플로잉 유 애즈 어 퍼머넌트 워커
회의에서 당신이 내놓은 내용은 훌륭했어요. 우리는 당신을 정직원으로 고용할 생각입니다.

B That's music to my ears.
댓츠 뮤직 투 마이 이얼스
듣던 중 반가운 소리네요.

Voca employ 고용하다 permanent worker 정직원

관련 표현

■ 제가 정말 듣고자 했던 말이에요.

That's exactly what I wanted to hear.
댓츠 이그잭틀리 왓 아이 원티드 투 히어

■ 그래서 그들이 결혼한다고? 듣던 중 반가운 소리네.

So, they're getting married? That's music to my ears.
쏘, 데이어 게링 메리드? 댓츠 뮤직 투 마이 이얼스

▶ That's music to my ears.와 비슷한 표현을 추가로 익혀보자.

이미 지난 일이니까요
Let bygones be bygones.
렛 바이곤즈 비 바이곤즈

▶ 과거에 얽매이기보단 건설적인 미래를 생각하자는 의도에서 쓸 수 있는 표현이다.

회화

A I am sorry you thought my criticism was too harsh.
아이 앰 쏘리 유 쏟 마이 크리티시즘 워즈 투 하쉬.
나의 비평이 너무 가혹했다고 생각했으면 미안해요.

B That's alright. Let bygones be bygones.
댓츠 올라잇. 렛 바이곤즈 비 바이곤즈
괜찮아요. 이미 지난 일이니까요.

Voca harsh 가혹한 bygones 지나간 일들

관련 표현

■ 이제 훌훌 털어버릴 시간이야.
It is time to let bygones be bygones.
이리즈 타임 투 렛 바이곤즈 비 바이곤즈

■ 지난 일은 지난 일로 덮어둘 수 있으면 좋겠군요.
I hope we can let bygones be bygones.
아이 호프 위 캔 렛 바이곤즈 비 바이곤즈

▶ Let bygones be bygones는 '시간을 되돌릴 수 없다, 잊어버리자'의 의미다. 이와 같은 표현으로 Let it go는 '신경쓰지 마, 그냥 잊어'의 의미다.

처음에 어떻게 보일지 걱정했거든

I was at first worried how it would turn out.

아이 워즈 앳 펄스트 워리드 하우 잇 우드 터나웃

▶ turn out은 '~로 밝혀지다, ~로 보이다'의 뜻으로 쓰이는 유용한 표현이다.

회화

A You got your hair done, didn't you? It looks great on you.

유 갓 유어 헤어 던, 디든츄? 잇 룩스 그레잇 온 유.

머리 잘랐지? 멋지게 보인다.

B What a relief to know. I was at first worried how it would turn out.

와러 릴리프 투 노우. 아이 워즈 앳 펄스트 워리드 하우 잇 우드 터나웃

다행이네. 처음에 어떻게 보일지 걱정했거든.

Voca What a relief 정말 다행이군(안심이야)!

관련 표현

■ 그녀가 우리 누나의 친구인 것으로 드러났다.

It turned out that she was a friend of my sister.

잇 턴드 아웃 댓 쉬 워저 프렌더브 마이 씨스터

■ 우리의 걱정에도 불구하고 모든 것이 잘되었다.

Despite our worries everything turned out well.

디스파잇 아워 워리즈 에브리띵 턴드 아웃 웰

▶ get something done은 '(누구에게) ~을 하게 하다'라는 뜻인데, 대화문의 I just got my hair done.은 이발사를 통해서 머리를 깎는다는 면에서 get을 활용했다.

그 시험이 끔찍했어
That exam was excruciating!
댓 이그잼 워즈 익스크루시에이링

▶ excruciate는 '(육체적·정신적으로) 몹시 괴롭히다; 고문하다'이다. 다소 어려운 단어이긴 하지만, 회화체에서 자주 활용되므로 잘 기억하자.

회화

A **That exam was excruciating! How was it for you?**
댓 이그잼 워즈 익스크루시에이링! 하우 워즈 잇 포 유
시험 너무 끔찍했어! 넌 어땠어?

B **I drew a blank on some of the short essay questions.**
아이 드류 어 블랭크 온 써머브 더 숏 에쎄이 퀘스천스
단답형 에세이 부분에서 몇 개 망쳤어.

Voca draw a blank on 아무 결과를 얻지 못하다, 망치다

관련 표현

■ 시험이 어떻게 됐어요?
How did the exam go?
하우 디드 디 이그잼 고

■ 우리가 수업시간에 다룬 내용이 시험에 많이 나왔다.
Much was on the test that we discussed in class.
머취 워즈 온 더 테스트 댓 위 디스커스트 인 클래스

▶ Much was on the test <u>that we discussed in class.</u>에서 밑줄 친 부분이 수식하는 내용은 주어의 much에 해당한다. 해석은 '우리가 수업에서 다룬 것'이라고 한다.

DAY 160

그게 나한테 너무 딱 맞았어요

It hit the spot.

잇 힛 더 스팟

▶ hit the spot은 '(~이) (자신이 원하는) 딱 그것이다'의 의미로 관용적 표현이므로 한 단어처럼 암기하도록 한다.

회화

A Did you like the food?
디쥬 라익 더 푸드
음식 맛있게 먹었나요?

B You bet. It hit the spot. The food was so good that I think I ate more than I should.
유 벳. 잇 힛 더 스팟. 더 푸드 워즈 쏘 굿 댓 아이 띵크 아이 에잇 모어 댄 아이 슈드
물론이죠. 나한테 너무 딱 맞았어요. 음식이 너무 좋아서 나는 좀 많이 먹은 것 같아요.

Voca　You bet 물론이지

관련 표현

■ 그거 아주 제격이겠는데요.

That sounds like it would hit the spot.
댓 싸운즈 라익 잇 우드 힛 더 스팟

■ 음식이 내 입에 착착 붙었다.

The food really hit the spot.
더 푸드 리얼리 힛 더 스팟

▶ It hits the spot.과 같은 뜻으로 쓰일 수 있는 표현에 That's what I'm saying. / That's what I want. 등이 있다.

나가고 싶어 근질근질해
I'm itching to go out.
아임 이칭 투 고 아웃

▶ be itching to는 '~가 하고 싶어 근질근질하다'의 의미이다.

회화

A It is raining now, but perhaps the sun will come out later this afternoon.
이 이즈 레이닝 나우, 벗 퍼햅스 더 썬 윌 커마웃 레러 디스 애프터눈
지금은 비가 오지만 오늘 오후 늦게는 해가 나올 거야.

B I hope you're right. I'm itching to go out.
아이 홉 유어 라잇. 아임 이칭 투 고 아웃
네 말이 맞았으면 좋겠다. 나가고 싶어 근질근질해.

Voca come out 밖으로 나오다

관련 표현

■ 나는 당신과 다시 정말 일하고 싶습니다.
I am dying to work with you again.
아이 앰 다잉 투 웍 위듀 어겐

■ 나는 부산으로 여행가고 싶어 근질근질해.
I am itching to travel to Busan.
아이 앰 이칭 투 트레블 투 부산

▶ be itching to와 같은 맥락에서 '몹시 원하다'를 be dying to라고 표현할 수 있다. I am itching to go shopping.(나는 쇼핑가고 싶어서 근질근질해.)를 I am dying to go shopping.으로 표현할 수 있다.

Part 06

감정 II

그래서 내가 우리 동네를 좋아하지
That is why I like my neighborhood so much.

대리즈 와이 아이 라익 마이 네이버훗 쏘 머취

▶ That's why S V는 '왜냐하면 S V이니깐.'이란 의미의 이유를 나타내는 표현이다.

회화

A This store is a lot bigger than I expected. I'm so tempted to buy a lot here.

디스 스토어 이즈 얼랏 비거 댄 아이 이스펙티드. 아임 쏘 템티드 투 바이 얼랏 히어

이 가게가 예상보다 훨씬 크네. 여기서 많이 사고 싶은 유혹이 드는데.

B That is why I like my neighborhood so much.

대리즈 와이 아이 라익 마이 네이버 훗 쏘 머취

그래서 내가 우리 동네를 좋아하지.

Voca expect 기대하다 be tempted to ~하고 싶다

관련 표현

■ 오늘 수업을 건너뛰고 싶은 유혹이 드는데.

I'm tempted to skip today's class.

아임 템티드 투 스킵 투데이스 클래스

■ 네 집이 생각했던 것보다 훨씬 더 크네.

Your house is much bigger than I expected.

유어 하우스 이즈 머취 비거 댄 아이 이스펙티드

▶ much는 비교급 bigger의 의미를 강조하는 표현이다. 해석은 '훨씬'으로 하고, a lot, even, still, far로 바꾸어 표현이 가능하다.

DAY 163

확실히 쓸데없는 것들을 다 치운 보람이 있지

Getting rid of all that junk really paid off.

게링 리드 오브 올 댓 정크 리얼리 페이드 오프

▶ 궂은일이지만, 끝내고 나서 느끼는 '보람'을 표현하고 싶을 때 pay off라는 단어로 표현할 수 있다.

회화

A I didn't know this room was so spacious.
아이 디든트 노우 디스 룸 워즈 쏘 스페셔스
이 방이 이렇게 널찍했는지 몰랐네.

B Getting rid of all that junk really paid off.
게링 리드 오브 올 댓 정크 리얼리 페이드 오프
확실히 쓸데없는 것들을 다 치운 보람이 있지.

Voca spacious 공간이 넓은 get rid of 없애다 junk 쓸데없는 물건

관련 표현

■ 이제, 정말 가치 있는 것에 집중을 할 수 있겠네.
Now, I can focus on what's truly valuable.
나우, 아이 캔 포커스 온 왓츠 트룰리 밸류어블

■ 나는 항상 나의 끈기가 보상받을 거라고 믿어왔다.
I have always believed that my persistence would pay off.
아이 해브 올웨이즈 빌립드 댓 마이 퍼시스턴스 우드 페이 오프

▶ focus는 일반적으로 on을 함께 취해서 '~에 집중하다'라는 뜻이다.

DAY 164

좋은 날 다 간 것 같아

It seems like good old days are all gone now.

잇 씸즈 라익 굿 올드 데이즈 아 올 곤즈 나우

▶ 좋았던 시절을 떠올릴 때 보통 쓰이는 표현이다.

회화

A Hey, James! I heard you just got a new job. How do you like it?

헤이, 제임스! 아이 허드 유 저슷 가러 뉴 잡. 하우 두 유 라이킷

제임스, 새 일자리 막 구했다고 들었어. 어때?

B Too much work. It seems like the good old days are all gone now.

투 머취 웍. 잇 씸즈 라익 더 굿 올드 데이즈 아 올 곤 나우

너무 일을 많이 해. 좋은 날 다 간 것 같아.

Voca　new job 새 일자리

관련 표현

■ 그날이 좋았지.

Those were the good old days.

도우즈 워 더 굿 올드 데이즈

■ 아침 7시 전에 나갔다가 저녁 10시가 되어야 집에 와.

I am just out the door before 7 A.M. and back home by 10 P.M.

아이 앰 저슷 아웃 더 도어 비포 쎄븐 에이엠 앤 백 홈 바이 텐 피엠

> ▶ be gone은 '이미 지났다'라는 뜻이다. 그래서 위에서 The good old days are all gone.이라고 하면 '좋은 날 다 간 거지'라는 뜻이 된다.

마침내 이해했어요
I finally got it.
아이 파이널리 가릿

▶ get은 '이해하다'의 의미가 있다. Did you get it?은 "이해했나요?"라는 뜻이다.

회화

A **How's your preparation for the test going?**
하우즈 유어 프리퍼레이션 포 더 테슷 고잉
시험 준비 잘 되어가니?

B **I think it's going well. Some of the concepts were too abstract to understand at first, but I finally got it.**
아이 띵크 잇츠 고잉 웰. 써머브 더 컨셉츠 워 투 앱스트랙트 투 언더스탠드 앳 펄스트, 벗 아이 파이널리 가릿
잘 되어가는 것 같아요. 몇몇 개념들이 너무 추상적이라 처음에 이해하기 어려웠는데, 마침내 이해했어요.

Voca concept 개념 abstract 추상적인

관련 표현

■ 이해를 못 하겠어.
I don't get it.
아이 돈 게릿

■ 사실, 잘 안 되고 있어.
Well, I am not doing good.
웰, 아이 앰 낫 두잉 굿

▶ go well은 '(일 등이) 잘 진행되다'라는 뜻이다. How's the work going?이라 물으면 "일 진행이 어떤가요?"란 뜻이고, 답변으로 It's going well.이라고 하면 "잘 진행되는 중이다. 잘 나가고 있어."의 뜻이 된다.

DAY 166

모든 것이 갑작스럽게 일어났네
Everything came quite out of the blue.
에브리띵 케임 콰잇 아우러브 더 블루

▶ out of the blue는 '갑자기, 난데없이'의 의미다.

회화

A Jennifer's just got married. Even her family didn't meet her husband till the day of the wedding.
제니퍼스 저슷 갓 메리드. 이븐 허 패밀리 디든트 밋 허 허즈밴드 틸 더 데이 오브 웨딩
제니퍼가 막 결혼했어. 그녀의 가족조차 결혼 당일이 되어서야 남편을 만났대.

B Everything came quite out of the blue.
에브리띵 케임 콰잇 아우러브 더 블루
모든 것이 갑작스럽게 일어났어.

Voca   husband 남편

관련 표현

■ 그녀의 해고는 맑은 하늘에 날벼락이었다.

Her dismissal came as a bolt from the blue.
허 디스미즐 케임 애즈 어 볼트 프럼 더 블루

■ 그는 부지런해서 모든 방을 청소했음에 틀림없어!

He must have cleaned all the rooms because he is diligent.
히 머슷 해브 클린드 올 더 룸즈 비커즈 히 이즈 딜리전트

▶ 위의 out of the blue는 원래 like a bolt out of the blue (sky)를 줄여서 표현한 것이다. 직역하면, '파란 하늘에 벼락'이란 표현이니 예고도 없이 발생한 사건을 묘사할 때 쓴다.

사실 굉장히 초초해 보여
You look very nervous actually.
유 룩 베리 너버스 액츄얼리

▶ 다양한 상황에서 활용될 수 있는 표현이니 필수 암기!

회화

A This is it. Today is the day for the interview. Oh, look at the time. I'll have to go. Do I look all right?

디시즈 잇. 투데이 이즈 더 데이 포 디이너뷰. 오, 루캣 더 타임. 아일 햅투 고. 두 아이 룩 올 라잇

드디어 날이 왔구나. 오늘이 바로 인터뷰 날이라고. 이런, 시간 좀 봐. 나가야 해. 나 괜찮아 보여?

B You look very nervous actually.

유 룩 베리 너버스 액츄얼리

사실 굉장히 초초해 보여.

Voca This is it. 바로 이거야, 바로 오늘이야

관련 표현

■ 그녀는 인터뷰 전에는 항상 신경이 곤두섰다.

She was always on edge before an interview.
쉬 워즈 올웨이즈 온 엣지 비포 언 이너뷰

■ 그녀는 집안을 깨끗이 하는 것에 대해 전전긍긍하게 되었다.

She became neurotic about keeping the house clean.
쉬 비케임 뉴로틱 어바웃 키핑 더 하우스 클린

▶ look nervous와 유사한 표현을 더 익혀보자. feel uneasy(불안하다), in an impatient mood.(초조한 기분으로), look anxious(초조한 기색이 보이다), on edge(신경이 곤두선, 초조해하는), neurotic(전전긍긍하는, 노이로제에 걸린) jittery(초조한, 조마조마한)

행운을 빌어줘요

Please, keep your fingers crossed for me.

플리즈, 킵 유어 핑거즈 크로스드 포 미

▶ 상대방에게 행운을 빌어달라고 할 때 쓰는 표현이다.

회화

A Please, keep your fingers crossed for me. I am getting really nervous.

플리즈, 킵 유어 핑거즈 크로스드 포 미. 아이 앰 게링 리얼리 너버스

행운을 빌어줘요. 정말 긴장이 돼요.

B Oh, stop worrying. I'm sure you'll get the job.

오, 스탑 워링. 아임 슈어 유일 겟 더 잡

이런, 그만 걱정해요. 이 일 잡을 수 있을 것이라 확신해요.

Voca finger 손가락

관련 표현

■ 행운이 함께하기를.

I hope you break a leg.

아이 호퓨 브레이커 렉

■ 새로 하는 사업이 잘되길 빌게.

I'll keep my fingers crossed for your new business.

아일 킵 마이 핑거즈 크로스드 포 유어 뉴 비즈니스

▶ (I'll) keep my fingers crossed for you.는 "내가 행운을 빌어줄게"로, 유사한 표현 중 Break a leg라는 재미난 표현이 있다. 직역하면, "다리를 부러뜨려라"지만, "(액땜을 했으니 이제) 행운을 빌어"란 의미로, "최선을 다해" 정도로 해석할 수 있다.

직접 본 순간 너무 긴장했어요

I got cold feet again as soon as I saw her in person.

아이 갓 콜드 핏 어겐 애즈 순 애즈 아이 쏘 허 인 펄슨

▶ 정말 좋아하는 사람 앞에서 때로 아무 말도 못하고 긴장할 때가 있다. 그럴 때 사용할 수 있는 표현이 바로 get cold feet이다.

회화

A Did you ask Jane out today?
디쥬 애스크 제인 아웃 투데이
오늘 제인한테 데이트 신청했어요?

B No, I got cold feet again as soon as I saw her in person.
노, 아이 갓 콜드 핏 어겐 애즈 순 애즈 아이 쏘 허 인 펄슨
아니요, 직접 본 순간 너무 긴장했어요.

Voca ask out 데이트 신청하다 in person 직접

관련 표현

■ 나는 항상 시험 전에 초조해진다.

  I always get the jitters before exams.
  아이 올웨이즈 겟 더 지러스 비포 이그잼스

■ 근심이 돼서 밤에도 잠이 안 온다.

  I feel so anxious (that) I cannot sleep even at night.
  아이 필 쏘 앵셔스 (댓) 아이 캔낫 슬립 이븐 앳 나잇

▶ get the jitters(초조해지다), feel so anxious(너무 긴장되다), get restless(안절부절하다)의 표현도 함께 암기해두도록 한다.

미안하지만, 그녀는 내 타입이 아니야

I'm sorry, but she's really not my cup of tea.

아임 쏘리, 벗 쉬즈 리얼리 낫 마이 커버브 티

▶ cup of tea는 "(부정어와 함께) (기호, 취미)에 맞는 사람"이란 의미이다.

회화

A What about Claire?

와러바웃 클레어

클레어 어때?

B I'm sorry, but she's really not my cup of tea. She is too talkative. She never stops talking.

아임 쏘리, 벗 쉬즈 리얼리 낫 마이 커버브 티. 쉬 이즈 투 토커티브. 쉬 네버스탑스 토킹

미안하지만, 그녀는 내 타입이 아니야. 말이 너무 많아. 끊임없이 말하잖아.

Voca talkative 수다스러운

관련 표현

■ 그것은 내가 좋아하는 것이 아니다.

That's not my cup of tea.

댓츠 낫 마이 커버브 티

■ 그는 그냥 거슬려.

He just irritates me.

히 저슷 일리테이츠 미

▶ 위에서 talkative는 '말이 많은'이란 뜻이고, too가 붙으면서 부정적 의미가 더욱 강조되었다. He is always talking.은 같은 맥락에서 "그는 항상 말이 많아."의 뜻이 된다.

마음에서 훌훌 털어내면 기분이 훨씬 좋아질 거예요

You'll really feel much better if you get it off your chest.

유일 리얼리 필 머취 베러 이퓨 게리로프 유어 체스트

▶ get something off one's chest라고 하면 '가슴에 묻고 있던 어떤 것을 훌훌 털어내다'라는 의미다.

회화

A I have lots of worries.
아이 해브 라처브 워리즈
고민이 많아요.

B You'll really feel much better if you get it off your chest.
유일 리얼리 필 머취 베러 이퓨 게리로프 유어 체스트
마음에서 훌훌 털어내면 기분이 훨씬 좋아질 거예요.

Voca worry 걱정, 고민

관련 표현

■ 그녀는 그녀의 마음을 털어놓았다.

She poured her heart out.
쉬 푸얼드 허 헐트 아웃

■ 너는 나를 믿잖아. 그러니 나에게 말해봐.

You know you can trust me. Tell me all about it.
유 노우 유 캔 트러스트 미. 텔 미 올 어바우릿

▶ 위에서 feel better는 '기분이 더 좋다'이며, better의 비교 표현을 강조할 때 much를 사용하여 feel much better라고 표현할 수 있다.

그렇지만, 정말 부끄러움이 많아
Terribly shy though.

테러블리 샤이 도우

▶ though는 '(문장 끝에 와서) 그렇지만(하지만)'의 의미를 가진다.

회화

A He's such an interesting man, isn't he?

히즈 써천 인터레스팅 맨, 이즌트 히

그는 흥미로운 사람이야. 그렇지 않니?

B Terribly shy though. You never get him to talk. That's why I was quite surprised to see him talking to you.

테러블리 샤이 도우. 유 네버 게림 투 톡. 댓츠 와이 아이 워즈 콰잇 써프라이즈드 투 씨 힘 토킹 투 유

그렇지만, 정말 부끄러움이 많아. 말을 하게 할 수가 없어. 그래서 그가 너랑 이야기하는 것 보고 정말 놀랐어.

Voca 〈get 사람 to〉 ~하도록 만들다

관련 표현

■ 그는 아주 소심해.

He is extremely shy.

히 이즈 익스트림리 샤이

■ 그는 사람들이랑 어울리는 것을 좋아해.

He is a people person.

히 이저 피플 펄슨

▶ 위에서 That's why S V는 '그래서 ~이다'라는 결과의 내용을 이끈다.

아, 사람들이 이렇게 행동할 때면 너무 화가 치밀어

Oh, it makes my blood boil when people behave like that.

오, 잇 메익스 마이 블러드 보일 웬 피플 비해이브 라익 댓

▶ It makes my blood boil은 직역하면 "이것이 나의 피를 끓게 한다."라는 뜻으로 "그 생각만 하면 화가 치밀어"라는 의미다.

회화

A I saw that a man yelled at a child in front of many people.

아이 쏘 댓 어 맨 옐드 앳 어 차일드 인 프러너브 매니 피플

어떤 남자가 많은 사람들 앞에서 애한테 소리 지르는 걸 봤어.

B Oh, it makes my blood boil when people behave like that.

오, 잇 메익스 마이 블러드 보일 웬 피플 비해이브 라익 댓

아, 사람들이 이렇게 행동할 때면 너무 화가 치밀어.

Voca boil 끓다

관련 표현

■ 그는 나를 화나게 해.

He really got my blood up.

히 리얼리 갓 마이 블러드 업

■ 너무 화내지 마.

Don't get too upset.

돈 겟 투 업셋

▶ 화가 난다는 의미의 다양한 표현을 익혀보자.

현재 곤궁에 빠진 상황이야
I am in deep water now.
아이 앰 인 딥 워러 나우

▶ in deep water(s)는 '곤경에 처한, 궁지에 빠진'이란 뜻이다.

회화

A So you want to borrow some money.
쏘 유 원투 바로우 썸 머니
그래 돈을 좀 빌리기 원하는 거지?'

B Yes. I am in deep water now.
예스. 아이 앰 인 딥 워러 나우
맞아. 현재 곤궁에 빠진 상황이야.

Voca deep 깊은

관련 표현

■ 사업이 잘 안되어서 돈을 다 잃었어.

Business was very bad and I lost all my money.
비즈니스 워즈 베리 배드 앤 아이 로스트 올 마이 머니

■ 대통령은 곤궁에 빠진 기분이었다.

The president felt he was between hell and high water.
더 프레지던트 펠트 히 워즈 비튄 헬 앤 하이 워러

▶ '경기가 좋지 않다'라는 표현은 Business is bad.라고 할 수도 있겠지만, slow를 사용
해 Business is slow.라고도 할 수 있다.

나는 다시 하고 싶다는 생각은 안 해

I don't think I'd like to do it again though.

아이 돈 띵크 아이드 라익투 두 잇 어겐 도우

▶ 좋지 않은 경험을 하고 쓸 수 있는 표현이다.

회화

A I saw you on television last week. You were cool.

아이 쏘 유 온 텔레비전 라스트 윅. 유 워 쿨

지난주에 TV에서 너 봤어. 멋졌어.

B Thanks. I don't think I'd like to do it again though. When the cameras were on me, my heart was beating so fast.

땡스, 아이 돈 띵크 아이드 라익투 두 잇 어겐 도우. 웬 더 캐머러즈 워 온 미, 마이 헛 워즈 비링 쏘 패스트

고마워. 근데 나는 다시 하고 싶다는 생각은 안 해. 카메라가 날 비췄을 때, 심장이 너무 빨리 뛰었어.

Voca beat 심장이 고동치다

관련 표현

■ 나는 진짜 초조했어.

I really had butterflies in my tummy[stomach].

아이 리얼리 해드 버러플라이즈 인 마이 터미[스토막]

■ 다리가 너무 떨렸어.

My knees were shaking.

마이 니즈 워 셰이킹

▶ 초조했다는 표현에 have butterflies in one's stomach이라는 표현이 있다. 즉, 뱃속에 많은 나비가 있어 울렁인다는 말이다.

쌤통이다
Served him right.
써브드 힘 라잇

▶ (It) Served him right은 직역하면 '그(의 행동에 맞게)에게 올바르게 대접해줬어'라는 뜻이며, '그럴 만해, 쌤통이다'의 의미로 쓰인다.

회화

A You know what? Craig was caught cheating on his wife.
유 노 왓? 크레이그 워즈 콧 치링 온 히즈 와잎
너 그거 알아? 크레이그가 아내 몰래 바람을 피우다가 걸렸어.

B Served him right. He's been doing that for a long time.
써브드 힘 라잇. 히즈 빈 두잉 댓 포 어 롱 타임
쌤통이다. 오랫동안 그렇게 해왔어.

Voca cheat on 바람피우다

관련 표현

■ 그가 나 몰래 바람을 피웠어.
He cheated on me.
히 치티드 온 미

■ 그의 여자 친구가 그 애를 찼어. 걔는 그래도 싸.
His girlfriend dumped him. I think it served him right.
히즈 걸프렌드 덤트 힘. 아이 띵크 잇 써브드 힘 라잇

▶ cheat on은 '~을 속이다, 바람을 피우다'라는 뜻이다. on 뒤에는 몰래 바람을 피운 사람이 아니라 당한 사람을 쓴다.

탐이 나에게 전혀 흥미가 없는 건 아닌 것 같아
I don't think Tom doesn't have any interest in me.
아이 돈 띵크 탐 더즌트 해브 애니 인터레스트 인 미

▶ 부정어가 두 번 들어가면서 긍정의 의미를 전달하고 있다.

회화

A I don't think Tom doesn't have any interest in me.
When I ask him for dinner, he doesn't say no.
아이 돈 띵크 탐 더즌트 해브 애니 인터레스트 인 미. 웬 아이 애스크 힘 포 디너, 히
더즌트 쎄이 노

탐이 나에게 전혀 흥미가 없는 건 아닌 것 같아. 내가 저녁 먹자고 물어보면, 안
간다고 말하지 않아.

B Good sign.
굿 싸인
좋은 징조네.

Voca ask for dinner 저녁식사를 하자고 말하다

관련 표현

■ 그가 그것에 관심이 없을 거라고 내가 말했잖아.
I told you he wouldn't be into it.
아이 톨쥬 히 우든트 비 인투 잇

■ 해야 할 남은 단계는 그에게 너의 감정을 알려주는 거야.
The only step you have left to take is to let him know
your feelings for him.
디 온리 스텝 유 해브 리프트 투 테익 이즈 투 렛 힘 노우 유어 필링즈 포 힘

▶ 누군가를 좋아하는 감정을 표현하고 싶을 때 have feelings for를 쓸 수 있다.

정말 놀랐겠다

You must've been freaked out.

유 머슷브 빈 프릭트 아웃

▶ freak out 또는 be freak out은 '기겁하다, 놀라다'의 의미이다.

회화

A When I brought some food in the walk-in freezer, all of sudden the door slammed shut behind me.

웬 아이 브롯 썸 푸드 인 더 워킨 프리저, 올 오브 써든 더 도어 슬램드 셧 비하인드 미

사람 들어가는 큰 냉장고에서 음식 꺼낼 때 갑자기 뒤에서 문이 닫혔어.

B You must've been freaked out.

유 머슷브 빈 프릭트 아웃

정말 놀랐겠다.

Voca walk-in freezer (크기가 커서) 사람이 서서 드나들 수 있는 냉동실

관련 표현

■ 처음에는 당황했어.

I was panicked at first.

아이 워즈 패닉트 앳 펄스트

■ 그가 화를 내는 것에 그녀는 완전히 충격을 받았다.

She was completely taken aback by his anger.

쉬 워즈 컴플리틀리 테이큰 어백 바이 히즈 앵거

▶ 놀라거나 당황한 것에 대한 다양한 표현을 익혀보자.

그가 의사가 됐다니 놀랍지 않아?

Isn't it amazing that he became a doctor?

이즈닛 어메이징 댓 히 비케임 어 닥터

▶ 예측하지 못한 상황을 표현하고 싶을 때 Isn't it amazing that S V의 패턴을 활용할 수 있다.

회화

A Isn't it amazing that he became a doctor?

이즈닛 어메이징 댓 히 비케임 어 닥터

그가 의사가 됐다니 놀랍지 않아?

B He always talked about being a doctor when he was young. He worked hard, so he deserves it.

히 올웨이즈 톡터바웃 비잉 어 닥터 웬 히 워즈 영. 히 웍트 하드, 쏘 히 디절스 잇

그는 어렸을 때 항상 의사가 되는 것에 대해서 이야기했지. 열심히 노력했으니, 마땅한 결과야.

Voca amazing 놀라운 deserve (~받을) 가치가 있다

관련 표현

■ 여기서 네 지갑을 찾다니 신기하지 않니?

Isn't it amazing to find your lost wallet here?

이즈닛 어메이징 투 파인쥬어 로스트 월릿 히어

■ 얼마나 많은 사람들이 독감으로 죽는지가 놀랍지 않니?

Isn't it amazing how many people die of the flu?

이즈닛 어메이징 하우 매니 피플 다이 오브 더 플루

▶ Isn't it amazing ~? 문형을 활용한 표현을 더 익혀보자.

그거 다 거짓말이야

It's a put-on.

잇처 푸론

▶ put on은 동사로 사용되기도 한다. '쓰다, 입다'와 같이 몸에 걸치는 상황에서 쓰는 표현이지만, '공연하다, 연기하다'라는 뜻도 있다.

회화

A Did he tell you that he is a programmer? Don't believe him. It's a put-on.

디드 히 텔 유 댓 히 이저 프로그래머? 돈 빌리브 힘. 잇처 푸론

그가 너에게 프로그래머라고 말했어? 그 사람 말 믿지 마. 그거 다 거짓말이야.

B Not really!

낫 리얼리

설마!

Voca put-on (주로 단수로) 가장, 속임수

관련 표현

■ 그는 미국식 말투를 가장해서 썼다.

He put on an American accent.

히 푸론 언 아메리칸 액센트

■ 그녀가 마음이 상한 것은 아닐 거야. 그냥 그런 척한 거지.

I don't think she was hurt. She was just putting it on.

아이 돈 띵크 쉬 워즈 헐트. 쉬 워즈 저슷 푸링 잇 온

▶ put on을 동사로 활용한 표현을 추가로 익혀보자.

Day 151 정말 너무 더워서 믿기지가 않는다

I can't believe how hot it is.

Day 152 행복하지만, 결혼은 많은 책임감이 따르잖아

I am happy, but marriage is a lot of responsibility.

Day 153 나는 예술이나 예술가를 이해 못 하겠어

I don't get art, or artists.

Day 154 다니는 학교는 어떤 점이 좋아요?

What do you like about your school?

Day 155 네가 반드시 만나봐야 하는 멋진 남자를 알아

I know a great guy you should meet!

Day 156 듣던 중 반가운 소리네요

That's music to my ears.

Day 157 이미 지난 일이니까요

Let bygones be bygones.

Day 158 처음에 어떻게 보일지 걱정했거든

I was at first worried how it would turn out.

Day 159 그 시험이 끔찍했어

That exam was excruciating!

Day 160 그게 나한테 너무 딱 맞았어요

It hit the spot.

Day 161 나가고 싶어 근질근질해

I'm itching to go out.

Day 162 그래서 내가 우리 동네를 좋아하지

That is why I like my neighborhood so much.

Day 163 확실히 쓸데없는 것들을 다 치운 보람이 있지

Getting rid of all that junk really paid off.

Day 164 좋은 날 다 간 것 같아

It seems like good old days are all gone now.

Day 165 마침내 이해했어요

I finally got it.

Day 166 모든 것이 갑작스럽게 일어났네

Everything came quite out of the blue.

Part 06

감정 II

Day 167 사실 굉장히 초초해 보여

You look very nervous actually.

Day 168 행운을 빌어줘요

Please, keep your fingers crossed for me.

Day 169 직접 본 순간 너무 긴장했어요

I got cold feet again as soon as I saw her in person.

Day 170 미안하지만, 그녀는 내 타입이 아니야

I'm sorry, but she's really not my cup of tea.

Day 171 마음에서 홀홀 털어내면 기분이 훨씬 좋아질 거예요

You'll really feel much better if you get it off your chest.

Day 172 그렇지만, 정말 부끄러움이 많아

Terribly shy though.

Day 173 아, 사람들이 이렇게 행동할 때면 너무 화가 치밀어

Oh, it makes my blood boil when people behave like that.

Day 174 현재 곤궁에 빠진 상황이야

I am in deep water now.

Day 175 나는 다시 하고 싶다는 생각은 안 해

I don't think I'd like to do it again though.

Day 176 쌤통이다

Served him right.

Day 177 탐이 나에게 전혀 흥미가 없는 건 아닌 것 같아

I don't think Tom doesn't have any interest in me.

Day 178 정말 놀랐겠다

You must've been freaked out.

Day 179 그가 의사가 됐다니 놀랍지 않아?

Isn't it amazing that he became a doctor?

Day 180 그거 다 거짓말이야

It's a put-on.

Part 07

의견

그 영화에 대해서 어떻게 생각해요?

What did you think of the movie?

왓 디쥬 띵커브 더 무비

▶ 함께 영화를 본 사람에게 영화에 대해 묻는 질문이다. '어떻게'를 오역하여 How do you think of the movie?라고 하지 않도록 한다.

회화

A What did you think of the movie?

왓 디쥬 띵커브 더 무비

그 영화를 어떻게 생각하시죠?

B I thought it was fantastic. It has shocking twists and turns at the end of the movie.

아이 쏟 잇 워즈 팬타스틱. 잇 해즈 쇼킹 트위스츠 앤 턴스 앳 디 엔더브 더 무비

환상적이라고 생각했어요. 영화 마지막에 반전은 충격적이었어요.

Voca fantastic 환상적인 shocking 충격적인 at the end of ~의 끝에

관련 표현

■ 두말하면 잔소리지.

You can say that again.

유 캔 쎄이 댓 어겐

■ 이 영화는 마지막에 예측하지 못한 상황들이 많아.

The movie has many unexpected happenings at the end.

더 무비 해즈 매니 언이스펙티드 해프닝스 앳 디 엔드

▶ 위의 표현 중 twists and turns는 '반전'이란 뜻으로 예측하지 못한 뜻밖의 상황들을 말한다. turn은 도로가 구불구불하여 여러 번 운전대를 꺾는 상황에서도 사용할 수 있다. This road has many turns.(이 도로 아주 구불구불하네.)

DAY 182

좀 봐줘
Cut me some slack.
컷 미 썸 슬랙

▶ 상대방에 선처를 구하는 상황에서 쓰는 표현이다.

회화

A Daniel, would you please stop arguing with me?
Cut me some slack.
대니얼, 우쥬 플리즈 스탑 아규잉 윗 미? 컷 미 썸 슬랙
다니엘, 나랑 논쟁하지 좀 마. 좀 봐줘.

B What did I do? I am just asking you a few questions.
왓 디드 아이 두? 아이 앰 저슷 애스킹 유 어 퓨 퀘스천스
내가 뭐 했는데? 그냥 몇 가지 질문하는 것뿐이야.

Voca argue with ~와 논쟁하다, 따지다 just 단지

관련 표현

■ 너무 까다롭게 굴지 마.
Take it easy.
테이킷 이지

■ 너무 까다롭게 굴지 마.
Don't be too picky.
돈 비 투 피키

▶ 위에서 사용된 slack은 형용사로 '느슨한, 처진', 명사로 '느슨한 상황, 부분'이라는 뜻이다.
Cut me some slack.은 '나에게 느슨한 상황을 부탁해' 정도의 뜻에서 봐달라는 의미로
사용할 수 있는 말이다.

DAY 183

그런 말 하지 마
Don't give me that.
돈 김미 댓

▶ 상대가 터무니없는 말을 할 때도 쓸 수 있는 표현인 동시에, 지나친 칭찬을 할 때도
사용할 수 있는 다양한 의미의 표현이다.

회화

A I already studied.
아이 얼레디 스터디드
아까 공부했어요.

B Don't give me that. All you do is play games, and
your studies take a back seat. Turn off the computer,
right now!
돈 김미 댓. 올 유 두 이즈 플레이 게임즈, 앤 유어 스터디즈 테이커 백 씻. 턴 오프 더
컴퓨러, 라잇 나우
하긴 언제 해? 공부는 뒷전이고 게임에만 빠져가지고. 컴퓨터 당장 꺼!

Voca take a back seat 뒷전이다 turn off 끄다 right now 당장

관련 표현

■ 말도 안 돼. 농담하지 마.
Give me a break.
김미 어 브레익

■ 그것 나중에 하렴.
You can put it off.
유 캔 푸리롭

▶ 위의 표현 중 All you do is play games.에서 play 앞에 일반적으로 to부정사가 생략
된 꼴로 사용된다. 해석상 주의할 점은 '네가 하는 모든 것'이란 의미로도 의사전달은 되
지만, 본문의 문맥에 따르면 '네가 하는 짓이란 ~가 다다'라는 뉘앙스가 된다.

DAY 184

또 제자리야
Back to square one!
백 투 스퀘어 원

▶ square one은 출발선인 첫 번째 '1번 자리'를 말한다. 고로, '처음으로 돌아가다'라는 뜻이다.

회화

A **Back to square one! I've been working really hard to make this happen, but nothing works.**
백 투 스퀘어 원! 아이브 빈 워킹 리얼리 하드 투 메익 디스 해픈, 벗 낫띵 웍스
또 제자리야. 이것 하려고 열심히 노력했는데, 아무것도 안 돼.

B **That's how the cookie crumbles.**
댓츠 하우 더 쿠키 크럼블스
삶이 그럴 때도 있어.

Voca work 효과가 있다, (의도한 대로) 진행되다

관련 표현

■ 우리는 처음부터 시작하는 것이 낫겠다.

We'd better start from scratch.
위드 베러 스탓 프럼 스크래취

■ 처음으로 다시 돌아가야 해.

We have to go back to square one.
위 햅투 고 백 투 스퀘어 원

▶ 위의 표현 중 That's how the cookie crumbles.는 속담으로 "그게 바로 쿠키가 바스러지는 방법이야."라고 직역되지만, 사실 "인생이 다 그런 것이다"라는 의미다. "신경 쓰지 마", "잊어"라고 하고 싶으면 Forget it!이라고 하면 된다.

내 말이 그 말이야
You said it.
유 쎄딧

▶ 상대방의 말에 맞장구를 칠 때 쓰는 표현이다.

회화

A I lost about three hours' work. It always seems to happen when I have important work to do.

아이 로스터바웃 쓰리 아워즈 웍. 잇 올웨이즈 씸즈 투 헤픈 웬 아이 해브 임폴턴트 웍 투 두

거의 세 시간 동안 한 일이 다 날아갔어. 항상 중요한 일을 하고 있을 때 일어나는 것처럼 보여.

B You said it.

유 쎄딧

내 말이 그 말이야.

Voca happen 발생하다 work to do 해야 할 일

관련 표현

■ 당신이 절대적으로 옳습니다.

You are absolutely right.

유 아 앱솔루틀리 라잇

■ 저는 다르게 생각합니다.

I beg to differ.

아이 백 투 디퍼

▶ '3시간에 해당하는 일'이라고 말하고 싶으면 대화문에 나온 것처럼 three hours' work 이라고 표현한다. 만약 '한 시간에 해당하는 운동'이라고 표현하고 싶으면 one hour's workout이라고 하면 된다.

DAY 186

모든 것이 계획대로 잘 진행되었어요
Everything went like clockwork.

에브리띵 웬트 라익 클럭웍

▶ 원하는 대로 일이 잘 진행되었을 때 쓰는 표현이다. like clockwork이란 '시계처럼' 정확하다는 관용표현이다.

회화

A Thank you very much for organizing the trip to the seaside for the old folks.

땡큐 베리 머취 포 오거나이징 더 트립 투 더 씨싸이드 포 디 올드 폭스

저희 부모님을 위해 해변으로 가는 여행을 잘 계획해주셔서 너무 감사해요.

B Everything went like clockwork.

에브리띵 웬트 라익 클럭웍

모든 것이 계획대로 잘 진행되었어요.

Voca   organize 조직하다 folk(s) 부모님, 사람들의 구어(= people)

관련 표현

■ 모든 것이 계획대로 진행되었다.

Everything went as planned.

에브리띵 웬트 애즈 플랜드

■ 상황이 내가 그럴 것이라고 생각한 방식대로 진행되고 있지 않아.

Things are not going the way I thought it would be.

띵스 아 낫 고잉 더 웨이 아이 쏟 잇 우드 비

▶ go as planned는 '계획대로 진행되다'라는 의미의 표현이다.

이게 가장 쉬운 것 중 하나예요
It is one of the easiest.

이리즈 워넙 디 이지스트

▶ 선택 사항 중 가장 쉬운 것을 추천하는 표현으로 최상급을 사용하고 있다.

회화

A Can't you find a puzzle that's easier and quicker to do?

캔츄 파인더 퍼즐 댓츠 이지어 앤 퀴커 투 두

좀 더 쉽고 빠르게 할 수 있는 퍼즐 찾아주실래요?

B It is one of the easiest. The others are all more difficult.

이리즈 워넙 디 이지스트. 디 아더스 아 올 모어 디피컬트

이게 가장 쉬운 것 중 하나예요. 다른 것들 모두 더 어려워요.

Voca puzzle 퍼즐(어려운 문제) difficult 어려운, 까다로운

관련 표현

■ 절대 쉬워지지 않을 거야.

It will never get easier.

잇 윌 네버 겟 이지어

■ 난 쉬운 질문을 원해.

I want an easy question.

아이 원턴 이지 퀘스천

▶ 위의 표현 중 one of는 "중의 하나"로 복수명사와 함께 쓰인다. 즉, one of Ns의 형태로 쓰인다. It's one of the easiest.는 It's one of the easiest puzzles.에서 puzzle의 복수형인 puzzles가 생략된 형태이다.

DAY 188

피어슨 씨가 열쇠를 가지고 간 것이 확실한가요?

Are you sure Mr. Pearson took the key?

아 유 슈어 미스터 피어슨 툭 더 키

▶ 특정 내용을 확인할 때 쓸 수 있는 내용으로 Are you sure of[about]~라고 말할 수도 있다. 아래 관련 표현을 통해서 확인하도록 한다.

회화

A Are you sure Mr. Pearson took the key? Let me know when he comes in.

아 유 슈어 미스터 피어슨 툭 더 키? 렛 미 노 웬 히 컴즈 인

피어슨 씨가 열쇠를 가지고 간 것이 확실한가요? 들어오면 알려줘요.

B I get that.

아이 겟 댓

네 알겠습니다.

Voca come in 안으로 들어오다

관련 표현

■ 네가 어디로 향하는지 확신하니?

Are you sure of where you are heading to?

아 유 슈어 오브 웨어 유 아 헤딩 투

■ 그가 그것을 훔친 것을 확신하나요?

Are you sure that he stole it?

아 유 슈어 댓 히 스톨 잇

▶ get은 다양한 의미로, 위 대화문에선 '이해하다'라는 뜻이다. She opened the door wider to get a better look.(그녀는 더 잘 보려고 문을 더 열었다.) 이 경우 get은 '(~한 상황을 마련하다는 의미에서)얻다'이다.

그가 그러한 일을 했을 리 없어
He cannot have done it.
히 캔낫 해브 더닛

▶ 상대방의 행동을 믿기 힘들다고 말하는 표현이다.

회화

A I don't believe he did such a mean thing.
아이 돈 빌리브 히 디드 써처 민 띵
그가 그렇게 비열한 일을 저질렀다는 게 믿기지 않아.

B Me, neither. He cannot have done it.
미, 니더. 히 캔낫 해브 더닛
나도 그렇게 생각해. 그가 그러한 일을 했을 리 없어.

Voca mean 비열한, 짓궂은

관련 표현

■ 그녀가 그것을 했을 리가 없다.
She cannot have done it.
쉬 캔낫 해브 더닛

■ 그가 너에게 그렇게 많은 돈을 빌려주었을 리가 없다.
He can't have lent you that much money.
히 캔트 해브 렌트 유 댓 머취 머니

▶ cannot have p.p는 상대방이 믿기 어려운 행동을 했을 때 쓸 수 있는 표현이다.

DAY 190

전체적으로 더 탄력 있어 보여요

You look more toned overall.

유 룩 모어 톤드 오버롤

▶ 탱탱하고 건강한 피부를 가진 사람에게 toned라는 단어를 써서 멋진 칭찬의 표현을 만들어낼 수 있다.

회화

A Have you been working out? You look more toned overall.

해뷰 빈 워킹 아웃? 유 룩 모어 톤드 오버롤

요즘 운동해요? 전체적으로 더 탄력 있어 보여요.

B I feel much better, too.

아이 필 머취 베러, 투

기분도 훨씬 좋아요.

Voca work out 운동하다 toned 탄력있는 overall 전체적으로

관련 표현

■ 저 책은 내가 가지고 있는 것보다 재미있을 것 같다.

That book looks more interesting than what I have.

댓 북 룩스 모어 인터레스팅 댄 왓 아이 해브

■ 네가 그 건물 앞에서 그를 만났을 때 행복해 보였어.

You seemed happy when you met him in front of the building.

유 씸드 해비 웬 유 멧 힘 인 프런터브 더 빌딩

▶ look은 형용사와 함께 쓰여 '~처럼 보이다'의 의미로 쓰이고, seem으로 대체할 수 있다.

그냥 참고 사용해야겠네
I guess you have to live with it.
아이 게스 유 햅투 리브 위딧

▶ 다른 특별한 대안이 없는 상황에서 쓸 수 있는 표현이다.

회화

A My laptop is so slow. If I had the money, I would take it to a computer shop.

마이 랩탑 이즈 쏘 슬로우. 이파이 해더 머니, 아이 우드 테이킷 투 어 컴퓨러 샵

노트북이 너무 느려. 돈이 있으면 컴퓨터 가게에 가지고 갈 텐데.

B Well, I guess you have to live with it.

웰, 아이 게스 유 햅투 리브 위딧

음, 그냥 참고 사용해야겠네.

Voca laptop 노트북

관련 표현

■ 톰은 괴팍한 룸메이트와 참고 사는 법을 터득했다.

Tom has learned to live with his freaky roommate.

탐 해즈 런드 투 리브 윗 히즈 프리키 룸메이트

■ 넌 우리가 결코 부자가 되지 못하리라는 사실을 그냥 받아들여야 해.

You just live with the fact that we're never going to be rich.

유 저슷 리브 위드 더 팩트 댓 위어 네버 고잉 투 비 리취

▶ live with는 '~을 감수하다'의 의미 외에도 '~와 동거하다(=share home with), 수용하다 (=accept, receive), 용납하다(=tolerate)' 등의 뜻이 있다.

DAY 192

그러면 안 돼
You don't want to do that.
유 돈 원투 두 댓

▶ 상대에게 "그렇게 하면 안 되지"라는 의도로 충고하는 표현이다.

회화

A My computer is acting up again. Sometimes I want to throw it out the window.

마이 컴퓨러 이즈 액팅 업 어겐. 썸타임즈 아이 원투 뜨로우 이라웃 더 윈도우

내 컴퓨터가 또 말썽을 부리네. 어쩔 땐, 창문 밖에 버리고 싶어.

B You don't want to do that.

유 돈 원투 두 댓

그러면 안 돼.

Voca act up 말썽을 부리다

관련 표현

■ 내가 너라면 그렇게 안 할 거야.

I wouldn't do it if I were you.

아이 우든트 두 잇 이프 아이 워 유

■ 또 시작이네. 다시 말썽을 부리기 시작했어.

There you go again. It started acting up again.

데어 유 고 어겐. 잇 스타티드 액팅 업 어겐

▶ 가정법 과거시제를 사용할 때 if절의 be동사 과거형은 주어 상관없이 were를 사용한다.

우리가 보증금을 지불할 충분한 돈을 모아야 해

We need to save enough for a down payment.

위 니드 투 쎄이브 이넙 포 어 다운 페이먼트

▶ a down payment는 '계약금(보증금)'이다. 집을 사려는 계획을 세울 때 쓸 수 있는 표현이다.

회화

A I think it's time that we started thinking about saving money.

아이 띵크 잇츠 타임 댓 위 스타티드 띵킹 어바웃 쎄이빙 머니

저축할 생각을 시작할 때인 것 같아.

B Yeah, We need to save enough for a down payment.

예. 위 니드 투 쎄이브 이넙 포 어 다운 페이먼트

맞아. 우리가 보증금을 지불할 충분한 돈을 모아야 해.

Voca save money 저축하다, 돈을 모으다

관련 표현

■ 우리는 집을 살 계약금을 모으고 있다.

We are saving for a down payment on a house.

위 아 쎄이빙 포 어 다운 페이먼트 온 어 하우스

■ 대금을 받아야 발송해드립니다.

Payment must be received in advance of shipping.

페이먼트 머슷 비 리시브드 인 어드밴스 오브 쉬핑

▶ a down payment 또는 a deposit은 '계약금'과 관련된 표현으로 주로 make와 결합하여 사용된다. make a down payment 또는 make a deposit은 '계약금을 걸다(치르다)'이다.

DAY 194

내가 살찌는 것 같다고 생각해?
Do you think I'm getting fat?
두 유 띵크 아임 게링 팻

▶ 선의의 거짓말이라도 좋으니 직설적으로 답하지 말아야 할 질문이다.

회화

A Do you think I'm getting fat?
두 유 띵크 아임 게링 팻
내가 살찌는 것 같다고 생각해?

B I don't think so.
아이 돈 띵크 쏘
그렇게 생각하지 않아.

Voca fat 살찐

관련 표현

■ 내가 살이 좀 빠진 것 같다고 생각하지 않니?

Don't you think I lost some weight?
돈츄 띵크 아이 로스트 썸 웨잇

■ 사형 제도에 대해 어떻게 생각하니?

How do you feel about capital punishment?
하우 두 유 필 어바웃 캐피탈 퍼니시먼트

▶ 살과 관련된 표현들을 기억해두자. fat, overweight, heavy(살찐) ↔ slim(날씬한) /
gain weight(살찌다) ↔ lose weight(살 빠지다)

왜냐하면 너는 생각을 너무 많이 해서 그런 거야
Because you're thinking too much.
비커즈 유어 띵킹 투 머취

▶ think too much는 '지나치게 생각하다'의 의미로, 해결책이 간단한 어느 문제에 대해 복잡한 방식으로 생각하는 것에 대해 말한다.

회화

A What do you think the meaning of life is? Why aren't I having fun?

왓 두 유 띵크 더 미닝 오브 라잎 이즈? 와이 안트 아이 해빙 펀

인생의 의미가 뭐라고 생각해? 왜 나는 즐겁지 않지?

B Because you're thinking too much.

비커즈 유어 띵킹 투 머취

왜냐하면 너는 생각을 너무 많이 해서 그런 거야.

Voca meaning 의미 have fun 즐거운 시간을 보내다

관련 표현

■ 우리는 즐겁기 위해 왔지.

We're here to have fun.

위어 히어 투 해브 펀

■ 우리 엄마는 처음에 그녀를 못마땅해 했어.

My mom didn't think too much of her in the beginning.

마이 맘 디든트 띵크 투 머취 오브 허 인 더 비기닝

▶ We're here to ~는 '우리는 ~ 때문에 왔어요'라는 표현이다.

DAY 196

사람들이 어떤 것에 대한 농담을 가장 많이 한다고 생각해?

What do you think people joke about the most?

왓 두 유 띵크 피플 조크 어바웃 더 모스트

▶ What do you think (that) ~은 상대방의 생각이나 의견을 묻는 표현이다.

회화

A What do you think people joke about the most?
왓 두 유 띵크 피플 조크 어바웃 더 모스트
사람들이 어떤 것에 대한 농담을 가장 많이 한다고 생각해?

B I think most jokes are about people.
아이 띵크 모스트 족스 아 어바웃 피플
나는 대부분의 농담이 사람에 관한 것이라 생각해.

Voca joke 농담

관련 표현

■ 이 빨간색 스커트 어떻게 생각해?

What do you think about this red skirt?
왓 두 유 띵크 어바웃 디스 레드 스커트

■ 너한테 잘 어울린다고 생각해.

I think it looks good on you.
아이 띵크 잇 룩스 굿 온 유

▶ What do you think ~는 What's your opinion(view)?와 바꿔 쓸 수 있으며, 이때 My opinion is ~ 또는 In my opinion, ~으로 대답한다.

중력이 없다면 어떻게 될까요?

What would happen if it were not for gravity?

왓 우드 해픈 이프 잇 워 낫 포 그래비티

▶ 가정의 상황을 설명할 때 사용하는 표현으로 What would happen if ~를 활용할 수 있다.

회화

A What would happen if it were not for gravity?

왓 우드 해픈 이프 잇 워 낫 포 그래비티

중력이 없다면 어떻게 될까요?

B You wouldn't be able to pour water into glass. Without gravity, it would float into the sky like a balloon.

유 우든트 비 에이블 투 푸어 워러 인투 글래스. 위다웃 그래비티, 잇 우드 플롯 인투 더 스카이 라이커 밸룬

잔에 물을 부을 수 없겠지. 중력이 없으면, 그것(물)은 풍선처럼 하늘에 떠다니 겠지.

Voca gravity 중력 float 둥둥 떠다니다

관련 표현

■ 물이 없다면 우리는 지구에서 살 수 없을 것이다.

Without water, we could not live on earth.

위다웃 워러, 위 쿠드 낫 리브 온 얼쓰

■ 만일 그가 없었다면 난 그것을 못했을 것이다.

If it had not been for him, I could not have it done.

이프 잇 해드 낫 빈 포 힘, 아이 쿠드 낫 해빗 던

▶ 위의 표현 중 What would happen if it were not for gravity?에서 밑줄 친 표현 은 without으로 바꾸어 표현이 가능하다.

DAY 198

부족한 점이 많네요

It leaves much to be desired.

잇 립스 머취 투 비 디자이얼드

▶ 불만스러운 점을 말할 때 자주 사용하는 표현이다.

회화

A I don't think this hotel deserves 5 stars.
아이 돈 띵크 디스 호텔 디절브스 파이브 스타즈
이 호텔은 5성급이 아닌 것 같아요.

B I know. It leaves much to be desired.
아이 노우. 잇 립스 머취 투 비 디자이얼드
맞아요. 부족한 점이 많네요.

Voca deserve ~을 받을 만하다

관련 표현

■ 그것이 목록에서 빠져 있어요.

That is off on the list.
댓 이즈 오프 온 더 리스트

■ 그녀가 모두 같은 방법으로 다루기 때문에 불만스러운 점이 많아.

It leaves much to be desired as she weaves all pieces on the same loom.
잇 립스 머취 투 비 디자이얼드 애즈 쉬 윕스 올 피시스 온 더 쎄임 룸

▶ It leaves much to be desired.는 '모자라는 부분이 많음' 또는 '미흡한 점이 많음'의
의미다. '~가 빠져 있어요'는 be off로 표현이 가능하다.

이런, 진짜 그렇게 보이네요
Man, it does look like it.
맨, 잇 더즈 룩 라이킷

▶ 조동사 do는 동사를 강조하며 '정말로'의 의미로 해석한다.

회화

A Your sweater looks a little tight.
유어 스웨터 룩스 어 리를 타잇
스웨터 약간 쪼이는 것 같은데요.

B Man, it does look like it. I think I gained some weight.
맨, 잇 더즈 룩 라이킷. 아이 띵크 아이 게인드 썸 웨잇
이런, 진짜 그렇게 보이네요. 저 살이 좀 찐 것 같아요.

Voca gain weight 살찌다

관련 표현

■ 그녀는 정말 피곤해 보인다.
She does look tired.
쉬 더즈 룩 타이얼드

■ 그녀는 적어도 미안하다고 말은 했다.
She did at least say sorry.
쉬 디드 앳 리스트 쎄이 쏘리

▶ do는 '하다'라는 의미를 가진 일반동사이기도 하고, 의문문을 만드는 조동사이기도 하며 강조의 의미를 더하는 조동사이기도 하다. 의문문이 아닌 곳에 do 외에 동사가 또 있다면 do는 강조하는 조동사로 해석해야 함을 기억하자.

DAY 200

하루 중 이맘때가 가장 바빠요

It is the busiest around this time of the day.

이리즈 더 비지스트 어라운드 디스 타임 오브 더 데이

▶ 하루 중 가장 바쁜 시간대를 표현할 때 쓰는 표현으로 '하루 중'을 of the day로 표현하고 있음에 주의한다.

회화

A There are some people before me. I think I will come around again later today.

데어 아 썸 피플 비포 미. 아이 딩크 아이 윌 컴 어라운드 어겐 레이러 투데이

앞에 몇 명이 있네요. 이따가 다시 들러야겠어요.

B Sure, it is the busiest around this time of the day.

슈어, 이리즈 더 비지스트 어라운드 디스 타임 오브 더 데이

네, 하루 중 이맘때가 가장 바빠요.

Voca come around later 나중에 다시 들르다

관련 표현

■ 제인이 교실이 있는 여자애들 중에서 가장 예쁘다.

Jane is the prettiest of the girls in the classroom.

제인 이즈 더 프리티스트 오브 더 걸즈 인 더 클래스룸

■ 그 남자는 우리 마을 사람들 중에서 가장 인색하다.

The man is the stingiest of the people in my town.

더 맨 이즈 더 스팅지스트 오브 더 피플 인 마이 타운

▶ 최상급 앞에는 반드시 the가 붙는다. ~에서 가장 ...하다고 범위를 지정하려면 주로 전치사 of를 사용한다.

DAY
201

직접 알려드릴게요

I will show you.
아이 윌 쇼 유

▶ I will show you.는 주로 길을 알려줄 때 쓰는 표현이다.

회화

A Excuse me, where is the main library?
익스큐즈 미, 웨어리즈 더 메인 라이브러리
실례합니다. 중앙도서관이 어딘가요?

B It is at the center of the campus. I am going that way, too. I will show you.
이리즈 앳 더 센터 오브 더 캠퍼스. 아이 앰 고잉 댓 웨이, 투. 아이 윌 쇼 유
학교 캠퍼스 중앙에 있어요. 제가 그 방향으로 가는 길이니, 직접 알려드릴게요.

Voca that way 그쪽으로

관련 표현

■ 미안하지만 정거장 가는 길을 좀 알려주시겠습니까?

Excuse me, but will you show me the way to the station?
익스큐즈 미, 벗 윌 유 쇼 미 더 웨이 투 더 스테이션

■ 여기에서 가장 가까운 우체국을 어디서 찾을 수 있나요?

Where can I find the nearest post office near here?
웨어 캐나이 파인 더 니어리스트 포스트 오피스 니어 히어

▶ 길을 묻는 다양한 표현을 익혀보자.

DAY 202

꽤나 오랫동안 생각해왔어요
I've been thinking about it for quite a while.

아이브 빈 띵킹 어바우릿 포 콰이러 와일

▶ 오랫동안 생각해오던 일을 표현하고 싶을 때 쓰는 표현으로 for quite a while은 '꽤나 오랫동안'이란 뜻으로 한 단어처럼 암기하도록 한다.

회화

A I'm announcing my retirement on Friday. I've been thinking about it for quite a while.

아임 어나운싱 마이 리타이어먼트 온 프라이데이. 아이브 빈 띵킹 어바우릿 포 콰이러 와일

저 금요일에 은퇴선언을 합니다. 꽤나 오랫동안 생각해왔어요.

B I never thought you would retire this early.

아이 네버 쏟 유 우드 리타이어 디스 얼리

저는 당신이 이렇게 일찍 은퇴할 거라고 생각 안 했어요.

Voca announce 발표하다 retirement 은퇴

관련 표현

■ 그녀는 2000년 이후로 영어를 가르치고 있다.

She has been teaching English since 2000.

쉬 해즈 빈 티칭 잉글리쉬 씬스 투 싸우전드

■ 그들은 한 시간째 컴퓨터 게임을 하고 있다.

They have been playing computer games for an hour.

데이 해브 빈 플레잉 컴퓨러 게임즈 포 언 아워

▶ for와 since는 일이 지속된 시간을 나타낼 때 쓰는 전치사이다. for 뒤에는 기간이, since 뒤에는 시점이 온다.

생각하는 것보다 비싸지 않습니다
It is not as expensive as you think it is.
이리즈 낫 애즈 익스펜시브 애즈 유 띵크 이리즈

▶ not as ~ as를 활용한 표현이다. 원래 생각했던 것과 다를 때 사용하는 유용한 표현이다.

회화

A Isn't advertising our products on the subway out of our budget?
이즈트 어드버타이징 아워 프러덕츠 온 더 서브웨이 아우러브 아워 버짓
지하철에 우리 제품을 광고하는 것이 예산을 넘기지 않을까요?

B No, it is not as expensive as you think it is.
노, 이리즈 낫 애즈 익스펜시브 애즈 유 띵크 이리즈
아뇨. 생각하는 것보다 비싸지 않아요.

Voca budget 예산

관련 표현

■ 그 가방은 당신이 생각하는 것만큼 무겁지 않다.
The bag is not as heavy as you think.
더 백 이즈 낫 애즈 헤비 애즈 유 띵크

■ 네가 갖고 있는 그 책은 생각하는 것만큼 쓸모 있지 않다.
The book you have is not as useful as you think.
더 북 유 해브 이즈 낫 애즈 유즈풀 애즈 유 띵크

▶ not as ~ as는 not so ~ as로도 사용할 수 있다.

DAY 204

대도시에 사는 것 어때요?
How do you like living in the big city?
하우 두 유 라익 리빙 인 더 빅 씨리

▶ '~는 어때요?'라는 뜻의 How do you like -ing?는 다양한 상황에 활용되는 유용한 표현이다.

회화

A How do you like living in the big city?
하우 두 유 라익 리빙 인 더 빅 씨리
대도시에 사는 것 어때요?

B There are many things that are better than living in the country!
데어라 매니 띵즈 댓 아 베러 댄 리빙 인 더 컨트리
시골에 사는 것보다 더 좋은 것이 많이 있어요.

Voca big city 대도시

관련 표현

■ 보고, 할 수 있는 것이 훨씬 많아요.

There is so much more to do and see.
데어 이즈 쏘 머취 모어 투 두 앤 씨

■ 시골에 살면 무슨 좋은 것들이 있을까?

What good things are there when living in a countryside?
왓 굿 띵즈 아 데어 웬 리빙 인 어 컨트리사이드

▶ There is so much more to do and see.에서 more는 '더 많은 것'이라는 (대)명사에 해당한다. '보고, 할 수 있는 것이 훨씬 더 많다.'와 같이 해석하면 된다.

DAY 205

정말 성공적이었어
I really went like a bomb.
아이 리얼리 웬트 라이커 밤

▶ go like a bomb은 '아주 성공적이다'는 비유적 표현이다.

A How about Christine's party last week?
하우 어바웃 크리스틴즈 파리 라스트 윅
지난주 크리스틴 파티 어땠어?

B There was lots of food, and the music was fantastic.
I didn't get home till three in the morning! I really
went like a bomb.
데어 워즈 랏처브 푸드, 앤 더 뮤직 워즈 팬타스틱. 아이 디든트 겟 홈 틸 쓰리 인 더
모닝! 아이 리얼리 웬트 라이커 밤
음식도 많고, 음악도 좋았어. 새벽 3시가 되어서야 집에 왔어. 정말 재밌었어.

Voca fantastic 환상적인

관련 표현

■ 정말 시간 가는 것이 빠르다.
The time just flies.
더 타임 저슷 플라이즈

■ 그가 인사를 하고서야 그가 거기 있었다는 걸 알았어.
I didn't know that he was there until he said hi.
아이 디든트 노우 댓 히 워즈 데어 언틸 히 쎘 하이

▶ not A until B 구문은 일반적으로 'B하고서야 A하다'로 해석한다.

DAY 206

밑져야 본전이지
What can you lose?
왓 캔 유 루즈

▶ 어떤 일을 하기 전에 지레 겁먹는 친구에게 용기를 주고 싶을 때 할 수 있는 표현이다.

회화

A I have a huge crush on Melina. But I don't have guts to tell her about it.

아이 해버 휴즈 크러쉬 온 멜리나. 벗 아이 돈 해브 것츠 투 텔 허 어바우릿

나 멜리나가 너무 좋아. 그런데 말할 용기가 없어.

B You should ask her out. Just asking doesn't hurt. What can you lose?

유 슈드 애스크 허 아웃. 저슷 애스킹 더즌트 헐트. 왓 캔 유 루즈

데이트 신청을 해야 해. 물어보는 게 뭐가 문제야. 잃을 것도 없잖아.

Voca have a huge crush on 홀딱 반하다 have guts to ~할 용기가 있다

관련 표현

■ 잃을 게 뭐가 있어.

I have nothing to lose.

아이 해브 나띵 투 루즈

■ 가서 그녀에게 데이트 신청만 하면 돼. 손해 볼 것이 뭐가 있어?

All you have to do is go and ask her out. What can you lose?

올 유 햅투 두 이즈 고 앤 애스크 허 아웃. 왓 캔 유 루즈

▶ What can you lose?와 함께 암기해두면 좋은 표현으로 It doesn't hurt to ask.가 있다. "물어보는 게 손해 볼 것 있겠어."의 의미다.

그건 남자아이 옷으로 지나치게 비싸

That's a bit too much just for boys' clothes.

댓처 빗 투 머취 저슷 포 보이즈 클로우쓰

▶ 전치사 for는 '~치고는, ~에 비하여'의 의미를 갖는다.

회화

A Mom, I need to buy some clothes. All of mine are out of fashion. All I need is 200,000 won.

맘, 아이 니투 바이 썸 클로우쓰. 올 오브 마인 아 아우러브 패션. 올 아이 니드 이즈 투헌드레드 싸우전드 원

엄마, 옷 좀 사야 해요. 가진 옷 모두 유행이 지났어요. 20만원 필요해요.

B That's a bit too much just for boys' clothes.

댓처 빗 투 머취 저슷 포 보이즈 클로우쓰

그건 남자아이 옷으로 지나치게 비싸.

Voca clothes 옷

관련 표현

■ 그는 남자치고는 키가 작다.

He is small as men go.

히 이즈 스몰 애즈 멘 고

■ 연중 그맘때치곤 날씨가 따뜻했다.

The weather was warm for the time of year.

더 웨더 워즈 웜 포 더 타임 오브 이어

▶ 위에서 out of fashion은 '유행에 뒤진'이란 뜻이고, 반대말로 in fashion이 있다. These pants are in fashion.이라고 하면 '이 바지가 요즘 유행이야.'라는 뜻이 된다.

DAY 208

청바지가 좀 너무 꽉 조이는 것 같다고 생각하지 않니?

Don't you think your jeans are too snug?

돈츄 띵크 유어 진스 아 투 스넉

▶ 옷이 '꽉 조이다'라고 하고 싶을 때 snug라는 좋은 표현이 있다. snug에는 '아늑한 (cozy)'이란 뜻도 있다.

회화

A Don't you think your jeans are too snug?

돈츄 띵크 유어 진스 아 투 스넉

네 청바지 너무 꽉 끼는 것 아니니?

B They are supposed to be like that. They are not as uncomfortable as they look. They stretch easily.

데이 아 써포즈드 투 비 라익 댓. 데이아 낫 애즈 언컴퍼터블 애즈 데이 룩. 데이 스트 레치 이질리

원래 그런 거야. 보이는 것처럼 불편하지 않아. 잘 늘어나거든.

Voca uncomfortable 불편한 stretch 늘어나다 easily 쉽게

관련 표현

■ 그 방은 깨끗하고 편하게 보였다.

The room looked neat and snug.

더 룸 룩트 닛 앤 스넉

■ 허리 부분이 신축성 있게 되어 있어서 보기 좋게 몸에 꼭 맞는다.

The elastic at the waist gives a nice snug fit.

디 엘리스틱 앳 더 웨이스트 깁스 어 나이스 스넉 핏

▶ 위의 be supposed to는 '(원래)~하기로 되어 있다'라는 뜻으로 예정된 것이나 원래 그 렇게 되어야 하는 상황을 설명할 때 쓰는 표현이다.

거리에서 총을 없애고 싶은 거지
They want to get guns off the street.
데이 원투 겟 건즈 오프 더 스트릿

▶ get something off the street는 '거리에서 무언가를 걷어내다' 즉, '없애다'라는 뜻이 된다.

회화

A Why is the city buying guns?
와이 이즈 더 씨리 바잉 건즈
왜 시에서 총을 사들이는 거야?

B They want to get guns off the street.
데이 원투 겟 건즈 오프 더 스트릿
거리에서 총을 없애고 싶은 거지.

Voca gun 총

관련 표현

■ 우린 노숙자들이 거리를 벗어날 수 있도록 도울 필요가 있다.
We need to help the homeless get off the streets.
위 니투 헬프 더 홈리스 게로프 더 스트리츠

■ 우리가 거리에서 총을 없애기 위해서 무엇을 해야 한다고 생각해요?
What do you think we should do to get the guns off the streets?
왓 두 유 띵크 위 슈드 두 투 겟 더 건즈 오프 더 스트리츠

▶ get off the street을 이용한 다른 문장들을 확인해보자.

DAY 210

다시 확인해야 해

I need to double-check it.

아이 니투 더블 체킷

▶ 집에서 나갈 때 반드시 다시 확인해야 할 것들이 있다. '재차 확인하다'는 double-check을 사용한다.

회화

A I checked the stove before we left.

아이 첵트 더 스토브 비포 위 레프트

우리가 떠나기 전에 내가 스토브를 확인했어.

B I need to double-check it.

아이 니투 더블 체킷

다시 확인해야 해.

Voca stove 난로

관련 표현

■ 내가 그 수치들을 재확인하겠어요.

I'll double-check the figures.

아일 더블 첵 더 피겨즈

■ 몇 가지 사항을 재확인하셔야 해요.

You need to double check a couple of things.

유 니투 더블 첵 어 커플 오브 띵즈

▶ figure는 '모양' 외에 '숫자, 수치' 등의 의미도 함께 가지고 있다.

Day 181 그 영화에 대해서 어떻게 생각해요?

What did you think of the movie?

Day 182 좀 봐줘

Cut me some slack.

Day 183 그런 말 하지 마

Don't give me that.

Day 184 또 제자리야

Back to square one!

Day 185 내 말이 그 말이야

You said it.

Day 186 모든 것이 계획대로 잘 진행되었어요

Everything went like clockwork.

Day 187 이게 가장 쉬운 것 중 하나예요

It is one of the easiest.

Day 188 피어슨 씨가 열쇠를 가지고 간 것이 확실한가요?

Are you sure Mr. Pearson took the key?

Day 189 그가 그러한 일을 했을 리 없어

He cannot have done it.

Day 190 전체적으로 더 탄력 있어 보여요

You look more toned overall.

Day 191 그냥 참고 사용해야겠네

I guess you have to live with it.

Day 192 그러면 안 돼

You don't want to do that.

Day 193 우리가 보증금을 지불할 충분한 돈을 모아야 해

We need to save enough for a down payment.

Day 194 내가 살찌는 것 같다고 생각해?

Do you think I'm getting fat?

Day 195 왜냐하면 너는 생각을 너무 많이 해서 그런 거야

Because you're thinking too much.

Day 196 사람들이 어떤 것에 대한 농담을 가장 많이 한다고 생각해?

What do you think people joke about the most?

Day 197 중력이 없다면 어떻게 될까요?

What would happen if it were not for gravity?

Day 198 부족한 점이 많네요

It leaves much to be desired.

Day 199 이런, 진짜 그렇게 보이네요

Man, it does look like it.

Day 200 하루 중 이맘때가 가장 바빠요

It is the busiest around this time of the day.

Day 201 직접 알려드릴게요

I will show you.

Day 202 꽤나 오랫동안 생각해왔어요

I've been thinking about it for quite a while.

Day 203 생각하는 것보다 비싸지 않습니다

It is not as expensive as you think it is.

Day 204 대도시에 사는 것 어때요?

How do you like living in the big city?

Day 205 정말 성공적이었어

I really went like a bomb.

Day 206 밑져야 본전이지

What can you lose?

Day 207 그건 남자아이 옷으로 너무 지나치게 비싸

That's a bit too much just for boys' clothes.

Day 208 청바지가 좀 너무 꽉 조이는 것 같다고 생각하지 않니?

Don't you think your jeans are too snug?

Day 209 거리에서 총을 없애고 싶은 거지

They want to get guns off the street.

Day 210 다시 확인해야 해

I need to double-check it.

Part | 08

쇼핑/음식
숙박/교통

DAY 211

비행기를 놓치셨네요, 손님
You missed your flight, sir.

유 미스드 유어 플라잇, 써

▶ miss는 '그리워하다' 말고도 '놓치다'라는 뜻으로도 활용된다. 해외 여행 중 긴급한 상황에서 사용할 수 있는 표현이다.

회화

A You missed your flight, sir.
유 미스드 유어 플라잇, 써
비행기를 놓치셨네요, 손님.

B That can't be. I called and confirmed my reservation.
댓 캔트 비. 아이 콜드 앤 컨펌드 마이 레저베이션
그럴 리가요. 전화해서 예약 확인까지 했는데요.

Voca miss 놓치다 confirm 확인하다 reservation 예약

관련 표현

■ 저희 연결 비행기는 항공사가 달라요.

Our connecting flight is not with our airline.
아워 커넥팅 플라잇 이즈 낫 위드 아워 에어라인

■ 연결 비행기를 놓치지 않도록 하세요.

Make sure that you don't miss the connecting flight.
메익 슈어 댓 유 돈 미스 더 커넥팅 플라잇

▶ connecting flight은 비행기를 갈아탈 때 타는 비행기를 의미한다. 직항은 direct flight이다.

근처에 괜찮은 태국 음식점 아시나요?

Do you know any good Thai restaurant nearby?

두 유 노 애니 굿 타이 레스토랑 니얼바이

▶ 외국을 여행할 때 꼭 알아두어야 할 표현이다. Is there any good Thai restaurant nearby?라고 살짝 바꾸어 표현할 수 있다.

회화

A Do you know any good Thai restaurant nearby?
두 유 노 애니 굿 타이 레스토랑 니얼바이
근처에 괜찮은 태국 음식점 아시나요?

B There's one near the post office. It's just a stone's throw away.
데얼스 원 니어 더 포스트 오피스. 잇츠 저스터 스톤스 쓰로우 어웨이
우체국 근처에 하나 있어요. 바로 앞이에요.

Voca a stone's throw away 아주 가까이 있는, 넘어지면 코 닿을 곳에 있는

관련 표현

■ 그녀의 어머니는 인근 소도시에 살았다.
Her mother lived in a nearby town.
허 마더 립트 이너 니얼바이 타운

■ 그 차는 가까운 곳에 주차되어 있다.
The car is parked nearby.
더 카 이즈 팍트 니얼바이

▶ near는 전치사로 '근처에'라는 뜻이고, 형용사로 '(거리상으로) 가까운'이란 뜻을 가진다. nearby는 형용사와 부사로 쓰인다. My house is near the school.(내 집은 학교 근처다.) / My house is nearby.(나의 집은 근처에 있어.)

DAY 213

비행기 표를 취소하려면 어떻게 해야 하나요?

What should I do to cancel my plane ticket?

왓 슈다이 두 투 캔슬 마이 플레인 티킷

▶ 해외여행 중 다급한 상황에서 쓸 수 있는 표현이니 잘 기억해두도록 한다.

회화

A **What should I do to cancel my plane ticket?**
왓 슈다이 두 투 캔슬 마이 플레인 티킷
비행기 표를 취소하려면 어떻게 해야 하나요?

B **Call the airline ticket office. Here's the number.**
콜 디 에어라인 티킷 오피스. 히얼즈 더 넘버
항공사 매표소에 전화하세요. 전화번호는 여기 있어요.

Voca cancel 취소하다 plane ticket 비행기표 ticket office 매표소

관련 표현

■ 제가 어떻게 부를까요?

What should I address you as?
왓 슈다이 어드레스 유 애즈

■ 제가 어떻게 했어야 했죠?

What should I have done?
왓 슈다이 해브 던

▶ ' ~은 어떻게 해야 하나요?'는 What should I do ~라고 한다. do 자리에 다른 동사를 넣어 활용할 수도 있다.

걸어가시게요?
Are you on foot?
아 유 온 풋

▶ 일반적으로 교통수단을 나타낼 때는 by bus, by taxi와 같이 by를 쓰지만, '도보로, 걸어서'라는 표현은 on foot이라고 한다.

회화

A Is this the way to the bus terminal?
이즈 디스 더 웨이 투 더 버스 터미널
이 길이 버스 터미널로 가는 길 맞나요?

B Yes, are you on foot? It's too far to walk.
예스, 아 유 온 풋? 잇츠 투 파 투 웍
맞아요. 걸어가시게요? 걸어가기에는 너무 멀어요.

Voca terminal 터미널(종착역)

관련 표현

■ 시청으로 가는 길을 알려주실 수 있나요?
Could you tell me the way to the City Hall?
쿠쥬 텔 미 더 웨이 투 더 씨리 홀

■ 이 상자는 너무 무거워서 당신의 아들이 그의 방으로 옮길 수 없다.
This box is too heavy for your son to carry to his room.
디스 박스 이즈 투 헤비 포 유어 썬 투 캐리 투 히즈 룸

▶ the way to N(장소)는 '~가는 길'로, 목적지 또는 길을 묻는 표현에 자주 등장한다. too ~ to…는 부정의 의미로 '너무 ~해서 …하지 못하다'이다.

DAY 215

버스표를 어디서 살 수 있나요?

Where do I get a bus ticket?

웨어 두 아이 게러 버스 티킷

▶ 여행을 하다 보면 반드시 알아야 할 표현이다. 특정 물건을 어디서 구입할지 물을 때 Where do I get ~?이라고 표현한다.

회화

A Excuse me, where do I get a bus ticket?
익스큐즈 미, 웨어 두 아이 게러 버스 티킷
실례합니다. 버스표를 어디서 살 수 있나요?

B I'll take you there. It is not easy to find. Come with me.
아일 테이큐 데어. 이리즈 낫 이지 투 파인드. 컴 윗 미
제가 데려다 드리겠습니다. 찾기가 쉽지 않거든요. 저를 따라 오세요.

Voca take 데려다주다

관련 표현

■ 그 콘서트 표는 마련하셨나요?

Did you manage to get tickets for the concert?
디쥬 매니지 투 겟 티킷츠 포 더 컨썻

■ 당신은 브레이크 사용하는 것에 금세 익숙해졌네요.

You quickly get used to using the brakes.
유 퀴클리 겟 유즈드 투 유징 더 브레익스

▶ 첫번째 표현에서 get은 '얻다'의 의미로 쓰였다. 그 외에도 '사다, 데려오다' 등의 의미가 있다.

당신이 말한 요금은 미터기에 나온 요금보다 높은데요

The fare you're asking is higher than the meter.

더 페어 유어 애스킹 이즈 하이어 댄 더 미터

▶ 택시를 탔는데 미터기에 나온 요금보다 더 많이 요구할 때 따지는 표현이다.

회화

A **The fare you're asking is higher than the meter.**
더 페어 유어 애스킹 이즈 하이어 댄 더 미터
당신이 말한 요금은 미터기에 나온 요금보다 높은데요.

B **The night fare is thirty percent higher than the meter.**
더 나잇 페어 이즈 써리 퍼센트 하이어 댄 더 미터
심야요금은 미터기에 나온 요금보다 30퍼센트 높아요.

Voca fare 요금, 승객, 식사[음식]

관련 표현

■ 그 택시 기사는 역에서 손님 한 명을 태웠다.

The taxi driver picked up a fare at the station.
더 택시 드라이버 픽트 업 어 페어 앳 더 스케이션

■ 너의 형은 그녀보다 나이가 세 살 더 많다.

Your brother is 3 years older than her.
유어 브라더 이즈 쓰리 이얼즈 올더 댄 허

▶ 비교대상을 나타낼 때, 〈비교급 + than〉을 사용하며, 배수사표현과 수 표현은 비교급 앞에 위치함에 유의한다.

DAY 217

부산에 어떻게 갈 거예요?

How are you getting to Busan?

하우 아 유 게링 투 부산

▶ 상대방에게 어떤 교통수단을 타고 갈 것인지 묻는 표현이다.

회화

A How are you getting to Busan?

하우 아 유 게링 투 부산

부산에 어떻게 갈 거예요?

B I think I'll drive. What about going with me?

아이 띵크 아일 드라이브. 왓 어바웃 고잉 윗 미

운전하고 갈까 생각이에요. 같이 가는 것은 어때요?

Voca get to 장소 ~에 도착하다

관련 표현

■ 너는 집에 언제 도착할 예정이니?

When are you getting to your place?

웬 아 유 게링 투 유어 플레이스

■ 너의 상사와 오늘 밤 저녁식사하는 것이 어때?

What about having dinner tonight with your boss?

왓 어바웃 해빙 디너 투나잇 위듀어 보스

▶ What[How] about V-ing ~?는 상대방에게 제안하는 표현으로 '~하는 게 어때?'의 의미이다.

공항에 가는 최단거리는 무엇일까요?

What do you think is the fastest way to get to the airport?

왓 두 유 띵크 이즈 더 패스티스트 웨이 투 겟 투 디 에어포트

▶ What do you think~?는 상대방의 생각을 물어볼 때 쓰이는 표현이다.

회화

A What do you think is the fastest way to get to the airport?

왓 두 유 띵크 이즈 더 패스티스트 웨이 투 겟 투 디 에어포트

공항에 가는 최단거리는 무엇일까요?

B If you leave in the morning, taking the subway would be the best choice.

이 퓨 리브 인 더 모닝, 테이킹 더 섭웨이 우드 비 더 베스트 초이스

만일 아침에 떠난다면 지하철이 최선이겠네요.

Voca airport 공항 take the subway 지하철을 타다

관련 표현

■ 학교에서 집까지 얼마나 걸린다고 생각하니?

How long do you think it takes from school to house?

하우 롱 두 유 띵킷 테익스 프럼 스쿨 투 하우스

■ 너는 학교에 마지막으로 올 학생이 누구라고 추측하니?

Who can you guess will be the last student to come to school?

후 캔 유 게스 윌 비 더 라스트 스튜던트 투 컴 투 스쿨

▶ Do you think ~나 Can you guess~ 등과 결합하여 간접의문문을 만들 때는 뒷문장의 의문사가 맨 앞으로 온다.

DAY 219

주문하시겠어요?

Are you ready to order?

아 유 레디 투 오더

▶ 주문을 받는 이가 사용하는 표현이다. May I take your order?라고 말할 수도 있다.

회화

A **Are you ready to order?**
아 유 레디 투 오더
주문하시겠어요?

B **Yes. I'd like the veggie soup, but do you know if it has got flour in it?**
예스. 아이드 라익 더 베지 숩, 벗 두 유 노 이프 잇 해즈 갓 플라워 인 잇
네, 저는 야채스프를 주문하려는데, 혹시 밀가루가 들어간 건지 알고 계신가요?

Voca flour 밀가루

관련 표현

■ 저희는 5명이에요.

There are 5 people in my group.
데어 아 파이브 피플 인 마이 그룹

■ 저는 으깬 감자를 곁들인 스테이크와 콜라 한 잔 주세요.

I'd like to order steak with mashed potato and a coke.
아이드 라익투 오더 스테익 윗 매쉬드 포테이로 앤 어 콕

▶ 웨이터가 하는 질문으로 How many company do you have? / How many people are there in your group?(일행이 몇 명이세요?) / Would you like that for here or to go?(드시고 가시나요? 가져가시나요?) 등이 있다.

피자 대신에 샐러드로 하자

Let's go with a salad instead of a pizza.

렛츠 고 위더 샐러드 인스테드 오버 핏짜

▶ 어떤 음식을 먹을지 결정하는 상황으로 '~로 결정하자'는 표현을 go with로 간단하면서도 멋지게 표현하고 있다.

회화

A **How about a pizza?**

하우 어바우러 핏짜

피자 어때?

B **Let's go with a salad instead of a pizza.**

렛츠 고 위더 샐러드 인스테드 오버 핏짜

피자 대신에 샐러드로 하자.

Voca instead of ~ 대신

관련 표현

■ 원래 계획대로 합시다.

Let's go with the original plan.

렛츠 고 위드 디 오리지널 플랜

■ 이 옷은 네 체형에 어울리지 않아.

That dress just doesn't go with the shape of your body.

댓 드레스 저슷 더즌트 고 위드 더 셰입 오브 유어 바디

▶ go with는 '받아들이다, 결정하다' 외에 '어울리다, 공존하다, 포함되다' 등의 의미도 있다.

DAY 221

넌 커피를 너무 많이 마셔

You drink too much coffee.

유 드링크 투 머취 커피

▶ too much는 '너무 많은, 지나친'의 의미로 부정적 의미를 담고 있다.

회화

A I have to go to the bathroom.
아이 햅 투 고 투 더 배쓰룸
화장실 가야 해.

B You drink too much coffee.
유 드링크 투 머취 커피
너는 커피를 너무 많이 마셔.

Voca bathroom 화장실

관련 표현

■ 지난주부터 비가 너무 많이 오고 있어.

It has rained too much since last week.
잇 해즈 레인드 투 머취 씬스 라스트 위크

■ 그는 지난밤 술을 너무 많이 마셔 필름이 끊겼다.

He drank too much last night so that he got blacked out.
히 드랭크 투 머취 라스트 나잇 쏘 댓 히 갓 블랙트 아웃

▶ too much는 '지나치게'라는 부정적 의미를 담고 있다.

257 •

여기서 주차를 하는 건 말 그대로 불가능이야
Parking is literally impossible here.
파킹 이즈 리터럴리 임파서블 히어

▶ literally는 구어체에 쓰여 '정말로, 완전히'의 의미를 가지며, 전달하고자 하는 말을
강조할 때 쓰인다.

회화

A **Parking is literally impossible here. I drove around for half an hour, and still couldn't find a spot.**
파킹 이즈 리터럴리 임파서블 히어. 아이 드로브 어라운드 포 하프 언 아워, 앤 스틸 쿠든트 파인더 스팟

여기서 주차를 하는 건 말 그대로 불가능이야. 30분 동안 돌았는데, 여전히 자리를 못 찾았어.

B **I'll say.**
아일 쎄이
내 말이.

Voca spot 장소

관련 표현

■ 정말로 억수같이 비가 퍼부었다.

It literally rained cats and dogs.
잇 리터럴리 레인드 캣츠 앤 독스

■ 그는 차가 밀려 간신히 집에 왔다.

He managed to come back home because of traffic jam.
히 매니지드 투 컴 백 홈 비커저브 트래픽 잼

▶ literally는 '완전히, 정말로'의 의미로, totally와 유사한 표현이다. 또한, manage to는
'간신히 ~하다'의 뜻이다.

DAY 223

여권 좀 보여주세요
I'll need your passport, please.

아일 니쥬어 패스포트, 플리즈

▶ 여행 중 공항에서 쓰이는 필수 표현이다.

회화

A Hi, I'd like to get a boarding pass. And, is it possible to get an aisle seat?

하이, 아이드 라익투 게러 보딩 패스. 앤 이짓 파서블 투 게런 아일 씻

안녕하세요, 탑승권 받으려고요. 그리고, 복도 쪽 좌석 앉을 수 있을까요?

B I'll need your passport, please.

아일 니쥬어 패스포트, 플리즈

여권 좀 보여주세요.

Voca boarding pass 탑승권 aisle seat 복도 자리

관련 표현

■ 창가 자리에 앉을 수 있을까요?

Can I get a window seat?

캐나이 게러 윈도우 씻

■ 모든 좌석이 다 찼어요.

All seats are taken.

올 씻츠 아 테이큰

▶ 비행기를 예약할 때 좌석의 종류를 선택할 수 있다. 복도 쪽 좌석을 aisle seat이라고 하고, 창가 쪽 좌석을 window seat이라고 한다.

나는 초콜릿이 더 좋아요

I am more of a chocolate person.

아이 앰 모어 오브 어 처컬릿 펄슨

▶ be more of는 우리말에 '~ 성향이 더 있다'라는 표현과 일맥상통한다.

회화

A **Have you tried green tea ice cream? It just came out.**
해뷰 트라이드 그린 티 아이스 크림? 잇 저슷 케임 아웃
녹차아이스크림 맛 봤어? 막 새로 나왔어.

B **It's just not my type. I am more of a chocolate person.**
잇츠 저슷 낫 마이 타입. 아이 앰 모어 오브 어 처컬릿 펄슨
내 스타일이 아니야. 나는 초콜릿을 좀 더 좋아하는 사람이야.

Voca come out (음식 등이) 나오다

관련 표현

■ 그것은 내 타입이 아니야.

That's not my thing.
댓츠 낫 마이 띵

■ 나는 사람들과 어울리는 걸 좋아하는 사람입니다.

I am more of a people person.
아이 앰 모어 오브 어 피플 펄슨

▶ "그냥 내가 좋아하는 것이 아니다"라는 표현을 It is just not my type. 혹은 That's not my thing.이라고 표현하고 있다. 유사한 표현으로 It's not my cup of tea.가 있다.

DAY 225

오늘 밤 배달시켜 먹을까요?
Shall we order in tonight?

셸 위 오더 인 투나잇

▶ order in은 '(전화로) 음식을 배달시키다'라는 의미의 유용한 표현이다.

회화

A Shall we order in tonight?
셸 위 오더 인 투나잇
오늘 밤 배달시켜 먹을까요?

B Yeah. After work, I'm pretty tired.
예. 애프터 웍, 아임 프리티 타이얼드
그래요. 일 끝나면 많이 피곤해요.

Voca tired 피곤한

관련 표현

■ 우리 반으로 나눠서 계산할까?

Shall we split the bill down the middle?
셸 위 스플릿 더 빌 다운 더 미들

■ 4월에 또 주문을 하려고 합니다.

We are planning to place another order in April.
위 아 플래닝 투 플레이스 어나더 오더 인 에이프럴

▶ 일반적으로 '주문을 하다'는 place[give] an order라는 표현도 있으니 함께 암기해두도록 한다.

261 •

호텔로 바로 데려다주는 건가요?
Does it take us directly to the hotel?
더짓 테이커스 디렉틀리 투 더 호텔

▶ 여행 중에 유용하게 활용할 수 있는 표현으로 take A(사람) to B(장소)는 '~을 …로 데려가다'는 뜻이다.

회화

A Does it take us directly to the hotel?
더짓 테이커스 디렉틀리 투 더 호텔
호텔로 바로 데려다주는 건가요?

B Yes, it will drop us off in front of the hotel.
예스, 잇 윌 드랍 어스 오프 인 프러너브 더 호텔
맞아요, 호텔 앞에 내려주네요.

Voca directly 곧바로 drop A off B A를 B에 내려주다

관련 표현

■ 내가 당신 대신 운전해서 데려다주면 안 될까?
Couldn't I drive and take you to your destination?
쿠든트 아이 드라이브 앤 테이큐 투 유어 데스티네이션

■ 퇴근 후에 차를 태워줄 사람이 필요했어요.
I needed somebody to give me a ride after work.
아이 니디드 썸바리 투 김미 어 라이드 애프터 웍

▶ give A a ride는 'A를 태워주다'로, ride 대신 lift를 써도 된다.

DAY 227

이 커피가게는 정말 특별해

This coffee place is one of a kind.

디스 커피 플레이스 이즈 워너버 카인

▶ one of a kind는 '특별한, 독특한'의 의미를 갖는다. 남과 차별성을 갖춰야 성공할 수 있는 요즘 같은 세대에 알맞은 표현이다.

회화

A This coffee place is one of a kind.

디스 커피 플레이스 이즈 워너버 카인

이 커피가게는 정말 특별해.

B It sure is. I am so addicted to it that I can't start a day without it.

잇 슈어 이즈. 아이 앰 쏘 애딕티드 투 잇 댓 아이 캔트 스타터 데이 위다웃 잇

정말이야. 나는 중독이 너무 심해서, 하루 시작을 반드시 이걸로 해.

Voca be addicted to ~에 중독되다 so that can't 너무 ~해서 …할 수 없다

관련 표현

■ 우리 아버지는 유례를 찾기 힘든 분이셨어. 난 절대 그분같이 되지 못할 거야.

My father was one of a kind – I'll never be like him.

마이 파더 워즈 워너버 카인 - 아일 네버 비 라익 힘

■ 그는 독보적인 존재다. 그만한 사람은 본 적이 없다.

He is one of a kind. I've never seen anyone like him.

히 이즈 워너버 카인. 아이브 네버 씬 애니원 라익 힘

▶ 위의 표현 중 I am so addicted to it that I can't start a day without it.에서 <u>so</u> ~ <u>that</u>은 '너무 ~해서 …하다'로 해석하는 구문이다.

체크인하고 싶어요
I'd like to check in.
아이드 라익투 체킨

▶ 여행 중 필수표현인 check in은 '투숙(탑승) 수속을 밟다, 체크인하다'의 의미이다.

회화

A I'd like to check in.
아이드 라익투 체킨
체크인하고 싶어요.

B Whose name is the reservation under?
후즈 네임 이즈 더 레절베이션 언더
어느 분 앞으로 예약되어 있습니까?

Voca reservation 예약

관련 표현

■ 하룻밤에 얼마예요?

How much is it a night?
하우 머취 이짓 어 나잇

■ 해변 쪽 방으로 주세요.

I'd like a room with a seaside view, please.
아이드 라이커 룸 위더 씨싸이드 뷰, 플리즈

▶ 위의 표현처럼 예약자 이름을 언급할 때, 전치사 under를 사용한다. I made a reservation <u>under</u> my name.(제 이름으로 예약을 했습니다.)

DAY 229

예약하고 싶어요
I'd like to make a reservation.
아이드 라익투 메이커 레절베이션

▶ make a reservation은 '예약하다'의 의미를 갖는다.

회화

A **I'd like to make a reservation.**
아이드 라익투 메이커 레절베이션
예약하고 싶어요.

B **What kind of room do you want?**
왓 카인더브 룸 두 유 원트
어떤 방을 원하세요?

Voca what kind of 어떤 종류의

관련 표현

■ 며칠 동안 묵으실 거예요?

How many days will you be staying?
하우 매니 데이즈 윌 유 비 스테잉

■ 짐을 방까지 좀 부탁해요.

Could you bring my luggage up to the room?
쿠쥬 브링 마이 러기지 업 투 더 룸

▶ 일반적으로 예약을 하고 나면, 재차 확인하는 작업을 한다. Let me confirm your reser-vation.이라 하면 '제가 예약을 다시 확인해보겠습니다.'라는 뜻이다. fill in a reservation form은 '예약서를 작성하다', cancel a reservation은 '예약을 취소하다'라는 의미다.

체크아웃하고 싶어요
I'd like to check out.
아이드 라익투 체카웃

▶ check out은 '(미국)지불을 끝내고 호텔을 나오다'의 의미이다.

회화

A I'd like to check out.
아이드 라익투 체카웃
체크아웃하고 싶어요.

B May I have your key?
메이 아이 해브 유어 키
열쇠를 주시겠습니까?

Voca key 열쇠

관련 표현

■ 2인실 부탁합니다.
I'd like a double, please.
아이드 라이커 더블, 플리즈

■ 영수증 하나 더 받을 수 있을까요?
Can I please have one more copy of the receipt?
캐나이 플리즈 해브 원 모어 카피 오브 더 리씻

▶ check-out을 하면서 사용한 열쇠를 반납할 직원이 May I have your key?라고 말할 수 있다. 열쇠를 받는 입장에서 May[Can] I have ~로 표현하는 점에 주의하도록 한다.

아침 식사는 언제 할 수 있어요?

When do you serve breakfast?

웬 두 유 써브 브렉퍼스트

▶ serve는 '(식당 등에서 음식을) 제공하다'의 의미이며, offer라는 단어로 바꾸어 표현이 가능하다.

회화

A When do you serve breakfast?
웬 두 유 써브 브렉퍼스트
아침 식사는 언제 할 수 있어요?

B From six to ten in the morning.
프럼 씩스 투 텐 인 더 모닝
아침 여섯 시부터 열 시까지 가능합니다.

Voca serve 제공하다

관련 표현

■ 모닝콜 가능한가요?

Do you offer a wake-up call service?
두 유 오퍼 어 웨이컵 콜 서비스

■ 내일 아침 8시에 모닝콜을 원합니다.

I'd like a wake-up call at 8 o'clock tomorrow morning.
아이드 라이커 웨이컵 콜 앳 에잇 어클락 투마로우 모닝

▶ 모닝콜을 요청할 때, request라는 단어 대신 give를 사용할 수 있다. Can you please give me a wake-up call?이라 말하면 된다.

방에 열쇠를 둔 채 문을 잠갔어요
I've locked myself out and my key is in the room.

아이브 락트 마이셀프 아웃 앤 마이 키 이즈 인 더 룸

▶ lock out은 호텔에서 호텔 고객이 객실에 열쇠를 두고 문이 잠긴 상황을 말한다.

회화

A I think I've locked myself out and my key is in the room.

아이 띵크 아이브 라그 마이셀프 아웃 앤 마이 키 이즈 인 더 룸

방에 열쇠를 둔 채 문을 잠근 것 같아요.

B I will send someone up and get the door open for you.

아이 윌 센드 썸원 업 앤 겟 더 도어 오픈 포 유

사람을 보내서 문을 열어드릴게요.

Voca   send 보내다

관련 표현

■ 수건을 더 주시겠어요?

Could I have more towels?

쿠다이 해브 모어 타월스

■ 다른 방으로 바꿔주세요.

I'd like to change rooms, please.

아이드 라익투 체인지 룸스, 플리즈

▶ 호텔 카운터에 무언가를 요청하는 여러 표현을 익혀보자

DAY 233

방 청소가 아직 안 되었습니다
My room hasn't been cleaned yet.

마이 룸 해즌트 빈 클린드 옛

▶ 호텔을 묵는 동안 방 청소가 안 되어 있을 경우 사용할 수 있는 표현이다.

회화

A Excuse me, it's already 10 past 12, but my room hasn't been cleaned yet.

익스큐즈 미, 잇츠 얼레디 텐 패숫 투웰브, 벗 마이 룸 해즌트 빈 클린드 옛

실례합니다, 12시 10분인데, 방청소가 아직 안 되어 있습니다.

B I am sorry. I will see to it right away.

아이 앰 쏘리. 아이 윌 씨 투 잇 라잇 어웨이

죄송합니다. 바로 처리하겠습니다.

Voca already 아직

관련 표현

■ 제게 맡겨주십시오. 제가 처리하겠습니다.

Leave it up to me, I'll see to it.

리빗 업 투 미, 아일 씨 투 잇

■ 그가 일을 제대로 하도록 신경 쓰세요.

See to it that he does the job properly.

씨 투 잇 댓 히 더즈 더 잡 프로펄리

▶ see to it은 잘못된 상황을 바로 잡을 때 사용하는 표현이다. see to it that S V의 형태로도 많이 사용된다. I want you to see to it that she never comes in here again.(그녀가 다시는 여기에 들어오지 않도록 당신이 조치해줬으면 해요.)

중앙 박물관에 가려면 어디서 내려야 해요?

Where should I get off for the Central Museum?

웨어 슈다이 게로프 포 더 쎈트럴 뮤지엄

▶ get off '~에서 하차하다'의 의미이고, get on은 '타다'라는 의미다. 여행 중 뿐 아니라 일상생활에서 활용될 수 있는 표현이다.

회화

A Where should I get off for the Central Museum?
웨어 슈다이 게롭 포 더 쎈트럴 뮤지엄
중앙 박물관에 가려면 어디서 내려야 해요?

B We are still pretty far from it. I will let you know a couple stops before it.
위 아 스틸 프리티 파 프러밋. 아이 윌 레츄 노우 어 커플 스탑스 비포 잇
아직 멀어요. 제가 두 정거장 전에 알려드릴게요.

Voca pretty far from ~에서 꽤 먼

관련 표현

■ 시청 가는 버스는 어디에서 타요?
Where can I take a bus to City Hall?
웨어 캐나이 테이커 버스 투 씨리 홀

■ 시애틀로 가는 첫 버스는 언제 떠나요?
What time does the first bus leave for Seattle?
왓 타임 더즈 더 펄스트 버스 리브 포 씨애를

▶ 위의 표현 중 '두 정거장 앞에서'라는 표현을 a couple stops before it이라고 멋지게 표현하고 있다. 만약 '세 정거장 앞에서'라고 하고 싶으면 three stops before it이라고 하면 된다.

차를 빌리고 싶어요
I'd like to rent a car.
아이드 라익투 렌터 카

▶ 비용을 지불하고 빌릴 때 rent를 사용한다. borrow는 친구들 사이에게 '빌리다'라는 뜻이므로 둘의 용례를 구별해야 한다.

회화

A I'd like to rent a car.
아이드 라익투 렌터 카
차를 빌리고 싶어요.

B Which model do you want and how long will you be renting it?
위치 마들 두 유 원트 앤 하우 롱 윌 유 비 렌팅 잇
어떤 모델을 원하시고, 얼마나 빌리실 건가요?

Voca rent 빌리다

관련 표현

■ 수동변속기 차 있나요?

Do you have a stick-shift car?
두 유 해버 스틱 시프트 카

■ 소형차를 3일 빌리고 싶어요.

I want a compact car for three days.
아이 원터 컴팩트 카 포 쓰리 데이즈

▶ an automatic car는 오토매틱 차이다. a mid-sized car는 중형차이다.

제가 저녁에 돌아왔을 때, 새 타월 몇 개가 좀 필요해요
I'd like some fresh towels when I get back this evening.
아이드 라익 썸 프레쉬 타월스 웬 아이 겟 백 디스 이브닝

▶ 호텔에 투숙했을 때 요청할 수 있는 표현이다.

회화

A I'd like some fresh towels when I get back this evening.
아이드 라익 썸 프레쉬 타월스 웬 아이 겟 백 디스 이브닝
제가 저녁에 돌아왔을 때, 새 타월 몇 개가 좀 필요해요.

B I'll get them immediately.
아일 겟 뎀 이미디엇틀리
당장 가져다놓을게요.

Voca get back 돌아오다 immediately 즉시

관련 표현

■ 침대 하나 추가해주세요.
I'd like to request an extra bed.
아이드 라익투 리퀘스트 언 엑스트라 베드

■ 수건을 더 주시겠어요?
Could I have more towels?
쿠다이 해브 모어 타월스

▶ 대화에서 get은 '가져다 놓다'라는 의미로 쓰이고 있다. Let go and get it.(가서 가져올게요.)에서와 같이 get은 단순히 '얻다, 가지다'의 의미만 있는 것이 아니라 상황에 따라 '가져오다'의 의미가 있음을 파악해둔다.

DAY 237

완전 새로운 차? 아니면 중고차?

A brand new one, or second-hand?

어 브랜 뉴 원, 올 쎄컨 핸드

▶ 차를 구매할 때 쓰는 표현으로 완전 새로운 것을 표현할 때 brand new를 사용한다.

회화

A I heard you would buy a new car. A brand new one, or second-hand?

아이 헐쥬 우드 바이 어 뉴 카. 어 브랜뉴 원, 올 쎄컨 핸드

새 차 산다며. 완전 새로운? 아니면 중고차?

B It'll have to be second-hand. I can't afford a brand new one.

잇일 햅투 비 쎄컨 핸드. 아이 캔트 어포드 어 브랜 뉴 원.

중고지. 새 차 살 돈이 없어.

Voca second-hand 중고의 cannot afford (to) ~할 여유가 없다

관련 표현

■ 나는 중고차를 구했다.

I obtained the car at second hand.

아이 옵테인드 더 카 앳 쎄컨 핸드

■ 중고차 수도 많아졌지만 새 차도 많죠.

Not only more used cars, but brand new cars.

낫 온리 모으 유즈드 카즈, 벗 브랜 뉴 카즈

▶ second-hand는 직역하면 '두 번째 손'이란 뜻으로 중고라는 의미의 used와 같은 표현이다.

그가 운전하는 것 본 적 있어?
Have you seen the way he drives?
해뷰 씬 더 웨이 히 드라입스

▶ 상대방에게 어떤 경험을 했는지 물을 때 Have you (ever) p.p의 표현이 사용된다.

회화

A George wants to sell his car. I am thinking of buying it.
조지 원츠 투 쎌 히즈 카. 아이 앰 띵킹 오브 바잉 잇
조지가 자기 차를 팔기를 원한대. 내가 살까 생각 중이야.

B Have you seen the way he drives? I wouldn't want any car of his.
해뷰 씬 더 웨이 히 드라입스? 아이 우든트 원트 애니 카 오브 히즈
그가 운전하는 것 본 적 있어? 나라면 그가 운전하는 어떤 차도 원치 않아.

Voca be thinking of ~할까 생각 중이다

관련 표현

■ 너는 그가 요리하는 거 본 적 있어?

Have you seen the way he cooks?
해뷰 씬 더 웨이 히 쿡스

■ 너 진심이니?

Are you serious?
아 유 씨리어스

▶ Are you serious?는 "너 진심이니?"라는 뜻이다. You are not serious, are you? 도 비슷한 의미이다. 상대방이 한 말을 믿을 수 없을 때 되묻는 표현이다.

DAY
239

승객으로 완전히 꽉 찼었어

It was completely full of passengers.

잇 워즈 컴플리틀리 풀 오브 패씬저스

▶ be full of는 '~으로 꽉 차 있다'의 의미로 be filled with와 같은 표현이다.

회화

A How was your flight?

하우 워즈 유어 플라잇

비행기로 오는 길 어땠어요?

B You know what? It was completely full of passengers. Jampacked.

유 노 왓? 잇 워즈 컴플리틀리 풀 오브 패씬저스. 잼 팩트

있잖아? 승객으로 완전히 꽉 찼었어. 꽉 찼다니깐.

Voca passenger 승객

관련 표현

■ 방이 사람들로 붐볐다.

The room was jammed with people.

더 룸 워즈 잼드 윗 피플

■ 그 집에는 값을 매길 수 없는 귀중한 가구와 예술품들이 빽빽이 들어차 있다.

The house is crammed with priceless furniture and works of art.

더 하우스 이즈 크램드 윗 프라이스리스 퍼니처 앤 웍스 오브 아트

▶ '붐비다, ~로 가득하다'라는 표현에 be jammed with와 be crammed with가 있다.

환불용지에 서명하시고, 현금 출납원에게 가세요
Sign this refund check and take it to the cashier.

싸인 디스 리펀드 첵 앤 테이킷 투 더 캐셔

▶ 물건이 마음에 안 드는 경우가 있게 마련이다. refund란 표현을 외워두도록 하자.

회화

A I'd like to exchange this. It's the wrong size.

아이드 라익투 익스체인지 디스. 잇츠 더 롱 사이즈

이것 좀 바꾸고 싶은데요. 사이즈가 잘못되어서요.

B Sign this refund check and take it to the cashier.

싸인 디스 리펀드 첵 앤 테이킷 투 더 캐셔

환불용지에 서명하시고, 현금 출납원에게 가세요.

Voca exchange 교환하다 wrong 잘못된, 틀린

관련 표현

■ 이거 환불받을 수 있을까요?

Can I get a refund on this?

캐나이 게러 리펀드 온 디스

■ 다행히도 저는 전액 환불을 받았습니다.

Fortunately, I received a full refund.

포츄너틀리, 아이 리씨브드 어 풀 리펀드

▶ 위에 사용된 take와 bring의 차이점을 정확히 이해하고 상황에 맞게 사용해야 한다. take는 현재의 장소에서 무언가를 가져갈 때 사용하고, bring은 어딘가에서 이쪽으로 가지고 올 때 사용한다. 그래서 take는 있는 것을 가지고 간다는 측면에서 '앗아가다'라는 뜻으로 쓰인다.

DAY 241

창가 쪽 테이블을 원합니다
I'd like a table by the window.
아이드 라이커 테이블 바이 더 윈도우

▶ 식당에서 쓸 수 있는 표현이다.

회화

A I'd like a table by the window.
아이드 라이커 테이블 바이 더 윈도우
창가 쪽 테이블을 원합니다.

B Alright, sir. This way, please.
올라잇, 써. 디스 웨이, 플리즈
네 알겠습니다. 이쪽으로 오세요.

Voca this way 이쪽으로

관련 표현

■ 일행이 몇 명이시죠?

How many are in your party?
하우 매니 아 인 유어 파리

■ 추천하실 것이 있나요?

Do you have anything to recommend?
두 유 해브 애니띵 투 리커멘드

▶ party는 다의어로 여러 상황에 사용된다.
 1. She belongs to the Labour Party. (그녀는 노동당 소속이다.)
 2. Did you go to the party? (너 그 파티에 갔었니?)
 3. The school is taking a party of 40 children to France. (학교는 아이들 40
   명인 단체를 프랑스로 데려간다.)

안전벨트 매야지
You gotta put your seatbelt on.
유 가라 푸츄어 씻벨트 온

▶ 안전을 위해서 반드시 알아두어야 하는 표현이다. put your seatbelt on은 buckle up이라고 간단히 표현할 수 있다.

회화

A You gotta put your seatbelt on. It will protect you in case of an accident.
유 가라 푸츄어 씻벨트 온. 잇 윌 프로텍츄 인 케이스 오번 액씨던트
안전벨트 매야지. 사고가 날 경우에 보호해주잖아.

B It's just too uncomfortable, but it's the law.
잇츠 저슷 투 언컴퍼터블, 벗 잇츠 더 로
너무 불편하지만 법이죠.

Voca put on 입다, 신다, 매다 protect 보호하다 (car) accident 자동차 사고

관련 표현

■ 내가 해야 할 일을 해야 해.
I gotta do what I gotta do.
아이 가라 두 왓 아이 가라 두

■ 나 산책하고 싶어요.
I wanna take a walk.
아이 워너 테이커 웍

▶ gotta는 have got to의 줄임말로 '~해야 한다'라는 의미를 가진 생활영어에서 자주 활용되는 표현이다. 비슷한 표현으로 gonna(= going to), wanna(=want to) 표현도 함께 익혀두도록 한다.

DAY 243

가격표가 없어
The tag is missing.
더 택 이즈 미씽

▶ 유용한 표현이다. 무언가가 없어졌을 때 miss라는 단어를 사용하여, 주어만 바꾸어 주면 다양한 상황에서 활용할 수 있다.

회화

A I like that shirt. How much is it?
아이 라익 댓 셔츠. 하우 머취 이짓
이 셔츠 맘에 드네. 얼마야?

B I don't know. The tag is missing.
아이 돈 노우. 더 택 이즈 미씽
모르겠네. 가격표가 없어.

Voca miss 사라지다, 그리워하다

관련 표현

■ 내 핸드폰이 안 보여.

My cell phone is missing.
마이 쎌 폰 이즈 미씽

■ 내 돈이 좀 없어졌어(모자라).

Some of my money is missing.
썸 오브 마이 머니 이즈 미씽

▶ 보통 정찰가격은 fixed price라고 한다. 하지만 외국에서는 price matching이라 해서 동일한 제품을 다른 가게에서 낮은 가격에 보았다면 그 가격에 '맞춰' 주기도 한다. 모든 주, 모든 가게에 해당하진 않지만, 한 번 정도 기억했다 해당 상황을 접했을 경우 사용할 만하다. 물어본다고 손해 볼 것은 없지 않은가(Just asking doesn't hurt).

DAY 244

먼저 한 번 입어보는 것이 좋겠어
You'd better try them on first.
유드 베러 트라이 뎀 온 펄스트

▶ 옷을 살 때 쓸 수 있는 유용한 표현으로 물건을 구매하고, 나중에 후회하지 않으려면 알아두어야 하는 표현이다.

A **These pants are only $20. I think I'll get them.**
디즈 팬츠 아 온리 투웨니 달러즈. 아이 띵크 아일 겟 뎀
이 바지 20달러밖에 안 해. 사야겠어.

B **You'd better try them on first.**
유드 베러 트라이 뎀 온 펄스트
먼저 한번 입어보는 것이 좋겠어.

Voca　get 사다, 얻다 had better('d better) ~하는 것이 좋겠다

관련 표현

■ 그 신발을 사기 전에 신어봐.

　Try the shoes on before you buy them.
　트라이 더 슈즈 온 비포 유 바이 뎀

■ 옷을 입어보시지 그래요?

　Why don't you try on for size?
　와이 돈츄 트라이 온 포 사이즈

▶ 위의 had better는 사전에 '~하는 것이 좋겠다'로 나와 있어 다소 오해의 소지가 있을 수 있다. must가 강한 어조의 '해야 한다'라면 had better는 같은 의미를 완곡하게 표현한 것이라고 볼 수 있다. 결국 '~하라'라는 의도가 담긴 표현이다.

DAY 245

이 바지는 탄력허리 밴드가 있어

These pants have an elastic waistband.

디즈 팬츠 해브 언 엘라스틱 웨이스트밴드

▶ 잘 늘어나는 신축성이 높은 제품을 표현할 때 elastic을 사용한다. 보통 flexible과 같은 맥락에서 사용될 수도 있다.

회화

A I bought you a pair of pants. These pants have an elastic waistband. I hope they fit.

아이 봇 유 어 페어 오브 팬츠. 디즈 팬츠 해번 엘라스틱 웨이스트밴드. 아이 홉 데이 핏

네 바지 한 벌 샀어. 이 바지는 탄력 허리 밴드가 있어. 맞으면 좋겠네.

B Thank you.

땡큐

고마워.

Voca fit 어울리다, 맞다

관련 표현

■ 이거 아주 탱탱해.

It's very elastic.

잇츠 베리 엘라스틱

■ 이 치마는 허리의 고무 부분을 새로 해야 한다.

This skirt needs some new elastic in the waist.

디스 스커트 니즈 썸 뉴 엘라스틱 인 더 웨이스트

▶ 위에서 '(두) 쌍'이란 표현인 a pair of는 두 개를 하나로 보며 뒤에 복수명사가 따른다. 참고로, a pair of hands는 '일손(일꾼)'이란 뜻이다.

Day 211 비행기를 놓치셨네요, 손님

You missed your flight, sir.

Day 212 근처에 괜찮은 태국 음식점 아시나요?

Do you know any good Thai restaurant nearby?

Day 213 비행기 표를 취소하려면 어떻게 해야 하나요?

What should I do to cancel my plane ticket?

Day 214 걸어가시게요?

Are you on foot?

Day 215 버스표를 어디서 살 수 있나요?

Where do I get a bus ticket?

Day 216 당신이 말한 요금은 미터기에 나온 요금보다 높은데요

The fare you're asking is higher than the meter.

Day 217 부산에 어떻게 갈 거예요?

How are you getting to Busan?

Day 218 공항에 가는 최단거리는 무엇일까요?

What do you think is the fastest way to get to the airport?

Day 219 주문하시겠어요?

Are you ready to order?

Day 220 피자 대신에 샐러드로 하자

Let's go with a salad instead of a pizza.

Day 221 넌 커피를 너무 많이 마셔

You drink too much coffee.

Day 222 여기서 주차를 하는 건 말 그대로 불가능이야

Parking is literally impossible here.

Day 223 여권 좀 보여주세요

I'll need your passport, please.

Day 224 나는 초콜릿이 더 좋아요.

I am more of a chocolate person.

Day 225 오늘 밤 배달시켜 먹을까요?

Shall we order in tonight?

Day 226 호텔로 바로 데려다주는 건가요?

Does it take us directly to the hotel?

Day 227 이 커피가게는 정말 특별해

This coffee place is one of a kind.

Day 228 체크인하고 싶어요

I'd like to check in.

Day 229 예약하고 싶어요

I'd like to make a reservation.

Day 230 체크아웃하고 싶어요

I'd like to check out.

Day 231 아침 식사는 언제 할 수 있어요?

When do you serve breakfast?

Day 232 방에 열쇠를 둔 채 문을 잠갔어요

I've locked myself out and my key is in the room.

Day 233 방 청소가 아직 안 되었습니다

My room hasn't been cleaned yet.

Day 234 중앙 박물관에 가려면 어디서 내려야 해요?

Where should I get off for the Central Museum?

Day 235 차를 빌리고 싶어요

I'd like to rent a car.

Day 236 제가 저녁에 돌아왔을 때, 새 타월 몇 개가 좀 필요해요

I'd like some fresh towels when I get back this evening.

Day 237 완전 새로운 차? 아니면 중고차?

A brand new one, or second-hand?

Day 238 그가 운전하는 것 본 적 있어?

Have you seen the way he drives?

Day 239 승객으로 완전히 꽉 찼었어

It was completely full of passengers.

Day 240 환불용지에 서명하시고, 현금 출납원에게 가세요

Sign this refund check and take it to the cashier.

Day 241 창가 쪽 테이블을 원합니다

I'd like a table by the window.

Day 242 안전벨트 매야지

You gotta put your seatbelt on.

Day 243 가격표가 없어

The tag is missing.

Day 244 먼저 한 번 입어보는 것이 좋겠어

You'd better try them on first.

Day 245 이 바지는 탄력허리 밴드가 있어

These pants have an elastic waistband.

Part **09**

관계 I

무슨 고민 있어요?
What's eating you?
왓츠 이링 유

▶ 우리말에서도 '좀먹다'라는 표현과 같이 '먹다'라는 영어 표현인 eat는 부정적인 의미로 쓰이기도 한다.

회화

A Why the long face? What's eating you?
와이 더 롱 페이스? 왓츠 이링 유
왜 우울해? 무슨 고민 있어?

B Well, I got a ticket for speeding again.
웰, 아이 가러 티킷 포 스피딩 어겐
음, 나 또 속도 위반 딱지를 받았어.

Voca get a ticket 딱지를 받다

관련 표현

■ 왜 시무룩한 표정이야?
Why are you pulling the long face?
와이 아 유 풀링 더 롱 페이스

■ 문제가 뭐야?
What seems to be the problem?
왓 씸즈 투 비 더 프라블름

▶ the long face는 사람이 우울할 때 그러한 모습을 문자 그대로 옮긴 재미난 표현이다.

몸만 오세요

Just bring yourself.

저슷 브링 유어셀프

▶ 초대를 받은 사람이 "무엇을 가지고 갈까요?"라고 했을 때, 격식을 차린 표현으로 Just bring yourself.라고 할 수 있다.

회화

A I'd like to invite you over to my house this weekend. Just bring yourself.

아이드 라익투 인바이츄 오버 투 마이 하우스 디스 위켄드. 저슷 브링 유어셀프

이번 주말에 너를 집으로 초대하고 싶어. 몸만 와.

B Great! I'd love to come.

그레잇! 아이드 럽투 컴

좋아, 나도 가고 싶어.

Voca invite 초대하다

관련 표현

■ (손님에게) 편안하게 계세요.

Make yourself at home.

메이크 유어셀프 앳 홈

■ 당신을 모시는 것이 선물 자체입니다.

Having you here is a present itself.

해빙 유 히어 이즈 어 프레젠트 잇셀프

▶ -self 형태의 재귀대명사는 주어와 목적어가 같을 때 목적어의 자리에 쓰이거나 특정 단어 를 강조하고 싶을 때 그 단어 앞뒤에 쓰인다.

도대체 자기가 뭔데?

Who does he think he is?

후 더즈 히 띵크 히 이즈

▶ 잘 모르는 상황에서 모든 것을 아는 듯 참견하는 상대에게 꾸짖을 때 쓰는 표현이다.

회화

A Why do you hate him?

와이 두 유 헤잇 힘

왜 그를 미워하죠?

B I'm sick of his bossing us around like that. Who does
he think he is?

아임 씨커브 히즈 보싱 어스 어라운드 라익 댓. 후 더즈 히 띵크 히 이즈

그가 그런 식으로 우리를 부려 먹는 것에 넌더리가 나요. 도대체 자기가 뭔데?

Voca boss a person around 사람을 부려먹다 like that 그와 같이

관련 표현

■ 그는 항상 부려 먹어.

He is always bossing us around.

히 이즈 올웨이즈 보싱 어스 어라운드

■ 나는 거리에서 담배 피우는 사람들이 싫어.

I dislike people smoking on the street.

아이 디스라익 피플 스모킹 온 더 스트릿

▶ '싫어하다'라는 표현에는 like의 반대말인 dislike가 있다. hate는 동사로 hatred라는 '증
오'의 명사에서 파생된 단어다. 즉, hate가 dislike보다 좀 어감이 강하다는 것을 알 수 있다.

▶ 주변의 행복은 보지 못하고, 불평만 하는 사람에게 쓸 수 있는 표현이다.

회화

A I'm so blue. My golf score is on the skids.
아임 쏘 블루. 마이 골프 스코어 이즈 온 더 스키즈

우울해. 골프 성적이 영 말이 아냐.

B Count your blessings. There are millions of people who can't afford to play golf in this country.
카운트 유어 블레싱스. 데어라 밀리언스 오브 피플 후 캔트 어포드 투 플레이 골프 인 디스 컨트리

넌 복받은 거야. 이 나라에 골프 칠 여유가 없는 사람이 허다한데.

Voca blue 우울한 be on the skids 추락하다 afford 여유가 있다

Part 09
관계 I

관련 표현

■ 왜 우울해?

Why the long face?
와이 더 롱 페이스

■ 너는 골프 칠 만큼 운이 좋아.

You are lucky enough to play golf.
유 아 럭키 이넙 투 플레이 골프

▶ morning blues, Monday blues에서 익숙해졌듯이 대화에 나오는 blue는 형용사로 '우울한'이란 뜻이고 복수형의 명사로 '우울한 감정'을 나타낸다.

요즘 어디 숨어 있는 거야?
Where's she been hiding?

웨얼즈 쉬 빈 하이딩

▶ 어디에도 잘 보이지 않는 잠잠한 친구의 안부를 건네는 표현이다. 상대가 의도적으로 숨었다는 뉘앙스보다는 그 정도로 안 보일 때 쓰는 표현이다.

회화

A Bill! I haven't seen you with Judy these days.
Where's she been hiding?

빌! 아이 해븐트 씬 유 위드 주디 디즈 데이즈. 웨얼즈 쉬 빈 하이딩

빌! 요즘 주디와 지내는 걸 못 봤어. 주디가 어디로 숨은 거야?

B She's been traveling overseas for the past two months.

쉬즈 빈 트레블링 오버씨즈 포 더 패스트 투 먼쓰

지난 두 달간 해외여행을 하고 있어.

Voca travel overseas 해외여행을 가다

관련 표현

■ 정말 오랜만이다.

I haven't seen you for ages.

아이 해븐트 씬 유 포 에이지스

■ 요즘 어떻게 지냈어?

What have you been up to?

왓 해뷰 빈 업 투

▶ 위의 표현 중 have been v-ing는 이전부터 지금까지 계속 어떤 행위를 할 때 쓰는 표현이다.

나는 절대 누설하지 않아
My lips are sealed.

마이 립스 아 씰드

▶ "내 양 입술은 굳게 닫혔어"라는 재미있는 표현이다.

회화

A Jim, you know what? This is between you and me. Never spill the beans.
짐, 유 노 왓? 디시즈 비튄 유 앤 미. 네버 스필 더 빈스
짐, 그거 알아? 이건 너랑 나랑만 알아야 해. 절대 누설하지 마.

B You know me. My lips are sealed.
유 노 미. 마이 립스 아 씰드
너 나 알잖아. 나만 알고 있을게.

Voca between you and me 너와 나만이 아는

관련 표현

■ 절대 입 밖에 내지 않는다.

Whatever it is stays with me.
와레버 이리즈 스테이즈 윗미

■ 누가 비밀을 누설한 거야?

Who spilled the beans?
후 스필드 더 빈스

▶ spill the beans는 '누설하다'라는 뜻이다. 검은 보자기에 콩이 들어 있으면 안에 어떤 내용물이 있는지, 몇 개가 있는지 알 수가 없을 것이다. 그래서 안의 내용을 쏟아내어 밝힌다는 면에서 '누설하다'라는 의미를 가지게 되었다.

남이 하는 대로 해
Go with the flow.
고 위드 더 플로우

▶ 지나치게 튀려는 사람에게 해줄 수 있는 조언이다.

회화

A I wonder why you weren't being totally extreme like I am today.
아이 원더 와이 유 원트 빙 토탈리 익스트림 라익 아이 앰 투데이
넌 왜 나처럼 엄청 튀지 않았는지 궁금해.

B I just thought I'd go with the flow rather than dress like an eccentric person.
아이 저슷 쏱 아이드 고 위드 더 플로우 래더 댄 드레스 라이컨 익쎈트릭 펄슨
나는 그냥 튀기보다 다른 사람하고 비슷하게 입는 게 좋다고 생각해서.

Voca wonder 궁금해하다 dress 옷을 입다 eccentric 괴짜인, 별난, 기이한

관련 표현

■ 내가 하는 대로 해요.
Do as I do.
두 애즈 아이 두

■ 원하는 대로 해요.
Do as you please.
두 애즈 유 플리즈

▶ would A rather B의 표현은 'B라기보다는 차라리 A하다'라는 뜻으로 A와 B의 동사표현을 원형으로 맞춰야 한다. I'd <u>die</u> rather than <u>obey</u> the unjust demand.(부당한 요구를 따르기 보다는 차라리 죽겠다.)

DAY 253

전화조차 하지 않았잖아요

You didn't even bother calling.

유 디든트 이븐 바더 콜링

▶ 기다리는 사람에 대한 배려가 전혀 없을 때 사용하는 표현이다.

회화

A Hi, honey. Sorry, I'm a little late.

하이, 허니. 쏘리, 아임 어 리를 레잇

여보. 미안, 조금 늦었어요.

B A little late? Four hours late... and you didn't even bother calling. I thought you'd had an accident or something.

어 리를 레잇? 포 아월즈 레잇... 앤 유 디든트 이븐 바더 콜링. 아이 쏟 유드 해드 언 액시던트 올 썸띵

조금? 네 시간 늦었는데.. 그리고 전화도 없었잖아요. 사고 난 줄 알았어요.

Voca bother v-ing 귀찮지만 ~하다, 수고스럽지만 ~하다

관련 표현

■ 전화했어야지.

You should've called me.

유 슈드브 콜드 미

■ 전화할 수 있었잖아요.

You could've called me.

유 쿠드브 콜드 미

▶ 〈should have + 과거분사〉는 '~했었어야 했는데 (하지 않았다)'라는 의미로 유감을 표현한다.

DAY 254

당신은 진짜 새 사람으로 거듭났네요

You actually turned over a new leaf.

유 액츄얼리 턴드 오버 어 뉴 립

▶ 촉촉한 토양 바닥 쪽의 잎 면을 뒤집는다는 말인데, 오래 자연에 노출되어 헐은 면이 아닌 새 면을 드러낸다는 면에서 '새 사람'이란 뜻으로 쓰인다.

회화

A I've lost a ton of weight recently.

아이브 로스트 어 토너브 웨잇 리쎈틀리

최근에 살을 많이 뺐어요.

B I'm impressed. Everyone talks about it, but you actually turned over a new leaf.

아임 임프레스드. 에브리원 톡스 어바우릿, 벗 유 액츄얼리 턴드 오버 어 뉴 립

정말 대단하네요. 다들 말로만 하는데, 당신은 진짜 새 사람으로 거듭났네요.

Voca turn over a new leaf 새 삶을 살다

관련 표현

■ 당신 이제 전혀 다른 사람이군요.

You are now a completely different person.

유 아 나우 어 컴플리틀리 디퍼런트 펄슨

■ 나는 이전의 내가 아니야.

I am not the person who I used to be.

아이 앰 낫 더 펄슨 후 아이 유즈드 투 비

▶ 어느 나라든 생활 속 표현들을 보면 과장된 것들이 많다. 대화문에서도 '몸무게를 많이 뺐다'에서 '많이'라는 표현을 a ton of(1톤의)라고 과장해서 말하고 있다.

DAY 255

네 마음 이해해
I feel your pain!
아이 필 유어 페인

▶ 직역하면 "네 고통이 느껴져"이지만, "네 맘 이해해"라는 표현에 해당한다. 위로할 때 쓸 수 있는 좋은 표현이다.

회화

A **We've got so many channels on our TV.**
위브 갓 쏘 매니 채널스 온 아워 티비
텔레비전 채널이 너무 많아.

B **I feel your pain! The irony is that although there are a ton of channels, there's never anything to watch.**
아이 필 유어 페인! 디 아이러니 이즈 댓 얼도우 데어 아 어 토너브 채널스, 데얼스 네버 애니띵 투 와치
무슨 말인지 알겠어. 이상한 점은 채널은 많은데, 볼 게 없다는 거야.

Voca although ~이긴 하지만

관련 표현

■ 나도 그런 경험 있어.

I've been there before.
아이브 빈 데어 비포

■ 네가 어떤 의미로 말하는지 알아. (왜 그런 말을 하는지 알아)

I know where you are coming from.
아이 노우 웨어 유 아 커밍 프롬

▶ '무엇, 아무것'이란 뜻의 anything은 부정문이나, 정해지지 않은 대상을 언급하는 의문문에 주로 사용한다. 반면, something은 긍정문에 주로 사용한다.

그녀가 이제 아주 딴 사람 같아 보여
She seems to be quite a different person now.
쉬 씸즈 투 비 콰이러 디퍼런트 펄슨 나우

▶ 급격한 변화를 보이는 사람에게 쓰는 표현이다.

회화

A She seems to be quite a different person now.
쉬 씸즈 투 비 콰이러 디퍼런트 펄슨 나우
그녀는 이제 아주 딴 사람 같아 보여.

B She is not what she was. Something must've happened to her.
쉬 이즈 낫 왓 쉬 워즈. 썸띵 머슷브 해픈드 투 허
이전에 그 사람이 아니야. 무슨 일이 일어난 것이 틀림없어.

Voca quite a different 꽤나 다른, 상당히 다른 happen 발생하다

관련 표현

■ 그는 현재 전혀 다른 사람이야(개과천선).

He turned over a new leaf now.
히 턴드 오버 어 뉴 립 나우

■ 그 사람 정말 많이 변했다.

He has changed a lot.
히 해즈 체인지드 얼랏

▶ 위의 표현 중 must have p.p는 과거에 일어난 일에 대한 확신을 나타낼 때 쓰는 조동사 과거 표현이다. 해석은 '~이었음에 틀림이 없다'이다. You must've been there before.(네가 이전에 거기에 가 봤음에 틀림이 없어.)

거기에 왜 계시는 건가요?

What are you staying there for?

와라유 스테잉 데어 포

▶ What ~ for는 이유를 묻는 표현에서 활용된다.

회화

A **What are you staying there for?**
와라유 스테잉 데어 포
거기에 왜 있는 거야?

B **I am here on a business trip.**
아이 앰 히어 오너 비즈니스 트립
출장차 여기에 있는 거야.

Voca stay 머물다 on a business trip 출장 중인, 출장차

관련 표현

■ 무슨 일로 미국에 온 건가요?

What made you come to the U.S?
왓 메이드 유 컴 투 더 유에세이

■ 여기 왜 오신 건가요?

What brought you here?
왓 브롯 유 히어

▶ What brought you here?는 여기에 어쩐 일로 왔냐고 용건을 물어보는 말이며,
What brings you here?처럼 현재시제로도 쓸 수 있다.

잭을 어떻게 해야 하지?
I don't know what to do with Jack.
아이 돈 노 왓 투 두 윗 잭

▶ 어떤 일이나 특정 사람에 대해서 대처가 쉽지 않을 때 쓰는 표현이다.

회화

A I don't know what to do with Jack. He looks like he's looking for every chance to irritate me.
아이 돈 노 왓 투 두 윗 잭. 히 룩스 라익 히즈 루킹 포 에브리 챈스 투 일리테잇 미

잭을 어떻게 해야 할지 모르겠어. 나를 짜증나게 만들려고 모든 기회를 노리는 것처럼 보여.

B That doesn't sound good.
댓 더즌트 사운드 굿

안 좋은데.

Voca look for a chance 기회를 찾다, 노리다 irritate 짜증나게 하다

관련 표현

■ 나는 그 기계를 운전하는 방법을 배웠다.

I learned how to operate the machine.
아이 런드 하우 투 오퍼레잇 더 머신

■ 나는 어디를 살펴볼지 알고 있다.

I know where to look at.
아이 노 웨어 투 룩 앳

▶ 〈의문사 + to부정사〉는 〈의문사 + 주어 + should〉로 바꾸어 쓸 수 있다. 자주 활용되는 것이므로 다양한 형태를 확인해두도록 한다.

DAY 259

부인이 가장 많이 도와줬어요

I owed most to my wife.

아이 오우드 모스트 투 마이 와잎

▶ 누군가에게 감사를 하고 싶거나 공로를 인정해주는 상황에서 쓸 수 있는 고급 표현 이다.

회화

A Who helped you most while you writing this book?
후 헬프트 유 모스트 와일 유 라이팅 디스 북
이 책을 쓰는 동안 누가 가장 많이 도와줬어요?

B I owed most to my wife.
아이 오우드 모스트 투 마이 와잎
아내에게 도움을 가장 많이 받았습니다.

Voca owe 빚지고 있다

관련 표현

■ 너에게 신세졌다.

I owe you one.
아이 오우 유 원

■ 나는 그에게 30달러 빚지고 있다.

I owe him 30 dollars.
아이 오우 힘 써리 달러스

▶ owe는 사전적 의미로 '(돈을) 빚지고 있다'와 '신세를 지고 있다, ~해야 한다고 생각한다' 라는 뜻을 가진다. She owes me 500 dollars.(그녀는 나에게 500달러 빚이 있다.) / You owe me an explanation.(너는 나에게 해명할 것이 있다.)

어떻게 오셨어요?
What brings you here?
왓 브링스 유 히어

▶ 물론, What made you come here?이라고도 물어볼 수 있다.

회화

A What brings you here?
왓 브링스 유 히어
어떻게 오셨어요?

B I've got a meeting.
아이브 가러 미링
회의가 있어요.

Voca bring 데리고 오다 cf. take 가져가다

관련 표현

■ 그냥 구경하려 왔습니다.
I'm just here to look around.
아임 저슷 히어 투 루커라운드

■ 고객과 미팅이 있어 여기에 왔습니다.
I am here for a business meeting with a client.
아이 앰 히어 포 어 비즈니스 미링 위더 클라이언트

▶ 어떻게 왔냐는 질문에는 주로 I am here to ~의 형식을 이용하여 대답할 수 있다.

너도 이 수업 듣니?
Are you taking this class, too?
아 유 테이킹 디스 클래스, 투

▶ 현재 진행형인 be v-ing는 가까운 미래의 내용을 전달할 때 사용되기도 한다.

회화

A Are you taking this class, too? We are just meant to be.
아 유 테이킹 디스 클래스, 투? 위 아 저슷 멘 투 비
너도 이 수업 듣니? 우리는 같이할 운명인가 봐.

B I think so. We were in the same class last year, too.
아이 띵크 쏘. 위 워 인 더 쎄임 클래스 라스트 이어, 투
그러게. 작년에도 같은 반이었잖아.

Voca take (수업을) 듣다 be meant to be (대체로) ~인 것으로 여겨지다

관련 표현

■ 너 파티에 오니?

Are you coming to the party?
아 유 커밍 투 더 파리

■ 이번 여름에 부모님 방문할 계획이니?

Are you planning to visit your parents this summer?
아 유 플래닝 투 비짓 유어 페어런츠 디스 써머

▶ 진행형 표현은 다음과 같은 세 가지 뜻을 지닌다.
  1. 진행 상황 예) I am working now. 나 지금 일하고 있는 중이야.
  2. 가까운 미래 예) I am leaving soon. 난 곧 떠날 거야.
  3. (부정적 의미에서) 불평하는 사람을 묘사할 때 예) He's always complaining.

제임스와 연락을 할 수 있었나요?
Were you able to get a hold of James?
워 유 에이블 투 게러 홀더브 제임스

▶ 누군가와 연락이 되었냐고 묻는 표현을 익혀보자.

회화

A Were you able to get a hold of James?
워 유 에이블 투 게러 홀더브 제임스
제임스와 연락이 가능했나요?

B No, when I called, he didn't pick up the phone.
노, 웬 아이 콜드, 히 디든트 피컵 더 폰
아닙니다. 제가 전화를 했는데, 안 받더라고요.

Voca be able to ~가능하다 get a hold of 연락하다 pick up (전화를) 받다

관련 표현

■ 김 씨와 통화가 되었니?
Did you get a hold of Mr. Kim?
디쥬 게러 홀더브 미스터 킴

■ 정신 차려, 힘내라!
Get a hold of yourself!
게러 홀더브 유어셀프

▶ get a hold of는 다의어로 '잡다, 연락하다, ~을 입수하다'라는 다양한 뜻을 가진다.

그 사람은 어떻게 될까요?

What will become of him?

왓 윌 비커머브 힘

▶ 해석 자체가 쉽지 않은 문장이다. become of는 '(~은 어떻게) 되는가'의 뜻이다. 문장 전체를 한 단어처럼 암기해두도록 한다.

회화

A If someone slips into a deep river and can't swim, what will become of him?

이프 썸원 슬립스 인투 어 딥 리버 앤 캔트 스윔, 왓 윌 비커머브 힘

어떤 사람이 수심이 깊은 강가에 빠졌는데 수영도 하지 못한다면 그 사람은 어떻게 될까요?

B He is likely to be drowned.

히 이즈 라이클리 투 비 드라운드

아마도 익사하겠지.

Voca slip into ~ 안으로 미끄러지다 drown 익사시키다, 익사하다

관련 표현

■ 그가 깨어나지 못하면 어떡하죠?

What if he wouldn't wake up?

와리프 히 우든트 웨이컵

■ 만약 그가 운전을 못하고, 버스도 주변에 없으면, 그는 어떻게 되나요?

If he doesn't know how to drive, and there's no bus around, what will become of him?

이프 히 더즌트 노 하우 투 드라이브, 앤 데얼즈 노 버스 어라운드, 왓 윌 비커머브 힘

▶ what if는 '~하면 어쩌지'라는 의미의 표현이다.

당신은 항상 농담을 잘 했잖아요
You were always telling jokes.
유 워 올웨이즈 텔링 죡스

▶ 진행형과 부사 always, forever, constantly, continually가 함께 쓰여 특정 인물의 특징을 표현한다.

회화

A I don't know if you remember me. We were in the same English class last year.
아이 돈 노 이퓨 리멤버 미. 위 워 인 더 쎄임 잉글리쉬 클래스 라스트 이어
저를 기억하실지 모르겠네요. 우린 작년에 같은 영어 수업을 들었어요.

B Yeah, you were always telling jokes.
예, 유 워 올웨이즈 텔링 죡스
네, 당신은 항상 농담을 잘 했잖아요.

Voca joke 농담

관련 표현

■ 그들은 매우 자주 언쟁을 했어요.
They were always quarreling.
데어 워 올웨이즈 쿼렐링

■ 우리는 너무 많은 시간을 매우 자주 교통체증에 소비했어.
We were always spending so much time in traffic.
위 워 올웨이즈 스펜딩 쏘 머취 타임 인 트래픽

▶ 진행형과 부사를 함께 쓰면, 특정 상황에 대한 화자의 불쾌한 마음을 나타낼 수도 있다.

이런저런 이유로 계속 늦어지고 있어요
It's just one delay after another.

잇츠 저슷 원 딜레이 에프터 어나더

▶ 일이 진전이 없어 답답한 상황에 쓸 수 있는 표현이다.

회화

A How are the renovations going on your apartment?
하우 아 더 리노베이션스 고잉 온 유어 아파트먼트
아파트 리모델링 어떻게 되고 있어요?

B It's just one delay after another.
잇츠 저슷 원 딜레이 에프터 어나더
이런저런 이유로 계속 늦어지고 있어요.

Voca renovation 리모델링 delay 지연

관련 표현

■ 그들은 차례차례 그 방을 떠났다.

They left the room one after another.
데이 레프트 더 룸 원 에프터 어나더

■ 나는 모든 일이 순조롭게 진행되길 바란다.

I hope everything will be going smoothly.
아이 호프 에브리띵 윌 비 고잉 스무쏠리

▶ 위의 대화에서 보듯 상대방이나 물건의 상태를 물어볼 때, How is it going? 또는 How are they going?이라는 표현을 사용할 수 있다.

이번 주 토요일에 무엇을 할 예정이니?

What are you doing this coming Saturday?

와라유 두잉 디스 커밍 쌔러데이

▶ 상대의 계획을 물어볼 때 사용하는 표현이다.

회화

A What are you doing this coming Saturday?
와라유 두잉 디스 커밍 쌔러데이
이번 주 토요일에 무엇을 할 예정이니?

B I am going bowling. What's up?
아이 앰 고잉 보울링. 왓츠 업
나 볼링 칠 거야. 무슨 일인데?

Voca bowling 볼링

관련 표현

■ 다가오는 여름방학 동안 무엇을 할 예정이니?

What are you doing during upcoming summer vacation?
와라유 두잉 듀어링 업커밍 써머 베케이션

■ 홈커밍 파티 때 무엇을 할 예정이니?

What are you planning to do next homecoming party?
와라유 플래닝 투 두 넥스트 홈커밍 파리

▶ What are you doing/ planning ~? 등의 현재진행형으로 가까운 미래의 일을 물어볼 수 있다.

언제 이혼하셨나요?

When did you get divorced?

웬 디쥬 겟 디보스드

▶ 상황과 상대에 따라 조심스럽게 물을 수 있는 지극히 개인적인 질문(personal question)이다.

회화

A When did you get divorced?
웬 디쥬 겟 디보스드
언제 이혼하셨나요?

B I got divorced two years ago.
아이 갓 디보스드 투 이얼즈 어고
2년 전에 이혼했어요.

Part 09

관계 I

Voca get divorced 이혼하다

관련 표현

■ 이혼 후 그녀는 술로 괴로움을 떨쳐버리려고 했다.

After her divorce, she tried to drink her problems away.
에프터 허 디보스, 쉬 트라이드 투 드링크 허 프라블름스 어웨이

■ 그들은 그들 중 한 명이 돈을 물 쓰듯 하여 이혼하였다.

They got divorced because one of them burned their money.
데이 갓 디보스드 비코즈 워너브 뎀 번드 데어 머니

▶ get divorced는 '이혼하다'의 일시적 행위를 강조하는 어감이 강하고, be divorced는 이혼한 '상태'를 전달하는 표현이다.

나는 그녀에게 자기한테 쓰라고 말했어

I told her to spend it on herself.

아이 톨드 허 투 스펜딧 온 허쎌프

▶ spend A on B는 'A를 B에 쓰다(소비하다)'의 의미로 전치사 on이 쓰임을 기억한다.

회화

A You look upset. What happened?

유 룩 업셋. 왓 해픈드

화난 것 같아. 무슨 일이야?

B I gave my mom $1,000. I told her to spend it on herself, but I found out that she gave it to her new boyfriend.

아이 게입 마이 맘 원 싸우전 달러스. 아이 톨더 투 스펜딧 온 허쎌프, 벗 아이 파운
다웃 댓 쉬 게이빗 투 허 뉴 보이프렌

내가 엄마한테 천 달러 줬거든. 자기한테 쓰라고 말했는데, 그걸 새로운 남자친
구한테 준 거야.

Voca find out 알아내다

관련 표현

■ 너 숙제하는 데 시간이 얼마나 오래 걸렸니?

How long did you spend on your homework?

하우 롱 디쥬 스펜돈 유어 홈웍

■ 그 회사는 컴퓨터 시스템을 경신하는 데 수천 달러를 들여왔다.

The company has spent thousands of dollars updating
their computer systems.

더 컴퍼니 해즈 스펜트 싸우전즈 오브 달러스 업데이팅 데어 컴퓨러 시스템스

▶ spend는 돈뿐 아니라 시간을 쓴다고 표현할 때도 사용할 수 있다.

DAY 269

아들이 아버지에 대한 멋진 연설을 했어

The son gave a nice speech about his father.

더 썬 게이버 나이스 스피치 어바웃 히즈 파더

▶ '연설하다'라는 뜻으로 address가 있지만, 일반적으로 생활영어에서 give a speech 를 많이 사용한다.

회화

A **That was a nice funeral. The son gave a nice speech about his father.**
댓 워저 나이스 퓨너럴. 더 썬 게이버 나이스 스피치 어바웃 히즈 파더

멋진 장례식이었어. 아들이 아버지에 대한 멋진 연설을 했어.

B **Yes, dad, it was. It was long, too.**
예스, 댇, 잇 워즈. 잇 워즈 롱, 투

맞아요, 아빠, 정말 그랬어요. 길기도 했고요.

Voca funeral 장례

관련 표현

■ 아주 멋진 연설이었어요.

It was a nice talk.
잇 워저 나이스 톡

■ 그는 그 문제에 대해 긴 이야기를 할 계획이었다.

He planned to give a long talk on the matter.
히 플랜드 투 기버 롱 톡 온 더 매러

▶ give a speech에서 speech 대신 talk를 사용해도 비슷한 의미의 표현이 된다. 또한 수식어로 다양한 표현을 만들 수 있다. give a farewell speech(고별사를 하다), give a long talk(장광설을 늘어놓다)

DAY 270

빨라야 다음 주가 되어야 한다고 말했어요

He said the earliest would be next week.

히 쎈 디 얼리스트 우드 비 넥스트 윅

▶ 어떤 물건을 주문하고 받아 볼 수 있는 때와 관련된 표현으로 The earliest would be ~는 '빨라야 ~이다'의 의미다.

회화

A The air conditioner doesn't work. Did you call the repairman? When is he coming?

디 에어 컨디셔너 더즌트 웍. 디쥬 콜 더 리페어맨? 웬 이즈 히 커밍

에어컨 작동이 안 되네요. 수리하는 사람한테 전화했어요? 언제 온대요?

B He said the earliest would be next week.

히 쎈 디 얼리스트 우드 비 넥스트 윅

빨라야 다음 주가 되어야 한다고 말했어요.

Voca work 작동하다 the earliest 가장 이른

관련 표현

■ 그녀가 내게 도와주겠느냐고 물었다.

She asked me if I would help her.

쉬 애스크트 미 이프 아이 우드 헬프 허

■ 그는 빨라야 2주 후가 되어야 한다고 말했어요.

He said the earliest would be in 2 weeks.

히 쎈 디 얼리스트 우드 비 인 투 윅스

▶ 위의 표현 중 동사 work는 행위의 주체에 따라 의미가 달라진다. 만약, 학생이 work하는 상황이면 '공부나 숙제하다'가 될 수 있고, 어떤 물건이 work하면 '작동하다, 동작하다'의 의미가 된다.

시간이 얼마나 걸린 거야?
How long did it take?
하우 롱 디딧 테익

▶ take는 '(시간)이 ~걸리다'의 의미로 쓰인다.

회화

A Last year you made a big snowman. How long did it take?

라스트 이어 유 메이더 빅 스노우맨. 하우 롱 디딧 테익?

작년에 너 큰 눈사람을 만들었잖아. 시간이 얼마나 걸린 거야?

B It took us all day. I gave him a big carrot for a nose.

잇 투커스 올 데이. 아이 게이브 힘 어 빅 캐럿 포 어 노우즈

하루 종일 걸렸지. 큰 당근으로 코를 만들어줬어.

Voca snowman 눈사람 carrot 당근

관련 표현

■ 아마도 걸어서 15분 정도 걸릴 거예요.

It may take 15 minutes on foot.

잇 메이 테익 핍틴 미니츠 온 풋

■ 실례합니다, 여기서 시청까지 얼마나 되죠?

Excuse me, how long does it take from here to City Hall?

익스큐즈 미, 하우 롱 더짓 테익 프럼 히어 투 씨리 홀

▶ How long은 '얼마나 오랫동안'의 의미를 갖는 의문사이다. How tall은 '얼마나 키가 크니'의 의미를 나타내고, How many~?는 '~가 몇 개입니까?'를 뜻한다.

DAY 272

그렇다고 그게 옳은 것이 아니야
That doesn't make it right.
댓 더즌트 메이킷 라잇

▶ That doesn't make it right.은 상대방이 자신의 논리에 따라 변명을 늘어놓는 상황에서 그의 말에 동의하지 않을 때 쓰는 표현이다.

회화

A All my friends use their sleeves to wipe their nose.
올 마이 프렌즈 유즈 데어 슬리브스 투 와입 데어 노우즈
친구들 모두 코 닦는 데 소매를 써.

B That doesn't make it right. Your sleeves are not tissues.
댓 더즌트 메이킷 라잇. 유어 슬리브 스 아 낫 티슈즈
그렇다고 그게 옳은 게 아니야. 네 소매는 휴지가 아니야.

Voca sleeve 소매 wipe 닦다 tissue 휴지

관련 표현

■ 화장실 가서 휴지를 찾아봐야지.

You should go find a tissue in the bathroom.
유 슈드 고 파인더 티슈 인 더 배쓰룸

■ 바닥에 껌 종이를 버려서는 안 돼.

You should not throw your gum wrapper away on the floor.
유 슈드 낫 쓰로우 유어 검 래퍼 어웨이 온 더 플로어

▶ '~해야 한다'는 충고의 의미로 should를 적극 활용해보자.

내가 계속 상기시키는 이유는 네가 계속 잊기 때문이야
The only reason I keep reminding you is you keep forgetting.
디 온리 리즌 아이 킵 리마인딩 유 이즈 유 킵 포게링

▶ remind는 '상기시키다, (기억하도록) 다시 한 번 알려(말해)주다'의 의미이다.

회화

A **You don't have to remind me all the time.**
유 돈 햅투 리마인드 미 올 더 타임
항상 나한테 상기시킬 필요는 없어.

B **The only reason I keep reminding you is you keep forgetting.**
더 온리 리즌 아이 킵 리마인딩 유 이즈 유 킵 포게링
내가 계속 상기시키는 이유는 네가 계속 잊기 때문이야.

Voca remind 상기시키다 forget 잊다

관련 표현

■ 네가 그런 말을 할 때에는 네 아버지가 생각나.

You remind me of your father when you say that.
유 리마인드 미 오브 유어 파더 웬 유 쎄이 댓

■ 내가 반복해서 이야기해주는 이유는 그것이 그만큼 중요하기 때문이다.

The reason I am telling you over and over again is it is that important.
더 리즌 아이 앰 텔링 유 오버 앤 오버 어겐 이즈 이리즈 댓 임폴턴트

▶ remind A of B는 'A에게 B를 상기시키다'라는 의미이다.

너만 바쁜 것이 아니야

It's not just you who are busy.

잇츠 낫 저슷 유 후 아 비지

▶ 상대방이 바쁘다는 변명을 늘어놓을 때 사용하는 표현이다.

회화

A I give you my apologies for being so late. It's just that my life has just gotten so busy.

아이 기뷰 마이 어폴로지즈 포 비잉 쏘 레잇. 잇츠 저슷 댓 마이 라입 해즈 저슷 가튼 쏘 비지

너무 늦어서 미안해. 요즘 생활이 너무 바빠져서 그래.

B It's not just you who are busy. I am always punctual.

잇츠 낫 저슷 유 후 아 비지. 아이 앰 올웨이즈 펑츄얼

너만 바쁜 게 아냐. 난 항상 시간 지키잖아.

Voca apology 사과 punctual 시간을 지키는

관련 표현

■ 여기 아래로 내려가는 건 너뿐만이 아니야.

It's not just you who's going down here.

잇츠 낫 저슷 유 후즈 고잉 다운 히어

■ 단지 너만 일하는 게 아니야.

It's not just you who's doing the work.

잇츠 낫 저슷 유 후즈 두잉 더 워크

▶ 위의 대화 중 사과 표현을 하는 apologize를 쓰면 이유의 전치사 for를 취한다. I apologize for having been rude.(제가 무례하게 굴었던 점 용서를 구합니다.)

전화했을 때 다른 방에 있었어요
I was in another room when you called.

아이 워즈 인 어나더 룸 웬 유 콜드

▶ 자리를 비워 전화를 못 받은 상황을 말하는 표현이다.

회화

A I telephoned you yesterday afternoon but you didn't answer. Where were you?

아이 텔레폰드 유 예스터데이 애프터눈 벗 유 디든트 앤써. 웨어 워 유

어제 오후에 전화했는데, 안 받던데 요. 어디 있었어요?

B I was in another room when you called. I was photocopying a report.

아이 워즈 인 어나더 룸 웬 유 콜드. 아이 워즈 포토카핑 어 리폿

전화했을 때 다른 방에 있었어요. 보고서 복사하고 있었어요.

Voca telephone 전화하다 photocopy 복사하다 report 보고서

관련 표현

■ 네가 전화했을 때 낮잠을 자고 있었어.

I was taking a nap when you called.

아이 워즈 테이킹 어 냅 웬 유 콜드

■ 네가 전화했을 때 숙제를 하고 있었어.

I was working on my homework when you called.

아이 워즈 워킹 온 마이 홈웍 웬 유 콜드

▶ work on은 '~을 작업하다'라는 뜻이다. 예를 들어, I am working on a new project.라고 하면 "나는 새로운 프로젝트 작업 중이야."라는 뜻이다. on을 빠뜨리지 말자.

Day 246 무슨 고민 있어요?

What's eating you?

Day 247 몸만 오세요

Just bring yourself.

Day 248 도대체 자기가 뭔데?

Who does he think he is?

Day 249 넌 축복받은 거야

Count your blessings.

Day 250 요즘 어디 숨어 있는 거야?

Where's she been hiding?

Day 251 나는 절대 누설하지 않아

My lips are sealed.

Day 252 남이 하는 대로 해

Go with the flow.

Day 253 전화조차 하지 않았잖아요

You didn't even bother calling.

Day 254 당신은 진짜 새 사람으로 거듭났네요

You actually turned over a new leaf.

Day 255 네 마음 이해해

I feel your pain!

Day 256 그녀가 이제 아주 딴 사람 같아 보여

She seems to be quite a different person now.

Day 257 거기에 왜 계시는 건가요?

What are you staying there for?

Day 258 잭을 어떻게 해야 하지?

I don't know what to do with Jack.

Day 259 부인이 가장 많이 도와줬어요

I owed most to my wife.

Day 260 어떻게 오셨어요?

What brings you here?

Day 261 너도 이 수업 듣니?

Are you taking this class, too?

Day 262 제임스와 연락을 할 수 있었나요?

Were you able to get a hold of James?

Day 263 그 사람은 어떻게 될까요?

What will become of him?

Day 264 당신은 항상 농담을 잘 했잖아요

You were always telling jokes.

Day 265 이런저런 이유로 계속 늦어지고 있어요

It's just one delay after another.

Day 266 이번 주 토요일에 무엇을 할 예정이니?

What are you doing this coming Saturday?

Day 267 언제 이혼하셨나요?

When did you get divorced?

Day 268 나는 그녀에게 자기한테 쓰라고 말했어

I told her to spend it on herself.

Day 269 아들이 아버지에 대한 멋진 연설을 했어

The son gave a nice speech about his father.

Day 270 빨라야 다음 주가 되어야 한다고 말했어요

He said the earliest would be next week.

Day 271 시간이 얼마나 걸린 거야?

How long did it take?

Day 272 그렇다고 그게 옳은 것이 아니야

That doesn't make it right.

Day 273 내가 계속 상기시키는 이유는 네가 계속 잊기 때문이야

The only reason I keep reminding you is you keep forgetting.

Day 274 너만 바쁜 것이 아니야

It's not just you who are busy.

Day 275 전화했을 때 다른 방에 있었어요

I was in another room when you called.

Part | 10

관계 Ⅱ

제프랑 연락됐어?

Did you get a hold of Jeff?

디쥬 게러 홀더브 제프

▶ get a hold of은 '연락하다'의 의미이다.

회화

A Did you get a hold of Jeff?
디쥬 게러 홀더브 제프
제프랑 연락됐어?

B I haven't been able to reach him yet. But he told me that he would let me know as soon as he made up his mind.
아이 해븐트 빈 에이블 투 리취 힘 옛. 벗 히 톨드 미 댓 히 우드 렛 미 노우 애즈 순 애즈 히 메이드 업 히즈 마인드
아직 연락을 할 수 없었어. 그런데, 그가 마음을 정하는 대로 알려준다고 했어.

Voca reach 연락하다 make up one's mind 결정하다

관련 표현

■ 그와 연락을 할 수 있었나요?

Were you able to reach him?
워 유 에이블 투 리취 힘

■ 김 씨와 연락을 취해봤나요?

Did you ever manage to get a hold of Mr. Kim?
디쥬 에버 매니지 투 게러 홀더브 미스터 킴

▶ reach는 거리를 말할 때 '~에 도착하다'는 뜻도 있지만, 누구에게 '다다르다'는 의미에서 '연락이 닿다'라는 뜻으로 쓰이기도 한다.

그는 화를 내고 나에게 막말을 해

He just blows up, going at me.

히 저숫 블로우즈 업, 고잉 앳 미

▶ 우리말에도 화를 내는 사람을 마치 폭탄 터지는 것에 비유해서 말하듯 blow up은 '화를 내다'라는 뜻이다.

회화

A So how's it going with your new boyfriend?
쏘 하우즈 잇 고잉 위듀어 뉴 보이프렌
새 남자친구랑 어떻게 지내?

B Not so well. If I bring up something he doesn't like, he just blows up, going at me.
낫 쏘 웰. 이파이 브링 업 썸띵 히 더즌트 라익, 히 저숫 블로우즈 업, 고잉 앳 미
그렇게 좋지 않아. 내가 그가 좋아하지 않은 이야기를 꺼내면, 화를 내고 나에게 막말을 해.

Voca bring up 말을 꺼내다

관련 표현

■ 나는 그와 헤어질 생각이야.
I am thinking of leaving him.
아이 앰 띵킹 오브 리빙 힘

■ 나한테 화풀이하지 마.
Don't take it out on me.
돈 테이킷 아웃 온 미

▶ 위에서 blow up은 '~에게 화를 내다(분통을 터뜨리다)', go at은 '(공격하려고) ~에게 달려들다'의 의미가 있다.

탐이 술 담배를 끊었어
Tom has given up drinking and smoking.
탐 해즈 기븐 업 드링킹 앤 스모킹

▶ give up -ing은 '~을 그만두다, 포기하다'라는 의미이다.

회화

A Tom has given up drinking and smoking. He's really turned over a new leaf.
탐 해즈 기븐 업 드링킹 앤 스모킹. 히즈 리얼리 턴드 오버 어 뉴 립

탐이 술 담배를 끊었어. 정말 새 사람이 되었다니깐.

B Good for him!
굿 포 힘

정말 잘 됐다.

Voca give up 포기하다

관련 표현

■ 그는 술을 많이 마시곤 했다.

He used to drink so much.
히 유즈드 투 드링크 쏘 머취

■ 나는 마음을 잡고 공부를 더욱 열심히 하기로 했다.

I decided to turn over a new leaf and study harder.
아이 디사이디드 투 턴 오버 어 뉴 립 앤 스터디 하더

▶ used to는 '~하곤 했다'는 과거의 규칙적 습관을 나타낸다. 이 말에는 현재는 과거에 습관적으로 하던 행위를 하지 않는다는 의미가 내포되어 있다. He used to drink.라는 말에서 현재는 술을 하지 않는다는 의미를 이끌어낼 수 있다.

그녀가 날 못 본 척했어
She looked straight through me.
쉬 룩트 스트레잇 쓰로 미

▶ look straight through는 '못 본 척하다'의 의미이다.

회화

A What's wrong with Cathy? I passed her on the street today and she looked straight through me.
왓츠 롱 윗 캐씨? 아이 패스트 허 온 더 스트릿 투데이 앤 쉬 룩트 스트레잇 쓰로 미
캐시 왜 그래? 오늘 거리에서 지나쳤는데, 나를 못 본 척하더라고.

B Really? Maybe she didn't see you.
리얼리? 메이비 쉬 디든트 씨 유
정말? 아마도 못 본 거겠지.

Voca pass 지나치다

관련 표현

■ 그들은 불법적인 무역을 못 본 체하기로 결정 내렸다.
They have chosen to wink at the illegal trade.
데이 해브 초즌 투 윙크 앳 디 일리걸 트레이드

■ 사람들은 더 이상 그들의 약점을 못 본 척하지 않는다.
People no longer pretend not to see their weaknesses.
피플 노 롱거 프리텐드 낫 투 씨 데어 윅니시스

▶ look straight through는 pretend not to see와 같은 의미다. wink at도 '못 본 척하다'의 의미이다.

DAY 280

그가 그렇게 나를 송장처럼 못 본 척할 이유가 없는데

I don't see any reason for him to cut me dead like that.

아이 돈 씨 애니 리즌 포 힘 투 컷 미 데드 라익 댓

▶ cut me dead는 '(관계, 연락)을 끊다, 못 본 척하다'의 단호한 표현이다.

회화

A Tom looked straight through me. I don't see any reason for him to cut me dead like that.

탐 룩트 스트레잇 쓰로 미. 아이 돈 씨 애니 리즌 포 힘 투 컷 미 데드 라익 댓

탐이 나를 못 본 척했어. 그가 그렇게 나를 송장처럼 못 본 척할 이유가 없는데.

B Why don't you have a talk with him?

와이 돈츄 해버 톡 윗 힘

잠시 이야기를 나눠보는 것이 어때?

Voca look straight through 못 본 척하다 why don't you~? ~하는 게 어때?

관련 표현

■ 그녀는 아들의 실수를 눈감아주었다.

She blinked at her son's mistake.

쉬 블링크트 앳 허 썬스 미스테익

■ 그에게 진실을 말해주는 게 어때?

Why don't you tell him a truth?

와이 돈츄 텔 힘 어 트루

▶ Why don't you ~?는 '~하는 게 어때?'라고 상대방에게 권유하는 표현이다.

오래 기다렸어요?
Have you been waiting long?

해뷰 빈 웨이링 롱

▶ 기다리게 한 손님이나 지인에게 으레 건네는 말이다.

회화

A Have you been waiting long?

해뷰 빈 웨이링 롱

오래 기다렸어요?

B About a quarter of an hour. The bus will come soon.

어바우러 쿼러 오번 아워. 더 버스 윌 컴 순

한 15분 기다렸어요. 버스가 곧 올거예요.

Voca a quarter of 1/4의(= 15분) a quarter of an hour 1시간의 1/4(15분)

관련 표현

■ 버스를 타고 병원 가는 데 얼마나 오래 걸리나요?

How long does it take to the hospital by bus?

하우 롱 더짓 테익 투 더 하스피를 바이 버스

■ 첫 번째 버스를 놓쳤어요. 다음 버스는 언제 오나요?

I missed the first bus. When is the next bus coming?

아이 미스트 더 펄스트 버스. 웨니즈 더 넥스트 버스 커밍

▶ 위에서 quarter는 '4분의 1'이란 뜻이다. 문맥에 따라 60분의 '15분'이 되기도 하고, 1달러의 '25센트'도 될 수 있으니 상황에 따른 해석과 활용이 필요하다.

너도 알다시피 사람을 항상 외모로 판단할 수는 없잖아

You can't always judge by appearances, you know.

유 캔트 올웨이즈 저지 바이 어피어런시스, 유 노

▶ judge by appearances는 '겉모습만으로 판단하다'의 의미다.

회화

A Who's that man with Sally? He is not at all Sally's usual type.

후즈 댓 맨 윗 샐리? 히 이즈 낫 앳 올 샐리즈 유절 타입

샐리랑 함께 있는 사람이 누구야? 샐리가 좋아하는 일반적 타입이 아닌데.

B You can't always judge by appearances, you know.

유 캔트 올웨이즈 저지 바이 어피어런시스, 유 노

너도 알다시피 사람을 항상 외모로 판단할 수는 없잖아.

Voca usual 보통의

관련 표현

■ 희망은 가난한 사람의 빵이다.

Hope is the poor man's bread.

호프 이즈 더 푸어 맨즈 브레드

■ 천천히 그리고 꾸준히 하면 이긴다.

Slow and steady win the game.

슬로우 앤 스테디 윈 더 게임

▶ Don't judge of a man by his looks.(겉모습으로 사람을 판단하지 말라.) / Don't judge a book by its cover.(겉을 보고 속을 판단하지 말라) 등의 표현이 있다. 관련 표현에선 생각해볼만한 속담을 살펴보자.

파리 한 마리도 못 죽일 사람이라니깐
He wouldn't hurt a fly.
히 우든트 헐터 플라이

▶ would not hurt(harm) a fly는 '(파리를 죽이지 못할 만큼) 마음씨가 곱다'라는 의미다.

회화

A Our new manager seems to have a rough sort of character.
아워 뉴 매니저 씸즈 투 해버 러프 소트오브 캐릭터
우리 새 매니저 강한 성격 같아 보여.

B No. In fact, he's the most gentle person I've ever met. He wouldn't hurt a fly.
노. 인 팩트, 히즈 더 모스트 젠틀 펄슨 아이브 에버 멧. 히 우든트 헐터 플라이
아니야. 사실 내가 만난 사람 중에서 가장 부드러운 사람이야. 파리 한 마리도 못 죽일 사람이라니깐.

Voca rough sort of character 강한 성격의 소유자 gentle 온화한

관련 표현

■ 그는 누구에게도 손가락 하나 까닥 안 할 사람이야.

He wouldn't lay a finger on anyone.
히 우든트 레이 어 핑거 온 애니원

■ 그녀는 파리도 못 죽일 정도로 마음씨가 고운 사람이야.

She could not kill a fly with a tender heart.
쉬 쿠드 낫 킬 어 플라이 위더 텐더 하트

▶ 위에서 a sort of는 a kind of와 같이 '일종의, ~와 같은 종류의'의 뜻이다. 그러므로 He seems to have a rough sort of character.는 '그는 일종의 강한 성격의 소유자인 것 같아요.'가 된다.

그 이야기를 처음 꺼낸 건 그야
It was he that brought it up first.

잇 워즈 히 댓 브롯 잇 업 펄스트

▶ bring something up first는 '처음으로 어떤 화제를 꺼내다'의 의미이다.

회화

A Why on earth did you start talking to Jack about politics?

와이 온 얼쓰 디쥬 스타트 토킹 투 잭 어바웃 팔러틱스

도대체 잭에게 왜 정치에 대한 이야기를 시작했어?

B It was he that brought it up first.

잇 워즈 히 댓 브롯 잇 업 펄스트

그 이야기를 처음 꺼낸 건 그야.

Voca on earth 도대체

관련 표현

■ 회의 때 그 말을 꺼내보세요.

Bring it up at the meeting.

브링 잇 업 앳 더 미링

■ 오늘 이후로 다시는 그 문제를 만들지 마라.

Do not bring up that issue again from this day forth.

두 낫 브링 업 댓 이슈 어겐 프럼 디스 데이 폴쓰

▶ bring up을 활용한 다양한 표현을 익혀보자.

거기에 쏟은 그의 모든 노력이 마침내 보상받았어요

All his effort put in it finally paid off.

올 히즈 에포트 풋 인 잇 파이널리 페이드 오프

▶ pay off는 오랜 노력의 결과에 대한 보상을 받았을 때 사용한다.

회화

A How's Caleb getting on at school?

하우즈 칼렙 게링 온 앳 스쿨

칼렙 학교에서 어때요?

B His recent report in reading was a great improvement. All his effort put in it finally paid off.

히즈 리센트 리폿 인 리딩 워저 그레잇 임프루브먼트. 올 히즈 에포트 풋 인 잇 파이널리 페이드 오프

그의 최근 읽기 성적이 많이 향상했어요. 거기에 쏟은 그의 모든 노력이 마침내 보상받았어요.

Voca improvement 개선, 향상

관련 표현

■ 그의 영화는 큰 성공이었다.

His movie was a big success.

히즈 무비 워저 빅 썩세스

■ 연습하면 그만한 보답이 돌아오는 것 같아요.

I guess practice does pay off.

아이 게스 프랙티스 더즈 페이 오프

▶ improvement는 '향상'이란 뜻으로 추상명사이지만, 특정 대상을 지칭할 때는 관사가 붙는다. 성공이라는 의미의 success 역시 마찬가지이다.

그녀는 정말 무책임하구나

She can't be more irresponsible about it.

쉬 캔트 비 모으 일리스펀서블 어바우릿

▶ be irresponsible about '~에 대해 무책임하다'의 의미이다.

회화

A Alice borrowed some money from me last month, and I asked her when she was going to pay me back. All she said was she's low on money.

앨리스 바로우드 썸 머니 프럼 미 라스트 먼쓰, 앤 아이 애스크트 허 웬 쉬 워즈 고잉 투 페이 미 백. 올 쉬 쎘 워즈 쉬즈 로우 온 머니

앨리스가 지난달에 나한테 돈을 빌렸거든. 내가 언제 갚을지 물었는데, 돈이 부족하대.

B She can't be more irresponsible about it.

쉬 캔트 비 모으 일리스펀서블 어바우릿

정말 무책임하구나.

Voca be low on ~이 부족하다, 얼마 안 남다

관련 표현

■ 그녀는 정말 낯짝이 두껍다.

She surely got a thick skin.

쉬 슈얼리 가러 띡 스킨

■ 그는 완전히 무책임한 말을 한다.

He is utterly irresponsible for what he says.

히 이즈 어털리 일리스펀서블 포 왓 히 쎄즈

▶ 위의 She can't be more irresponsible about it.을 직역하면, '그녀는 이것에 대해서 더 무책임할 수 없다.'이다. 즉, 무책임하다는 말을 '이보다 더 무책임할 수 없다'고 표현해 강하게 질책하는 것이다.

DAY 287

리사에게서 알아냈지
I got it out of Lisa.
아이 가릿 아우로브 리사

▶ out of가 from의 의미로 쓰였다.

회화

A You're not supposed to know about a surprise party for your birthday! How did you find it out?

유어 낫 써포우즈드 투 노우 어바우러 써프라이즈 파리 포 유어 벌쓰데이! 하우 디쥬 파인딧 아웃

너는 네 깜짝 생일 파티에 대해서 알면 안 되는 건데. 어떻게 알아냈어?

B I got it out of Lisa

아이 가릿 아우로브 리사

리사에게서 알아냈지.

Voca 〈be not supposed to + 동사원형〉 ~해서는 안 된다 find out 알아내다

관련 표현

■ 깜짝 놀라게 해주려 했는데, 그녀가 게임을 모두 말해버렸군.

It was going to be a surprise, but she gave the game away.

잇 워즈 고잉 투 비 어 써프라이즈, 벗 쉬 게이브 더 게임 어웨이

■ 난 깜짝파티로 하고 싶었는데 여동생이 무심코 말해버렸다.

I wanted it to be a surprise, but my sister let the cat out of the bag.

아이 원티드 잇 투 비 어 써프라이즈, 벗 마이 씨스터 렛 더 캣 아우로브 더 백

▶ let the cat out of the bag 은 '비밀을 누설하다'이며, spill the beans도 같은 의미이다. 어떤 정보를 알려준다는 표현으로 give away도 사용된다.

DAY 288

그가 모두를 속인 거지

He fooled everybody.

히 풀드 에브리바리

▶ fool은 '바보'라는 명사 뜻도 있지만, '속이다'라는 동사로 쓰이기도 한다.

회화

A Jones has just disappeared.
존스 해즈 저슷 디스어피얼드.
존스가 갑자기 사라졌어.

B It's turned out that all Jones's letters of reference were false, but no one bothered to check them. He fooled everybody.
잇츠 턴드 아웃 댓 올 존스 레럴스 오브 리퍼런스 워 폴스, 벗 노 원 바덜드 투 첵 뎀. 히 풀드 에브리바리
존스가 제출한 추천서도 모두 가짜였는데, 아무도 확인을 안 했던 거야. 그가 모두를 속인 거지.

Voca disappear 사라지다 letter of reference 추천서

관계 II

관련 표현

■ 어느 누구도 애써 그를 돕지 않았다.

No one bothered to help him.
노 원 바덜드 투 헬프 힘

■ 어느 누구도 그것에 대해 신경 쓰지 않았다.

No one bothered about that.
노 원 바덜드 어바웃 댓

▶ No one bothered to help him.에서 bother to는 '수고스럽지만 ~하다'는 뜻이다. 그러므로 해당 문장은 수고스러워서 굳이 돕지 않았다는 뜻이 된다.

정말? 그가 뭘 원하는 거지?

Really? What did he want?

리얼리? 왓 디드 히 원트

▶ 기대치 않은 상황에 대한 반응으로 간단히 Really?라고 할 수 있다.

회화

A Oh, James was here this afternoon.

오, 제임스 워즈 히어 디스 애프터눈

아, 제임스가 오늘 오후에 여기 왔어요.

B Really? What did he want?

리얼리? 왓 디드 히 원트

정말? 그가 뭘 원하는 거지?

Voca   afternoon 오후

관련 표현

■ 그가 원하는 것이 뭐야?

What is it that he wants?

와리짓 댓 히 원츠

■ 무슨 꿍꿍이가 있는 거야?

What's the catch?

왓츠 더 캐치

▶ 속내가 무엇인지 궁금하다는 의미의 다양한 표현을 익혀보자.

그가 오늘 이상하게 나에게 친절하네

He's being unlikely nice to me today.

히즈 비잉 언라이클리 나이스 투 미 투데이

▶ 일시적인 상황을 설명할 때 being을 사용한다. He is being nice.라고 하면 평소와 달리 '오늘 (유난히) 친절하다'라는 뜻이다.

회화

A **He's being unlikely nice to me today.**
히즈 비잉 언라이클리 나이스 투 미 투데이
그가 오늘 이상하게 나에게 친절하네.

B **Well there must be some reason for him to be so nice. This isn't like him at all.**
웰 데어 머슷 비 썸 리즌 포 힘 투 비 쏘 나이스. 디스 이즌트 라익 힘 애롤
음, 그가 친절한 이유가 있음에 틀림이 없어. 전혀 그답지가 않아.

Voca not at all 전혀 ~하지 않다

관련 표현

■ 나는 그가 뭔가를 꾸미고 있다고 생각해.
I think he is up to something.
아이 띵크 히 이즈 업 투 썸띵

■ 그들은 뭔가에 꿍꿍이가 있는 게 틀림없어.
They must be up to something.
데이 머슷 비 업 투 썸띵

▶ must be up to something은 '~ 무언가 있음에 틀림이 없어'라는 뜻이다.

나만 알고 있을게
I'll keep it under my hat.
아일 키퓨 언더 마이 햇

▶ keep it under my hat은 '비밀을 지키다'의 의미다.

회화

A Don't tell anyone, but I think the manager is leaving.
돈 텔 애니원, 벗 아이 띵크 더 매니저 이즈 리빙
누구한테도 말하면 안 돼. 내 생각에 매니저가 (회사를) 나가는 것 같아.

B Is he? That's too bad. I'll keep it under my hat.
이즈 히? 댓츠 투 배드. 아일 키핏 언더 마이 햇
그래? 아쉽다. 나만 알고 있을게.

Voca leave 떠나다

관련 표현

■ 아무한테도 말하지 마.
Don't tell anybody about it.
돈 텔 애니바리 어바우릿

■ 이것 비밀이야.
Keep it a secret.
키핏 어 씨크릿

▶ "비밀이야"라는 표현에 Mum's the word.라는 표현이 자주 쓰인다.

아들이 아빠 닮았죠, 그렇지 않나요?

Your son takes after his father, doesn't he?

유어 썬 테익스 애프터 히즈 파더, 더즌트 히

▶ take after는 '~를 닮다'의 의미로 resemble과 같은 뜻이다.

회화

A Your son takes after his father, doesn't he?

유어 썬 테익스 애프터 히즈·파더, 더즌트 히

아들이 아빠 닮았죠, 그렇지 않나요?

B Yes, they are both quite a good mechanic.

예스, 데이 아 보쓰 콰이러 굿 메카닉

맞아요. 둘 다 기계를 잘 만져요.

Voca mechanic 기계를 잘 다루는 사람, 기계공

관련 표현

■ 그것은 핏속에서 흐른다(집안 내력이다).

It runs in the blood.

잇 런즈 인 더 블러드

■ 헬렌은 마치 그녀의 엄마처럼 엄청 음악에 관심이 있다.

Helen is very musical, just like her mother.

헬렌 이즈 베리 뮤지컬, 저슷 라익 허 마더

▶ run은 '달리다, 운영하다, 이동하다' 등의 의미 외에 '(액체가) 흐르다'라는 의미도 있다.

내 뒤에서 무슨 이야기를 하고 다니는 거야?

What have you been saying about me behind my back?

왓 해뷰 빈 쎄잉 어바웃 미 비하인드 마이 백

▶ behind my back은 '몰래 뒤에서'의 의미이다.

회화

A What have you been saying about me behind my back?

왓 해뷰 빈 쎄잉 어바웃 미 비하인드 마이 백

내 뒤에서 무슨 이야기를 하고 다니는 거야?

B What do you mean? I don't know what you're saying.

왓 두 유 민? 아이 돈 노 왓 유어 쎄잉

무슨 말이야? 무슨 말을 하는지 모르겠어.

Voca back 뒤

관련 표현

■ 그녀가 나 몰래 뒤에서 그와 데이트하다니 믿을 수 없다.

I can't believe that she went out on a date with him behind my back.

아이 캔트 빌리브 댓 쉬 웬타웃 온 어 데잇 윗 힘 비하인드 마이 백

■ 네가 나와 마틴이 데이트한다고 모든 사람에게 말하고 다닌다고 피터가 그러던데.

Peter says you've been telling everyone I'm going out with Martin.

피터 쎄즈 유브 빈 텔링 에브리원 아임 고잉 아웃 위드 마틴

▶ go out with는 '~와 데이트하다'라는 뜻이다. '너 제인과 사귀니?'라는 표현은 Are you seeing Jane?이라고 한다.

그의 책상이 정말 지저분하네
His desk is in a mess.

히즈 데스크 이즈 인 어 메스

▶ 말로 표현할 수 없이 지저분한 상황을 묘사할 때 be in a mess(뒤죽박죽이다)를 사용할 수 있다.

회화

A **Good heavens, his desk is in a mess, isn't it?**

굿 헤븐즈, 히즈 데스크 이즈 인 어 메스, 이즈닛

이런, 그의 책상이 정말 지저분하네. 그치?

B **Oh it's always like that.**

오 잇츠 올웨이즈 라익 댓

아, 항상 그래.

Voca　mess 엉망인 상태

관련 표현

■ 모든 것이 통제할 수 없게 되었다.

Everything has been out of control.

에브리띵 해즈 빈 아우러브 컨트롤

■ 정부는 약간의 혼란 상태인 것 같다.

The Government seems to be in a bit of a muddle.

더 거버먼트 씸즈 투 비 이너 빗 오브 어 머들

▶ 혼란스러운 상태를 의미하는 여러 표현을 알아보자.

DAY 295

우린 이제 동등해
We are even now.
위 아 이븐 나우

▶ even은 '평평한'의 맥락에서 '공평한, 동등한'의 의미를 가진다.

회화

A Thank you for your help. I owe you one.
땡큐 포 유어 헬프. 아이 오 유 원
도와줘서 정말 고마워. 신세 한 번 질게.

B No, actually last month you helped me when I was short on money. We are even now.
노, 액츄얼리 라스트 먼쓰 유 헬프트 미 웬 아이 워즈 숏 온 머니. 위 아 이븐 나우
아니, 사실 지난달에 내가 돈에 쪼들릴 때 도와줬잖아. 우린 이제 동등해.

Voca owe 빚지다 be short on ~가 부족하다

관련 표현

■ 나 돈이 부족해.
  I am low on money.
  아이 앰 로우 온 머니

■ 그녀의 사업은 작년에 파산했다.
  Her business was bankrupt last year.
  허 비즈니스 워즈 뱅크럽트 라스트 이어

▶ 돈이 부족할 때는 I am short on money.라고 할 수 있지만, I am low on money. 라고도 말할 수 있다.

그렇게 말하는 이유가 뭐야?
What makes you say that?

왓 메익스 유 쎄이 댓

▶ 어떤 행동에 대한 이유를 물을 때 Why did you ~?를 사용할 수도 있지만, What makes S V 또한 유용하게 활용된다.

회화

A My roommate is a bit irritating.
마이 룸메이트 이즈 어 빗 일리테이링
내 룸메이트는 정말 짜증나는 애야.

B Irritating? What makes you say that?
일리테이링? 왓 메익스 유 쎄이 댓
짜증난다고? 그렇게 말하는 이유가 뭐야?

Voca irritating 짜증나는

관련 표현

■ 왜 그녀는 그런 식으로 행동할까?

What makes her act that way?
왓 메익스 허 액트 댓 웨이

■ 지난주 파티에서 왜 그렇게 쌀쌀맞게 굴었던 거야?

How come you gave me the cold shoulder at the party last week?
하우 컴 유 게이브 미 더 콜드 숄더 앳 더 파리 라스트 윅

▶ 이유를 묻는 표현으로 What brings (What is brought by) ~? / What seems to be the problem? / How come + S + V 등이 있다.

그녀는 너를 이용해온 거야
She's been using you.
쉬즈 빈 유징 유

▶ 좋은 상황은 아니지만, 살다 보면 이런 저런 일이 있게 마련이다. 누군가를 이용한다는 표현은 take advantage of를 활용하기도 한다.

회화

A She stood me up again. I will never see her again.
쉬 스투드 미 업 어겐. 아이 윌 네버 씨 허 어겐
나를 또 바람맞혔어. 나는 다시 그녀를 보지 않을 거야.

B I told you. I knew it. She's been using you.
아이 톨쥬. 아이 뉴 잇. 쉬즈 빈 유징 유
내가 말했지. 나는 알고 있었다니깐. 그녀는 너를 이용하고 있었던 거야.

Voca stand up 바람맞히다

관련 표현

■ 그녀는 파티에서 내게 쌀쌀맞게 굴었다.
She gave me the cold shoulder at the party.
쉬 게이브 미 더 콜드 숄더 앳 더 파리

■ 난 네가 바람맞았다고 생각하고 싶지 않았어.
I didn't want you to think you'd been stood up.
아이 디든트 원츄 투 띵크 유드 빈 스투드 업

▶ stand up과 유사한 표현으로 give the cold shoulder가 있다. '쌀쌀맞게 대하다'라는 뜻인데, 탐탁치 않은 손님이 왔을 때 식은 양고기의 어깨부위를 준다는 의미로 푸대접을 뜻하는 말이다.

그가 내 면전에서 문을 쾅 닫고 나갔어

He slammed out the door shut at my face.

히 슬램드 아웃 더 도어 셧 앳 마이 페이스

▶ 화가 많이 났을 때의 행위를 표현한다. at my face는 '내 면전에서'라는 뜻이다.

회화

A I can't believe what he just did. He slammed out the door shut at my face.

아이 캔트 빌리브 왓 히 저슷 디드. 히 슬램드 아웃 더 도어 셧 앳 마이 페이스

난 그가 방금 한 행동을 믿을 수 없어. 내 면전에서 문을 쾅 닫고 나갔어.

B Then, what did you do to him?

덴, 왓 디쥬 두 투 힘

그러면 넌 그에게 어떻게 했는데?

Voca at one's face 면전에

관련 표현

■ 그는 문을 쾅 하고 닫고 나왔다.

He banged the door behind him.

히 뱅드 더 도어 비하인드 힘

■ 그녀는 내 면전에 대고 소리를 질러댔다.

She yelled at me right under my nose.

쉬 옐드 앳 미 라잇 언더 마이 노우즈

▶ 위의 He <u>slammed out the door shut</u> at my face.에서 순차적 행위를 그대로 표현하고 있다는 것을 알 수 있다. 문을 닫고(slam) 밖으로 나가(out the door) 닫아버리는(shut) 순서가 된다.

몇 번이나 조심하라고 이야기했니?

How many times have I told you to be careful?

하우 매니 타임즈 해브 아이 톨쥬 투 비 케이풀

▶ 충고를 귀담아 듣지 않아 여러 번 말해야 하는 상황에 쓰이는 표현이다.

회화

A Mom, could you come home right after work? I was locked out of my car.

맘, 쿠쥬 컴 홈 라잇 애프터 웍? 아이 워즈 락트 아우러브 마이 카

엄마, 일 끝나고 바로 집에 올 수 있어? 열쇠를 차 안에 두고 문을 닫았어.

B Again? How many times have I told you to be careful?

어겐? 하우 매니 타임즈 해브 아이 톨 쥬 투 비 케어풀

또? 몇 번이나 조심하라고 얘기했니?

Voca right after ~직후

관련 표현

■ 차 문 잠그는 것에 더 주의를 했어야만 했다.

You should have been more careful to lock the car door.

유 슈드 해브 빈 모으 케어풀 투 락 더 카 도어

■ 문을 잠글 때 더 이상 실수하지 않는 것이 낫겠어.

You had better not make mistake any more when you lock the door.

유 해드 베러 낫 메이크 미스테익 애니 모어 웬 유 락 더 도어

▶ 위의 be locked out of my car는 자동차에 키를 놓고 문을 잠갔을 때 쓰는 표현이다.

DAY 300

그 농담 통했어?
Did the joke work?

디드 더 조크 웍

▶ work는 '효과가 있다'는 의미다.

회화

A Did the joke work?
디드 더 조크 웍
그 농담 통했어?

B Yeah, she was cracking up hard. It's usually not easy to make her laugh, but this time it really hit the spot.
예, 쉬 워즈 크래킹 업 하드. 잇츠 유절리 낫 이지 투 메익 허 래프, 벗 디스 타임 잇 리얼리 힛 더 스팟

응, 그녀는 아주 심하게 울 정도로 웃었어. 그녀를 웃게 만드는 것이 쉽지 않은데, 이번에 정말 딱 들어맞았어.

Voca crack somebody up ~를 몹시 웃기다 hit the spot 딱 그것이다

관련 표현

■ 그들 둘 다 또다시 웃음을 터트렸다.

They both crack up laughing again.
데이 보쓰 크랙 업 래핑 어겐

■ 내 계획이 효과가 있어서 그들이 동의하게 만들었다.

My plan worked, and I got them to agree.
마이 플랜 웍트, 앤 아이 갓 뎀 투 어그리

▶ crack up은 '박장대소하다'라는 뜻으로 심하게 웃는다는 뜻이다.

무리하지 마, 친구!
Don't be a hero, my friend!
돈 비 어 히어로, 마이 프렌

▶ 굳이 그럴 필요 없는 상황에서 더 일을 한다거나 문제를 해결하려는 사람에게 쓸 수 있는 표현이다.

회화

A **I am coming down with something. This is the third late night this week.**
아이 앰 커밍 다운 윗 썸띵. 디시즈 더 썰드 레잇 나잇 디스 윅
몸이 안 좋네. 이번 주 들어 세 번째 야근이야.

B **You need to take a break. Don't be a hero, my friend!**
유 니투 테이커 브레익. 돈 비 어 히어로, 마이 프렌
쉬어야 해. 무리하지 마, 친구!

Voca come down with ~ (병에) 걸린 것 같다

관련 표현

■ 튀지 마.
Don't be a hero.
돈 비 어 히어로

■ 굳이 끼어들어 하려고 하지 마라, 내 말 알겠니?
Don't be a hero, you got me?
돈 비 어 히어로, 유 갓 미

▶ Don't be a hero.는 상황에 따라 여러 의미로 활용된다. 다양한 의미를 살펴보자.

네 뒤에서 둘 다 네 험담도 했을 거야

They must've been talking behind your back, too.

데이 머슷브 빈 토킹 비하인쥬어 백, 투

▶ must have p.p는 과거에 대한 확신의 표현으로 '~했음에 틀림이 없다'의 의미다.

회화

A My girl friend has been dating my best friend!
마이 걸 프렌드 해즈 빈 데이링 마이 베스트 프렌드
여자 친구가 내 절친과 사귀고 있었어!

B If that's the case, they must've been talking behind your back, too.
이프 댓츠 더 케이스, 데이 머슷브 빈 토킹 비하인쥬어 백, 투
그게 사실이라면, 네 뒤에서 둘 다 네 험담도 했을 거야.

Voca date 데이트하다

관련 표현

■ 그가 내 험담을 했다는 것이 믿기지가 않아.

I can't believe that he talked behind my back.
아이 캔트 빌리브 댓 히 톡트 비하인드 마이 백

■ 당신이 어떻게 내 험담을 할 수가 있어?

How could you talk behind my back?
하우 크쥬 톡 비하인드 마이 백

▶ How could S V ~?는 '도대체 어떻게 ~할 수 있어'라는 뜻을 가진 표현이다.

DAY 303

내가 사과할 일이 있어요

I owe you an apology.

아이 오 유 언 어폴로지

▶ 우리말과 영어표현 사이에 괜한 '괴리감'이 많이 드는 표현이다. 이럴 경우 때로 가장 좋은 방법은 암기하는 것이다.

회화

A Well, I owe you an apology. It was my thought that we should invest in stocks.

웰, 아이 오 유 언 어폴로지. 잇 워즈 마이 쏟 댓 위 슈드 인베스트 인 스탁스

음, 내가 사과할 일이 있어. 우리가 주식에 투자해야 한다는 것이 내 생각이었잖아.

B Forget it. Let bygones be bygones.

포게릿. 렛 바이곤즈 비 바이곤즈

잊어버려. 지나간 일은 덮어두자.

Voca invest 투자하다 stocks 주식 forget 잊다

관련 표현

■ 나는 그에게 천 달러 빚지고 있다.

I owe a thousand dollars to him.

아이 오 어 싸우전드 달러스 투 힘

■ 넌 내게 신세진 게 있어!

You owe me a favor!

유 오 미 어 페이버

▶ owe는 '빚지다'라는 의미이다. owe의 다양한 용례를 알아보자.

그는 응석을 다 받아주는 부모에게 컸거든
He was raised up by his indulgent parents.

히 워즈 레이즈드 업 바이 히즈 인덜전트 페어런츠

▶ indulgent는 '너그러운, (자기)하고 싶은 대로 다 하게 놔두는'이란 뜻이다. 아이가 응석받이로 키워진 경우 He is a spoiled child.라고 말할 수도 있다.

회화

A He has bad manners.

히 해즈 배드 매너즈

걔는 예의가 없어.

B He was raised up by his indulgent parents. The problem is that his parents don't think he is spoiled.

히 워즈 레이즈드 업 바이 히즈 인덜전트 페어런츠. 더 프라블름 이즈 댓 히즈 페어런츠 돈 띵크 히 이즈 스포일드

응석을 다 받아주는 부모에게 컸거든. 문제는 그의 부모님은 그가 버릇이 없다고 생각하지 않는다는 거야.

Voca manners 예절 raise up 기르다, 키우다 indulgent 관대한, 너그러운

관련 표현

■ 그는 응석받이로 자랐다.

He was overindulged by his parents.

히 워즈 오버인덜지드 바이 히즈 페어런츠

■ 그는 응석받이로 자라서 버릇이 없다.

He has no respect for his elders because he was spoiled too much by his parents.

히 해즈 노 리스펙트 포 히즈 엘더즈 비커즈 히 워즈 스포일드 투 머취 바이 히즈 페어런츠

▶ 응석받이로 자랐다는 의미의 다양한 표현을 살펴보자.

이런, 그가 거기 있는지 몰랐어

Oh, I didn't notice that he was there.

오, 아이 디든트 노티스 댓 히 워즈 데어

▶ notice는 '~을 의식하다, ~에 주목하다, 관심을 기울이다'라는 뜻이다.

회화

A **Hey, dude. He's right there. He must have listened to what you just said.**

헤이, 듀드. 히즈 라잇 데어. 히 머슷 해브 리슨드 투 왓 유 저슷 쎗

이 친구야. 그가 저기 바로 있잖아. 네가 방금 한 말 다 들었겠다.

B **Oh, I didn't notice that he was there.**

오, 아이 디든트 노티스 댓 히 워즈 데어

이런, 그가 거기 있는지 몰랐어.

Voca right 바로 must have p.p ~했음에 틀림이 없다

관련 표현

■ 나는 그가 저녁 내내 거기에 있다는 것을 알았다.

I noticed that he was there that entire evening.

아이 노티스드 댓 히 워즈 데어 댓 인타이어 이브닝

■ 레이첼이 얼마나 계속 시계만 쳐다봤는지 알았니?

Did you notice how Rachel kept looking at her watch?

디쥬 노티스 하우 레이첼 켑트 루킹 앳 허 와치

▶ 위의 what you just said에서 what은 관계대명사로 '~한 것'으로 해석한다.

Day 276 제프랑 연락됐어?

Did you get a hold of Jeff?

Day 277 그는 화를 내고 나에게 막말을 해

He just blows up, going at me.

Day 278 탐이 술 담배를 끊었어

Tom has given up drinking and smoking.

Day 279 그녀가 날 못 본 척했어

She looked straight through me.

Day 280 그가 그렇게 나를 송장처럼 못 본 척할 이유가 없는데

I don't see any reason for him to cut me dead like that.

Day 281 오래 기다렸어요?

Have you been waiting long?

Day 282 너도 알다시피 사람을 항상 외모로 판단할 수는 없잖아

You can't always judge by appearances, you know.

Day 283 파리 한 마리도 못 죽일 사람이라니깐

He wouldn't hurt a fly.

Day 284 그 이야기를 처음 꺼낸 건 그야

It was he that brought it up first.

Day 285 거기에 쏟은 그의 모든 노력이 마침내 보상받았어요

All his effort put in it finally paid off.

Day 286 그녀는 정말 무책임하구나

She can't be more irresponsible about it.

Day 287 리사에게서 알아냈지

I got it out of Lisa.

Day 288 그가 모두를 속인 거지

He fooled everybody.

Day 289 정말? 그가 뭘 원하는 거지?

Really? What did he want?

Day 290 그가 오늘 이상하게 나에게 친절하네

He's being unlikely nice to me today.

Part 10

단계 II

Day 291 나만 알고 있을게

I'll keep it under my hat.

Day 292 아들이 아빠 닮았죠, 그렇지 않나요?

Your son takes after his father, doesn't he?

Day 293 내 뒤에서 무슨 이야기를 하고 다니는 거야?

What have you been saying about me behind my back?

Day 294 그의 책상이 정말 지저분하네

His desk is in a mess.

Day 295 우린 이제 동등해

We are even now.

Day 296 그렇게 말하는 이유가 뭐야?

What makes you say that?

Day 297 그녀는 너를 이용해온 거야

She's been using you.

Day 298 그가 내 면전에서 문을 쾅 닫고 나갔어

He slammed out the door shut at my face.

Day 299 몇 번이나 조심하라고 이야기했니?

How many times have I told you to be careful?

Day 300 그 농담 통했어?

Did the joke work?

Day 301 무리하지 마, 친구!

Don't be a hero, my friend!

Day 302 네 뒤에서 둘 다 네 험담도 했을 거야

They must've been talking behind your back, too.

Day 303 내가 사과할 일이 있어요

I owe you an apology.

Day 304 그는 응석을 다 받아주는 부모에게 컸거든

He was raised up by his indulgent parents.

Day 305 이런, 그가 거기 있는지 몰랐어

Oh, I didn't notice that he was there.

Part 11

제안/요청
수락/거절

DAY 306

내 말이 그 말이야!
Tell me about it!

텔 미 어바우릿!

▶ 상대방의 옳은 말에 응하는 표현으로 쉬우면서도 아주 유용하다.

회화

A The boys that just moved in next door are always fighting each other.

더 보이즈 댓 저슷 뭅드 인 넥스트 도어 아 올웨이즈 파이링 이취 아더

옆집에 이사 왔다는 그 애들은 항상 서로 싸워.

B Yeah. Tell me about it. I think we got to do something about it.

예. 텔 미 어바우릿. 아이 띵크 위 갓 투 두 썸띵 어바우릿

응. 내 말이! 무슨 조치를 취해야 할 것 같아.

Voca move in 이사를 들어오다

관련 표현

■ 네가 생각하는 것이 내가 생각하는 것이다. (서로 같은 생각을 한다)

What you're thinking is what I am thinking.

왓 유어 띵킹 이즈 왓 아이 앰 띵킹

■ 언제 이사 올 거예요?

When are you moving in?

와라유 무빙 인

▶ 위의 표현 중 They are always fighting each other.에서 진행형과 always를 함께 쓰고 있다. 상대에 대해 부정적인 의미를 담고 있을 때 진행형인 be v-ing를 쓴다. "그는 항상 불평해"는 He is always complaining.이다.

나라면 이렇게 하겠어
Tell you what I do.
텔 유 왓 아이 두

▶ 상대방의 행동보다 더 좋은 생각이 있을 때 할 수 있는 표현이다. 당연히 상황에 따라 조심스럽게 말해야 한다.

회화

A I'm having such a difficult time filling out my taxes. They are being too picky.

아임 해빙 써처 디피컬트 타임 필링 아웃 마이 택시스. 데이 아 빙 투 피키

세금 신청하는 거 정말 지긋지긋하다. 너무 까다롭게 굴어.

B Tell you what I do. I give the same attitude right back to them.

텔 유 왓 아이 두. 아이 기브 더 쎄임 애티튜드 라잇 백 투 뎀

나라면, 나한테 하는 것처럼 대할 거야.

Voca fill out (빈칸을) 채우다, 작성하다 be picky 까다롭다 right 바로, 당장

관련 표현

■ 내 입장이라면 어떻게 하겠어요?

What would you do if you were in my shoes?

왓 우쥬 두 이프 유 워 인 마이 슈즈

■ 만약 결코 안 죽으면 어떻게 할 거야?

What if I never died?

와리프 아이 네버 다이드

▶ be in one's shoes는 '~의 입장에 처하다'라는 의미이다. put oneself in one's shoes로 사용하기도 한다.

도움이 필요한가요?

Do you need a hand?

두 유 니 더 핸드

▶ hand는 "일손"이란 뜻을 가진다.

회화

A Do you need a hand?

두 유 니 더 핸드

도움이 필요한가요?

B Yes, thanks for asking. I think my computer is acting up again.

예스, 땡스 포 애스킹. 아이 띵크 마이 컴퓨러 이즈 액팅 업 어겐

네, 물어봐줘서 고마워요. 컴퓨터가 또 말썽을 부리는 것 같아요.

Voca act up 말썽을 부리다

관련 표현

■ 제공되는 것 그냥 받아야 해요.

They just have to accept what's offered.

데이 저슷 햅투 억셉 왓츠 오퍼드

■ 제가 이것저것 따질 상황은 아니죠.

Beggars can't be choosers.

베거스 캔트 비 츄저스

▶ Beggars can't be choosers.는 직역하면, "거지는 선택할 수 있는 사람이 아니죠."라는 뜻이지만, 선택권 없어 주어지는 대로 만족해야 할 처지라는 뜻이다. "찬 밥 더운 밥 가릴 때가 아니죠."라는 뜻으로 이해할 수 있다.

이것 좀 도와주실 수 있어요?

Do you think you can help me with this?

두 유 띵크 유 캔 헬프 미 윗 디스

▶ Can you help me with this?보다는 Do you think ~를 붙여 좀 더 공손한 방법으로 상대방의 입장에서 도와줄 수 있는지 물을 수 있다.

회화

A Do you think you can help me with this?
두 유 띵크 유 캔 헬프 미 윗 디스
이것 좀 도와주실 수 있어요?

B Sure, you're more than welcome. So, what do you want me to do?
슈어, 유어 모어 댄 웰컴. 쏘 왓 두 유 원트 미 투 두
물론이죠. 뭘 해드릴까요?

Voca help 돕다

관련 표현

■ 이것 좀 도와주시겠어요?
Can you please help me with this?
캔 유 플리즈 헬프 미 윗디스

■ 제게 시간 좀 내주실 수 있겠어요?
Could you spare me some time?
쿠쥬 스페어 미 썸 타임

▶ Can you / Could you / Would you 등의 표현을 앞에 붙이면 좀 더 공손한 느낌의 부탁이 된다.

언제 전화를 드릴까요?
What time shall I call you?
왓 타임 쉘 아이 콜 유

▶ 상대방의 편의를 봐주는 상황에서 물어보는 표현으로 What time is convenient for you?라고 말할 수도 있다.

회화

A What time shall I call you?
왓 타임 쉘 아이 콜 유
언제 전화를 드릴까요?

B How about around 8 o'clock? I want to sleep in a little bit.
하우 어바웃 어라운드 에잇 어클락? 아이 원투 슬립 인 어 리를 빗
약 8시 어떨까요? 좀 더 자고 싶어서요.

Voca	what time 언제

관련 표현

■ 언제 전화를 줄까요?

When do you want me to call you?
웬 두 유 원트 미 투 콜 유

■ 자동차를 파는 것이 어떨까?

What do you say we sell the car?
왓 두 유 쎄이 위 쎌 더 카

▶ What do you say ~는 '~은 어때요?'라는 상대방의 생각을 묻는 표현이다. What about ~ 또는 How about ~이라고 말할 수 있다.

동감이에요
That makes two of us.
댓 메익스 투 오버스

▶ 비격식체의 표현이지만, 일상생활에서 자주 활용되는 관용표현이다.

회화

A I had a great time today.
아이 해더 그레잇 타임 투데이
오늘 정말 즐거웠어요.

B That makes two of us.
댓 메익스 투 오버스
저도 그랬어요.

Voca have a great time 좋은 시간을 보내다

관련 표현

■ 당신의 견해에 동의합니다.

I agree with your opinion.
아이 어그리 윗 유어 오피니언

■ 나도 같은 입장이에요.

I am in the same situation.
아이 앰 인 더 쎄임 씨츄에이션

▶ 위의 표현 중 I had a great time.이란 표현은 I had a ball. 또는 I had a blast.라
고 말할 수 있으며, 모두 I had fun.이란 뜻이다.

넌 내가 하려는 말을 먼저 말했구나

You just took the words out of my mouth.

유 저슷 툭 더 워즈 아우러브 마이 마우쓰

▶ 내가 하려는 말을 우연찮게 먼저 꺼낼 때 쓰는 표현이다.

회화

A Why don't we take a cab?

와이 돈 위 테이커 캡

우리 택시 타고 가지 않을래?

B Gee, you just took the words out of my mouth. I was going to suggest the same thing.

지, 유 저슷 툭 더 워즈 아우러브 마이 마우쓰. 아이 워즈 고잉 투 써제스트 더 쎄임 띵

와, 넌 내가 하려는 말을 먼저 말했구나. 나도 그걸 제안하려 했거든.

Voca cab 택시 take A out of B B로부터 A를 꺼내다(말하다) suggest 제안하다

관련 표현

■ 고객의 기분을 전환시키세요.

Take customers out of him or herself.

테이크 커스터머스 아우러브 힘 올 허쎌프

■ 그를 데리고 오지 그래?

Why don't you fetch him over?

와이 돈츄 펫취 힘 오버

▶ Why don't you ~?는 '~하는 게 어때?'의 뜻으로 상대방에게 제안하는 표현으로, How about ~? 또는 What about ~?이라고 말하기도 한다.

차 좀 같이 탈 수 있을까 해서요
I was hoping to get a ride with you.
아이 워즈 호핑 투 게러 라이드 위듀

▶ 집에 가는 길이 같은 친구에게 건넬 수 있는 유용한 표현이다.

회화

A Are you headed uptown? I was hoping to get a ride
with you.
아 유 헤디드 업타운? 아이 워즈 호핑 투 게러 라이드 위듀
주택가 쪽으로 가나요? 차 좀 같이 탈 수 있을까 해서요.

B Then hop in.
덴 하핀
그럼 타세요.

Voca get a ride(차량을) 얻어타다 hop in (차량)에 뛰어 올라타다

관련 표현

■ 나 너랑 잠깐만 얘기 좀 했으면 좋겠는데.

I was hoping I could talk to you for a minute.
아이 워즈 호핑 아이 쿠드 톡 투 유 포 어 미닛

■ 저에게 약간의 팁을 좀 알려주셨으면 좋겠는데요.

I was hoping you could give me some pointers.
아이 워즈 호핑 유 쿠드 김미 썸 포인터스

▶ I was hoping to는 '~할 수 있을까 해서요'라는 상대의 의중을 묻는 고급스러운 표현이
다.

규정을 약간 조율해줄 수 없나요?

Can you please bend the rules a little bit?

캔 유 플리즈 벤드 더 룰스 어 리를 빗

▶ 융통성이 필요하다고 느껴지는 상황에서 쓸 수 있는 표현이다.

회화

A Can you please bend the rules a little bit?

캔 유 플리즈 벤드 더 룰스 어 리를 빗

약간 규칙을 조정할 수 없을까요?

B If that's the case, I will let you in, but only this time.

이프 댓츠 더 케이스, 아이 윌 레츄 인, 벗 온리 디스 타임

사정이 그러시다면, 들어가게 해드리는데 이번만입니다.

Voca bend 구부리다 a little bit 조금

관련 표현

■ 이번에 못 빠져 나갈 거예요.

You can't get away with it this time.

유 캔트 게러웨이 위딧 디스 타임

■ 그녀는 그녀에게 유리하게 규칙을 바꾸고 싶어 해요.

She wants to bend the rules to her favor.

쉬 원츠 투 벤드 더 룰스 투 허 페이버

▶ bend the rules는 '의견을 조율하다'의 의미를 갖는다. bend대신 stretch를 사용할 수도 있다.

뭘 했으면 좋겠어?

What do you want me to do?

왓 두 유 원트 미 투 두

▶ 상대방에게 내가 무엇을 했으면 좋을지 묻는 표현이다.

회화

A What do you want me to do?
왓 두 유 원트 미 투 두
뭘 했으면 좋겠어?

B I want you to clean the bathroom.
아이 원츄 투 클린 더 배쓰룸
화장실을 청소했으면 좋겠어.

Voca clean 청소하다

관련 표현

■ 제가 어떻게 진행하는 것이 좋을까요?
How would you like me to proceed?
하우 우쥬 라익 미 투 프로씨드

■ 그런 경우에는 어떻게 하면 좋을까?
What can a man do under such circumstances?
왓 캔 어 맨 두 언더 써치 써컴스턴시스

▶ What do you want me to do?는 What do you suggest I do? 또는 What can I do (for you)?로 바꿔 표현할 수 있다.

Part 11

제안/요청/수락/거절

그렇게는 안 할래
I don't think so.
아이 돈 띵크 쏘

▶ 직역하면 "나는 그렇게 생각하지 않아."로, 상대의 의견이나 제안에 반대하는 의도로 표현할 수 있다.

회화

A Can you clean the sink, the tub, the counter, and the toilet? Tell me when you finish.

캔 유 클린 더 씽크, 더 텁, 더 카운터, 앤 더 토일럿? 텔 미 웬 유 피니쉬

싱크대, 욕조, 주방조리대, 그리고 변기 좀 청소해주겠니? 끝나면 말해.

B I don't think so. You'll just give me more work.

아이 돈 띵크 쏘. 유일 저슷 김미 모어 웍

안 그럴래. 그냥 일 더 줄 거잖아.

Voca tub 욕조

관련 표현

■ 내가 생각한 게 아니야.

That's not what I think.

댓츠 낫 왓 아이 띵크

■ 난 동의하지 않아.

I can't say I agree.

아이 캔트 쎄이 아이 어그리

▶ 동의하지 않는다는 다른 표현을 익혀보자.

감자칩은 어때?
How about some potato chips?

하우 어바웃 썸 포테이로 칩스

▶ How about ~?은 '~는 어때?'의 의미로 상대방에게 제안이나 권유를 하는 표현이다.

회화

A How about some potato chips?

하우 어바웃 썸 포테이로 칩스

감자칩은 어때?

B Yes. And a pickle, if we have any.

예스. 앤 어 피클, 이프 위 해브 애니

좋아. 그리고 있으면 피클도.

Voca potato chips 감자칩

관련 표현

■ 함께 골프 치러 가는 것은 어때?

Why don't we go playing golf together?

와이 돈 위 고 플레잉 골프 투게더

■ 맛있는 커피 한잔할래요?

Do you want to drink a nice cup of coffee?

두 유 원투 드링커 나이스 컵 오브 커피

▶ go v-ing의 패턴을 통해서 다양한 활동에 대한 표현이 가능하다. go playing golf(골프 치러 가다), go skiing(스키를 타러 가다), go clubbing(클럽에 놀러 가다), go fishing(낚시하러 가다)등이 있다.

우산 챙기는 것이 좋겠어
You'd better take an umbrella.
유드 베러 테이컨 엄브렐라

▶ 우천 시 필수품을 챙겨야 하니 필수 암기표현이다.

회화

A Is it raining right now?
이짓 레이닝 라잇 나우
지금 밖에 비가 와요?

B No. The street isn't wet, but it looks like it will. You'd better take an umbrella.
노. 더 스트릿 이즌트 웻, 벗 잇 룩스 라익 잇 윌. 유드 베러 테이컨 엄브렐라
아니요. 거리가 젖지 않았는데, 그럴 것 같아. 우산 챙기는 것이 좋겠어.

Voca wet 젖은 take 가져가다

관련 표현

■ 너 그 기침 때문에 병원에 가보는 게 좋을 거야
You'd better go to the doctor about your cough.
유드 베러 고 투 더 닥터 어바웃 유어 코프

■ 그런 일은 허용되어서는 안 된다.
Such things should not be allowed.
써치 띵즈 슈드 낫 비 얼라우드

▶ had better는 상대방에게 조언이나 충고할 때 쓰는 표현이다. 유사표현으로 ought to 와 should가 있지만, had better가 어감상 더 부드럽다.

돈을 좀 뽑아야 해
I need to withdraw some money.
아이 니투 윗드로 썸 머니

▶ withdraw는 '돈을 뽑다, 인출하다'의 의미로 은행에서 일어나는 상황에 쓰인다.

회화

A I'm going to the bank. I need to withdraw some money.
아임 고잉 투 더 뱅크. 아이 니투 윗드로 썸 머니
은행에 갈 거야. 돈을 좀 뽑아야 해.

B Just use the ATM at the corner on the Liberty street.
저슷 유즈 디 에이티엠 앳 더 코너 온 더 리버티 스트릿
리버티가의 코너에 있는 현금지급기를 사용해.

Voca withdraw 돈을 인출하다

관련 표현

■ 여기서 가장 가까운 ATM이 어디 있나요?
Where is the nearest ATM here?
웨어 이즈 더 니어리스트 에이티엠 히어

■ 우체국과 중학교 사이에 하나 있어요.
There is one between post office and junior high school.
데어리즈 원 비튄 포스트 오피스 앤 주니어 하이 스쿨

▶ 은행 업무에 대한 다른 표현을 보면 open[close] an account는 '계좌를 개설하다[없 애다]'의 표현이며, put away(= make a deposit)는 '돈을 모으다, 저축하다'라는 뜻이다.

Part 11

제안/요청/수락/거절

너는 주머니에 펜을 가지고 다녀서는 안 돼

You shouldn't carry pens in your pocket.

유 슈든트 캐리 펜즈 인 유어 포킷

▶ shouldn't는 '~해서는 안 된다'의 금지의 의미로, 충고, 조언의 표현이다.

회화

A My pants have a hole in the front pocket. I have to fix the hole.

마이 팬츠 해버 홀 인 더 프런트 포킷. 아이 햅투 픽스 더 홀

바지 앞 주머니에 구멍이 났어. 수선을 해서 구멍을 메워야겠어.

B You shouldn't carry pens in your pocket.

유 슈든트 캐리 펜즈 인 유어 포킷

주머니에 펜을 넣고 다니면 안 돼.

Voca fix the hole 구멍을 메우다

관련 표현

■ 더 이상 여기에 머물지 않는 게 좋겠다.

You had better not remain here any longer.

유 해드 베러 낫 리메인 히어 애니 롱거

■ 우리는 폭설 때문에 아마도 이틀 정도 일찍 떠나서는 안 돼요.

We shouldn't probably leave a couple of days early because of heavy snow.

위 슈든트 프라버블리 리버 커플 오브 데이즈 얼리 비커저브 헤비 스노우

▶ fix는 '고정하다, 고치다'라는 뜻도 있지만, 대화문에서와 같이 '(구멍 따위를) 메우다'의 뜻으로 쓰이기도 한다.

나도 그래
Neither can I.
니더 캔 아이

▶ Neither can I.는 상대방 말에 부정하는 표현으로, '나도 ~ 아니야, 나도 ~할 수 없어'
의 부정적인 동의의 의미를 뜻한다.

회화

A I can't remember jokes.
아이 캔트 리멤버 족스
조크 기억을 못 해.

B Neither can I. They go in one ear and out the other.
니더 캔 아이. 데이 고 인 원 이어 앤 아웃 디 아더
나도 그래. 한쪽 귀로 들어왔다 다른 귀로 나가.

| **Voca** | one, the other 하나는, 나머지 하나는 |

관련 표현

■ 나도 그래.(긍정문)

So do I.
쏘 두 아이

■ 존도 못 가고 나도 못 가.

John can't go and I can't either.
존 캔트 고 앤 아이 캔트 이더

▶ 위의 표현 중 They go in one ear and out the other.는 '한 귀로 듣고, 다른 한 귀
로 흘러버린다'는 우리말과 같은 뜻이다. 문화가 다르고 언어가 다르지만, 역시 사람 사는
곳에서 발생하는 일은 유사한 것들이 많다.

Part 11

제안/요청/수락/거절

졸업하고 뭐 할 예정이야?

What are you going to do after you graduate?

와라유 고잉 투 두 애프터 유 그래듀에잇

▶ What are you going to do ~?는 '~할 예정이니'의 의미로, 상대방의 계획을 묻는 표현이다.

회화

A What are you going to do after you graduate?

와라유 고잉 투 두 애프터 유 그래듀에잇

졸업하고 뭐 할 예정이야?

B I am joining the army. I just want to get it over with, and move on with my life.

아이 앰 조이닝 디 아미. 아이 저슷 원투 게릿 오버 윗, 앤 무브 온 위드 마이 라잎

나는 군대에 가. 그거 먼저 끝내고, 내 삶을 살아가려고.

Voca graduate 졸업하다 join the army 군입대하다 get it over with 끝내버리다

관련 표현

■ 우리 클럽에 가입하는 것이 어때?

Why don't you join our club?

와이 돈츄 조인 아워 클럽

■ 나 다음 주에 공부하러 L.A.에 가.

I'm leaving for L.A. next week for a study.

아임 리빙 포 엘에이 넥스트 윅 포 어 스터디

▶ join은 '~에 가입하다, 입대하다'라는 뜻으로도 쓰인다.

내일 이 시간에 잡아주시겠어요?

Could you put me down for this time tomorrow?

쿠쥬 풋 미 다운 포 디스 타임 투마로우

▶ 기본동사 put을 사용하여 멋진 표현이 만들어졌다. 진료와 같은 약속 시간을 잡을 때 쓸 수 있는 표현이다.

회화

A When would you like your next appointment?
웬 우쥬 라익 유어 넥스트 어포인먼트
다음 (진료)약속 언제가 좋으신가요?

B Let me think. Could you put me down for this time tomorrow?
렛 미 띵크. 쿠쥬 풋 미 다운 포 디스 타임 투마로우
잠시만요, 내일 이 시간에 잡아주시겠어요?

Voca would like 원하다

관련 표현

■ 제가 언제 시간을 잡아줄지 살펴볼게요.

Let me see when I can put you down.
렛 미 씨 웬 아이 캔 풋 유 다운

■ 그 시간대는 이미 차 있어요.

That time slot is already taken.
댓 타임 슬롯 이즈 얼레디 테이큰

▶ put은 '놓다' 외에 '표현하다, 처하게 하다, 글씨를 쓰다, 붙이다' 등의 다양한 의미를 가지고 있는 기본적인 동사이다.

제가 무엇을 해드릴 수 있을지 알아볼게요

Let me see what I can do for you.

렛 미 씨 왓 아이 캔 두 포 유

▶ 곤란한 상황에 처한 상대에게 도움을 주려고 할 때 쓰는 표현이다. 때로, 예의상 말하는 경향도 있으니 상황에 따라 판단해야 한다.

회화

A I lost my way. What should I do?

아이 로스트 마이 웨이. 왓 슈다이 두

길을 잃었어요. 어떻게 해야 하죠?

B Let me see what I can do for you.

렛 미 씨 왓 아이 캔 두 포 유

제가 무엇을 해드릴 수 있을지 알아볼게요.

Voca lose 잃다

관련 표현

■ 내가 오늘 너희들을 위해서 할 수 있는 게 뭐가 있을지 볼게.

Let me see what I can do for you guys today.

렛 미 씨 왓 아이 캔 두 포 유 가이즈 투데이

■ 그녀의 생일 파티에 대해 내가 할 수 있는 게 뭐가 있는지 볼게.

Let me see what I can do about her birthday party.

렛 미 씨 왓 아이 캔 두 어바웃 허 벌쓰데이 파리

▶ let은 '~하는 것을 허락하다, 허용하다'라는 의미의 사역 동사이다.

1시간 후에 거기로 갈게
I will be right there in an hour.
아이 윌 비 라잇 데어 인 언 아워

▶ right은 '바로'라는 의미다. I will be right there in an hour.라고 해도 상관 없지만 의미를 강조하기 위해 right을 붙여준 경우다.

회화

A It's Friday. Let's go for a drink. Meet me in the bar down the street.
잇츠 프라이데이. 렛츠 고 포 어 드링크. 밋 미 인 더 바 다운 더 스트릿
금요일이다. 술 한 잔 마시자. 저 아래 술집에서 만나.

B I will be right there in an hour.
아이 윌 비 라잇 데어 인 언 아워
1시간 후에 거기로 갈게.

Voca   go for a drink 술을 마시다

관련 표현

■ 제가 금방 차를 가져올게요.
I'll be right there with your tea.
아일 비 라잇 데어 윗 유어 티

■ 1분 후에 시청 앞에 도착합니다.
I'll be right there in a minute in front of City Hall.
아일 비 라잇 데어 인 어 미닛 인 프러너브 씨리 홀

▶ 가까운 시간을 나타낼 때 일반적으로 in을 사용하며 in an hour는 '한 시간 후'라는 뜻이다. '~ 이내에'는 within이며 '1시간 안에'는 within an hour이다.

대충 하고 싶지 않아요
I don't want to wing this.
아이 돈 원투 윙 디스

▶ wing은 '날개'라는 뜻이지만, 동사로 쓰여 wing it이라고 하면 '즉흥적으로 하다'의 뜻으로 쓰인다.

회화

A Today was the deadline for your proposal, wasn't it?
투데이 워즈 더 데드라인 포 유어 프로포절, 워즈닛
오늘이 기획안 마감일 아닌가요?

B Yes, it was. But I'm still working on it. I don't want to wing this.
예스, 잇 워즈. 벗 아임 스틸 워킹 온 잇. 아이 돈 원투 윙 디스.
맞아요. 근데 아직 하고 있어요. 대충 하고 싶지 않아요.

Voca	work on 작업하다

관련 표현

■ 우리 그냥 즉흥적으로 때우자.
I say we just wing it.
아이 쎄이 위 저슷 윙 잇

■ 금요일에 전달해도 될까요?
Can I get it to you on Friday?
캐나이 게릿 투 유 온 프라이데이

▶ wing은 그 외에도 '계파, (경기장이나 무대 양쪽) 끝, 신속히 보내지다' 등의 뜻이 있다.

실례지만, 그 콘센트 하나 쓸 수 있을까요?
Excuse me, can I use one of those outlets?
익스큐즈 미, 캐나이 유즈 워너브 도우즈 아웃렛츠

▶ 요즘같이 hand-held device(가지고 다니는 장치)가 발달된 시대에 유용한 표현이다.

회화

A Excuse me, can I use one of those outlets?
익스큐즈 미, 캐나이 유즈 워너브 도우즈 아웃렛츠
실례지만, 그 콘센트 하나 써도 될까요?

B Sure, go ahead. I am done with charging my phone.
슈어, 고 어헤드. 아이 앰 던 윗 차징 마이 폰
물론이죠. 사용하세요. 제 핸드폰 충전 다 했어요.

Voca be done with ~이 끝나다

관련 표현

■ 콘센트에 문제가 생겼어요.

I've got a problem with outlet.
아이브 가러 프라블름 윗 아웃렛

■ 제 핸드폰은 충전하면 금방 다 달아요.

My phone goes dead as soon as I charge it.
마이 폰 고즈 데드 애즈 순 애즈 아이 차지 잇

▶ outlet은 충전할 수 있는 콘센트이다. outlet adaptor의 준말이고, 꽂는 개수에 따라 double outlet 또는 multi outlet과 같은 다양한 종류가 있다.

Part 11

제안/요청/수락/거절

그러고 싶은데, 가족모임이 있어
I'd love to, but I have a family meeting.

아이드 럽투, 벗 아이 해버 패밀리 미링

▶ 상대방의 제안을 거절할 때 공손한 답변으로 I'd love to, but ~을 사용하면 된다.

회화

A My office is having a barbecue party at Lakeside Park. Would you like to go with me?

마이 오피스 이즈 해빙 어 바비큐 파리 앳 레이크사이드 파크. 우쥬 라익 투 고 윗 미

우리 사무실에서 레이크사이드 공원에서 바비큐파티를 해. 나랑 같이 갈래?

B I'd love to, but I have a family meeting.

아이드 럽투, 벗 아이 해버 패밀리 미링

그러고 싶은데, 가족모임이 있어.

Voca have a party 파티를 열다

관련 표현

■ 하고는 싶지만, 너무 졸려.

I'd love to, but I feel too sleepy.

아이드 럽투, 벗 아이 필 투 슬리피

■ 그러고 싶지만 지금 그럴 여유가 없네요.

I'd love to, but I have my hands full at the moment.

아이드 럽투, 벗 아이 해브 마이 핸즈 풀 앳 더 모먼트

▶ I'd love to, but~ 형태를 활용한 문장들을 익혀보자.

제발 꿈 좀 깨
You are building castles in the air.
유 아 빌딩 캐슬즈 인 디 에어

▶ build castles in the air는 '모래 위에 집을 짓다'와 같은 맥락에서 '뜬구름 잡다'라는
의미이다.

A I am thinking of buying a clothes shop and turning it
into a cafe.
아이 앰 띵킹 오브 바잉 어 클로우쓰 샵 앤 터닝 잇 인투 어 카페
옷가게 사서 카페로 바꿀까 생각 중이야.

B It's just not practical. You can't even cook! You are
building castles in the air.
잇츠 저슷 낫 프랙티컬. 유 캔트 이븐 쿡! 유 아 빌딩 캐슬즈 인 디 에어
말도 안 돼. 심지어 요리도 못하잖아. 제발 꿈 좀 깨.

Voca practical 현실적인

■ 그의 아이디어들은 완전히 터무니없어.

  His ideas are totally impractical.
  히즈 아이디어즈 아 토를리 임프랙티컬

■ 나는 회사를 관둘 생각이다.

  I am thinking of leaving the company.
  아이 앰 띵킹 오브 리빙 더 컴퍼니

▶ I am thinking of는 '~할 생각이다'라는 뜻으로 유용한 구문이다.

▶ 약속을 정할 때 쓸 수 있는 표현이다.

회화

A When do you think we can meet up?
웬 두 유 띵크 위 캔 미럽
언제 우리가 만날 수 있을까?

B What about this coming Saturday?
와러바웃 디스 커밍 쌔러데이
이번 주 토요일 어때?

Voca what about ~하는 게 어때?

관련 표현

■ 그들은 나중에 술을 한잔하러 다시 만났다.

They met up again later for a drink.
데이 메럽 어겐 레이러 포 어 드링크

■ 우리는 일주일에 한 번씩 만나서 점심을 먹곤 한다.

We tend to meet up for lunch once a week.
위 텐드 투 미럽 포 런치 원스 어 윅

▶ meet up은 '만나다'라는 의미인데, 우연히 만난 것보다는 약속을 하고 만난다는 의미가
강하다.

오늘 저녁 먹으러 못 가요
I can't make it to the dinner tonight.

아이 캔트 메이킷 투 더 디너 투나잇

▶ make it은 '성공하다'라는 뜻이다. 여기서 사용된 it은 상황을 나타내는 표현으로 다양한 상황에서 적용되기에 문맥에 맞게 해석해야 한다.

회화

A I am so sorry to say this, but I can't make it to the dinner tonight.

아이 앰 쏘 쏘리 투 쎄이 디스, 벗 아이 캔트 메이킷 투 더 디너 투나잇

이 말 해서 정말 미안한데, 오늘 저녁 먹으러 못 가요.

B What? You should've told me when I made the reservations.

왓? 유 슈드브 톨드 미 웬 아이 메이드 더 레저베이션

뭐라고요? 예약할 때 말했어야죠.

Voca should have p.p ~했어야 했는데 make the reservation 예약하다

관련 표현

■ 나는 드디어 성공했다.

I finally made it.

아이 파이널리 메이딧

■ 불행히도, 나는 너의 생일파티에 가지 못해.

Unfortunately, I won't be able to make it to your birthday party.

언포츄너틀리, 아이 오운트 비 에이블 투 메이킷 투 유어 벌쓰데이 파리

▶ make it은 상황에 따라 다르게 해석될 수 있다. 수험생이 I made it.이라고 하면 합격했다는 의미이고, 약속을 앞둔 사람이 I can't make it.이라고 하면 약속을 지키지 못한다는 의미이다.

그렇게 확신이 없어 보이는데요
You don't sound so sure of yourself.
유 돈 싸운드 쏘 슈어 오브 유어쎌프

▶ 상대방의 확신을 재차 확인하는 의도로 사용할 수 있다.

회화

A I think I can get the contract signed by this weekend.
아이 띵크 아이 켄 겟 더 컨트랙트 싸인드 바이 디스 위켄드
이번 주말까지는 계약을 할 수 있을 것 같습니다.

B You don't sound so sure of yourself.
유 돈 싸운드 쏘 슈어 오브 유어쎌프
그렇게 확신이 없어 보이는데요.

Voca get ~ signed ~을 계약하다, 체결하다 contract 계약 by ~까지

관련 표현

■ 계약은 늦어도 이번 주까지는 체결됩니다.

The contract will be get signed no later than this weekend.
더 컨트랙트 윌 비 겟 싸인드 노 레이러 댄 디스 위켄드

■ 이 일의 성공을 100% 확신할 수는 없다.

I cannot one hundred percent guarantee the success of the project.
아이 캔낫 원 헌드레드 퍼센트 개런티 더 썩세스 오브 더 프로젝트

▶ 확신에 관련된 표현들을 살펴보자.

아직 결정을 못 했어
I am still on the fence.
아이 앰 스틸 온 더 펜스

▶ 두 집 사이의 담장에 앉아 있는 상황을 생각하면 쉽게 이해가 된다. 이 집도 아니고 저 집도 아닌 상황을 나타내는 표현이다.

회화

A Have you decided which movie you want to watch?
해뷰 디싸이디드 위치 무비 유 원투 와치
어느 영화 볼지 결정했어?

B I am still on the fence.
아이 앰 스틸 온 더 펜스
아직 결정을 못 했어.

Voca decide 결정하다 which movie 어느 영화를 still 여전히

관련 표현

■ 어서, 늑장 부릴 시간이 없어.

Come on, we haven't got all day.
커몬, 위 해븐트 가롤 데이

■ 나는 그를 보러 갈 것인지 아직 결정하지 못했다.

I haven't decided yet whether to go see him or not.
아이 해븐트 디싸이디드 옛 웨더 투 고 씨 힘 올 낫

▶ We haven't got all day.를 직역하면, '우리가 하루 종일 가지고 있는 것이 아니다'로 시간이 그렇게 넉넉하지 않을 때 사용하는 표현이다. '늑장 부릴 시간이 없어' 정도로 이해할 수 있다.

말이 되는 소리를 해
Tell me another!
텔 미 어나더

▶ 상대방이 방금 한 말을 안 믿는다는 뜻으로 사용되는 표현이다.

회화

A Nicotine plays some role in improving awareness. I heard it on the radio.
니코틴 플레이즈 썸 롤 인 임프루빙 어웨어니스. 아이 헐덧 온 더 래디오
니코틴이 인식 향상에 한 몫을 한대. 라디오에서 들었어.

B Tell me another!
텔 미 어나더
말이 되는 소리를 해.

Voca play a role in ~에 역할을 하다 improve 향상시키다 awareness 인식

관련 표현

■ 그것은 전혀 말이 안 돼.
   That makes no sense.
   댓 메익스 노 센스

■ 그것은 말이 안 돼.
   That doesn't make sense.
   댓 더즌트 메익 센스

▶ 위의 play a role in v-ing은 '~하는 데 역할을 하다'라는 숙어 표현이다. role 앞에 important나 key를 사용하면 '~에 중요한 역할을 하다'라는 의미가 된다.

제가 계산할게요
I will pick up the tab.
아이 윌 피컵 더 탭

▶ tab은 '계산서'로, bill로 대체해 I will pick up the bill.이라고 말할 수 있다.

회화

A I will pick up the tab.
아이 윌 피컵 더 탭
제가 계산할게요.

B You did last time, so this one is on me.
유 디드 라스트 타임, 쏘 디스 원 이즈 온 미
지난번에 하셨으니, 이번에는 제가 낼게요.

Voca last time 지난번

관련 표현

■ 여보세요, 계산서 좀 갖다줄래요?

Waitress, can we have the check, please?
웨이트리스, 캔 위 해브 더 첵, 플리즈

■ 다음에 크게 한번 내십시오.

OK. I will let you be a big spender next time.
오케이. 아이 윌 레츄 비 어 빅 스펜더 넥스트 타임

▶ "내가 낼게"라는 표현은 It's my treat.이라고도 한다. "내가 대접할게" 정도의 표현이다.
만약 가게에서 "이거 서비스예요."라고 하고 싶으면 가게(the house)에서 내는 것이니 It
is on the house.라고 한다.

Day 306 내 말이 그 말이야!

Tell me about it!

Day 307 나라면 이렇게 하겠어

Tell you what I do.

Day 308 도움이 필요한가요?

Do you need a hand?

Day 309 이것 좀 도와주실 수 있어요?

Do you think you can help me with this?

Day 310 언제 전화를 드릴까요?

What time shall I call you?

Day 311 동감이에요

That makes two of us.

Day 312 넌 내가 하려는 말을 먼저 말했구나

You just took the words out of my mouth.

Day 313 차 좀 같이 탈 수 있을까 해서요

I was hoping to get a ride with you.

Day 314 규정을 약간 조율해줄 수 없나요?

Can you please bend the rules a little bit?

Day 315 뭘 했으면 좋겠어?

What do you want me to do?

Day 316 그렇게는 안 할래

I don't think so.

Day 317 감자칩은 어때?

How about some potato chips?

Day 318 우산 챙기는 것이 좋겠어

You'd better take an umbrella.

Day 319 돈을 좀 뽑아야 해

I need to withdraw some money.

Day 320 너는 주머니에 펜을 가지고 다녀서는 안 돼

You shouldn't carry pens in your pocket.

Day 321 나도 그래

Neither can I.

Day 322 졸업하고 뭐 할 예정이야?

What are you going to do after you graduate?

Day 323 내일 이 시간에 잡아주시겠어요?

Could you put me down for this time tomorrow?

Day 324 제가 무엇을 해드릴 수 있을지 알아볼게요

Let me see what I can do for you.

Day 325 1시간 후에 거기로 갈게

I will be right there in an hour.

Day 326 대충 하고 싶지 않아요

I don't want to wing this.

Day 327 실례지만, 그 콘센트 하나 쓸 수 있을까요?

Excuse me, can I use one of those outlets?

Day 328 그러고 싶은데, 가족모임이 있어

I'd love to, but I have a family meeting.

Day 329 제발 꿈 좀 깨

You are building castles in the air.

Day 330 언제 우리가 만날 수 있을까?

When do you think we can meet up?

Day 331 오늘 저녁 먹으러 못 가요

I can't make it to the dinner tonight.

Day 332 그렇게 확신이 없어 보이는데요

You don't sound so sure of yourself.

Day 333 아직 결정을 못 했어

I am still on the fence.

Day 334 말이 되는 소리를 해

Tell me another!

Day 335 제가 계산할게요

I will pick up the tab.

Part 12

비즈니스

일손이 모자라요
We are shorthanded.

위 아 숏핸디드

▶ 필요한 만큼의 인력이 제공되지 않을 때, We are shorthanded.라고 한다. 이 경우, hand는 '일손'을 의미한다.

회화

A I've been waiting for almost an hour.

아이브 빈 웨이링 포 얼모숫 언 아워

거의 한 시간을 기다렸어요.

B We are sorry, but we are shorthanded.

위 아 쏘리, 벗 위 아 숏핸디드

미안합니다만 일손이 모자라서요.

Voca shorthanded 손이 모자라다

관련 표현

■ 우리는 사람이 부족해.

We are short of people.

위 아 쇼로브 피플

■ 우리는 직원이 더 필요해요.

We need more workers.

위 니드 모어 워커스

▶ be short of는 '~이 모자라다, 부족하다'라는 의미로 be out of, run out of 등과 비슷한 의미로 사용된다.

스미스가 과장 자리를 거절했어
Smith turned down the manager's job.
스미스 턴드 다운 더 매니저스 잡

▶ reject와 함께 turn down을 사용하여 상대방의 제의에 거절할 수 있다.

회화

A Smith turned down the manager's job.
스미스 턴드 다운 더 매니저스 잡
스미스가 과장 자리를 거절했어.

B I can't believe he'd pass up the salary increase. I can't understand his way of thinking.
아이 캔트 빌리브 히드 패스 업 더 샐러리 인크리즈. 아이 캔트 언더스탠드 히즈 웨이 오브 띵킹
봉급 오르는 것을 마다하다니 믿을 수가 없어. 그의 사고방식 이해할 수 없어.

Voca turn down 거절하다, 기각하다 pass up 그냥 지나치다, 사양하다

관련 표현

■ 그는 제안을 받아들이지 않았다.
He didn't accept the offer.
히 디든트 억셉 디 오퍼

■ 그는 거절되었다.
He was turned down.
히 워즈 턴드 다운

▶ 위의 표현 중 a way of thinking은 '특정 사고방식'을 말한다. 비슷한 표현으로 a point of view는 '특정한 관점'이란 뜻으로 만약 a realistic point of view라고 하면 '현실적인 관점'이 된다.

설마 정말로 그만두려는 것은 아니겠지?

You aren't really going to quit your job, are you?

유 안츠 리얼리 고잉 투 큇 유어 잡, 아 유

▶ 직장을 관두는 동료에게 쓰는 표현으로 문미에 위치하는 are you는 부가의문문으로 재차 확인하는 표현이다.

회화

A What would you do if I told you I was going to quit my job?

왓 우쥬 두 이프 아이 톨쥬 아이 워즈 고잉 투 큇 마이 잡

내가 직장을 그만두겠다고 하면 어떻게 할 거야?

B Why? You aren't really going to quit your job, are you?

와이? 유 안츠 리얼리 고잉 투 큇 유어 잡, 아유

왜? 설마 정말로 그만두려는 것은 아니겠지?

Voca   quit ~을 관두다

관련 표현

■ 너 일 관뒀지, 그렇지?

You quitted your job, didn't you?

유 퀴티드 유어 잡, 디든츄

■ 아직 숙제를 끝내지 못했지, 그렇지?

You haven't yet finished the homework, have you?

유 해븐트 옛 피니쉬드 더 홈워크, 해뷰

▶ 위의 표현 중 What would you do if ~ 는 가정의 상황에서 어떤 행동을 취할지를 묻는 표현이다.

잠시 일을 미뤄둬
Put the stuff on the back burner.
풋 더 스터프 온 더 백 버너

▶ 네 개의 버너가 있는 가스레인지에서 뒤쪽의 버너(back burner)에 물건을 올려놓는 상황이므로 급하지 않은 일을 언급할 때 쓰는 표현이다.

회화

A Everything is really getting out of hand.
에브리띵 이즈 리얼리 게링 아우럽 핸드
이거 손 쓸 수가 없어.

B Your health is really deteriorating. Put the stuff on the back burner for now and give yourself sometime to rest.
유어 헬쓰 이즈 리얼리 디티어리에이링. 풋 더 스터프 온 더 백 버너 포 나우 앤 기브 유어셀프 썸타임 투 레슷
너 건강이 말이 아냐. 지금은 일을 뒤로 하고 쉬는 시간을 가져.

Voca get out of hand 통제 밖 상황으로 빠지다 deteriorating 악화되는

관련 표현

■ 미루다.
Put it off.
푸리롭

■ 일을 차일로 미루지 마라.
Don't put things off until tomorrow.
돈 풋 띵스 오프 언틸 투마로우

▶ put off는 '미루다, 연기하다'라는 의미로 유의어로는 delay 등이 있다.

요즘 들어 내가 하는 것은 일, 일, 일뿐인 것 같아

It seems all I ever do is work, work, work these days.

잇 씸즈 올 아이 에버 두 이즈 웍, 웍, 웍 디즈 데이즈

▶ 너무 일이 많아 불평할 때 쓸 수 있는 표현이다.

회화

A It seems all I ever do is work, work, work these days.
잇 씸즈 올 아이 에버 두 이즈 웍, 웍, 웍 디즈 데이즈
요즘 들어 내가 하는 것은 일, 일, 일 뿐인 것 같아.

B Sounds awful. Can't you get any time off?
싸운즈 오우풀. 캔츄 겟 애니 타임 오프
끔찍하구나. 시간을 전혀 낼 수 없어?

Voca awful 무서운, 무시무시한; 지독한, 심한 get time off 시간을 내다

관련 표현

■ 내가 하는 건 일뿐이야.
All I do is work.
올 아이 두 이즈 웍

■ 난 휴식이 좀 필요해.
I need some time off.
아이 니드 썸 타임 오프

▶ All I (ever) do is work.에서 work 앞에 to가 원래 있는데 주로 생략되어 사용된다.
All he ever does is lie on bed.(그가 하는 일이라고 침대에 누워 있는 것이다.)

DAY 341

시도는 해봐야 한다고 생각해요
I think we have to try.
아이 띵크 위 햅투 트라이

▶ 가능성과 무관하게 쉽게 포기하고 싶지 않을 때 쓰는 표현이다.

회화

A Do you think we would win?
두 유 띵크 위 우드 윈
우리가 승소할 것 같나요?

B The lawyer agrees that he infringed upon our patent.
I think we have to try.
더 로여 어그리즈 댓 히 인프린지드 어폰 아워 페턴트. 아이 띵크 위 햅투 트라이
변호사는 그가 우리의 특허를 침범했다는 점에 동의하네요. 시도는 해봐야 한다고 생각해요.

Voca patent 특허

관련 표현

■ 나는 우리가 한 번 시도해봐야 한다고 생각해요.
I think we should give it a shot.
아이 띵크 위 슈드 기빗 어 샷

■ 나는 우리가 한 번 더 시도해봐야 한다고 생각해요.
I think we should give it a second shot.
아이 띵크 위 슈드 기빗 어 쎄컨 샷

▶ give ~ a shot은 '시도해보다'라는 의미의 표현이다. '주사를 놓다'라는 의미로 사용되기도 한다.

다시 일하고 싶어서 몸이 근질거려
I'm itching to get back to work.
아임 이칭 투 겟 백 투 웍

▶ '~하고 싶어 근질근질하다'라는 표현은 be itching to ~를 활용한다.

회화

A **I'm itching to get back to work.**
아임 이칭 투 겟 백 투 웍
다시 일하고 싶어서 몸이 근질거려.

B **That's very typical of you.**
댓츠 베리 티피컬 오뷰
너답다.

Voca typical 전형적인

관련 표현

■ 네가 보고 싶어서 죽겠어.
I am dying to see you.
아이 앰 다잉 투 씨 유

■ 그게 너무 보고 싶어(기다리지 못할 정도로).
I can't wait to see it.
아이 캔트 웨잇 투 씨 잇

▶ 〈be dying to + 동사원형〉은 문자 그대로 '~하고 싶어 죽겠다'라는 의미이다.

맷이 드디어 승진됐어
Matt finally got a promotion.
맷 파이널리 가러 프로모션

▶ promotion은 '홍보, 판촉'이란 뜻도 있지만, '승진, 진급'이란 뜻으로 쓰인다.

회화

A Did you hear that Matt finally got a promotion?
디쥬 히어 댓 맷 파이널리 가러 프로모션
맷이 드디어 승진되었다는 말 들었어?

B That's great! Is it to vice president of sales?
댓츠 그레잇! 이짓 투 바이스 프레지던트 오브 세일즈
잘됐다! 판매부사장자리로?

Voca vice president 부사장

관련 표현

■ 직장에서 승진했어요.

I got promoted at work.
아이 갓 프로모티드 앳 웤

■ 그는 최근에 병장으로 진급했다.

He has been promoted to sergent.
히 해즈 빈 프로모티드 투 써전트

▶ 위의 표현 중 Is it to vice president of sales?에서와 같이 직책을 나타낼 때는 관사를 붙이지 않는 것이 일반적이다.

모든 사람들은 신체검사 일정을 잡으셔야 합니다

Everyone needs to schedule their annual physical.

에브리원 니즈 투 스케줄 데어 애뉴얼 피지컬

▶ 동사 schedule은 '일정을 잡다'의 의미로 쓰인다.

회화

A Everyone needs to schedule their annual physical by next Friday.

에브리원 니즈 투 스케줄 데어 애뉴얼 피지컬 바이 넥스트 프라이데이

모든 사람들은 다음 금요일까지 신체검사 일정을 잡으셔야 합니다.

B Will our status be affected by the results of the physical?

윌 아워 스태튜 비 어펙티드 바이 더 리절츠 오브 더 피지컬

신체검사 결과가 저희 직위에 영향을 줍니까?

Voca annual 매년의, 연례의

관련 표현

■ 우리는 의료기록을 파일로 만들 필요가 있습니다.

We will need a medical report on file.

위 윌 니더 메디컬 리폿 온 파일

■ 학교에서, 학생들은 다양한 분야의 전문가들에게 배울 수 있습니다.

At school, students can be taught by experts in the field of diversity.

앳 스쿨, 스튜던츠 캔 비 톳 바이 엑스펄츠 인 더 필더브 다이벌시리

▶ 위의 표현 중 A be affected by B는 굳이 주어 A부터 해석하지 않고, 'B로 인해 A가 영향을 받나요?'라고 자연스럽게 해석한다.

Part 12

비즈니스

내 제안 검토했나요?

Did you have a chance to review my proposal?

디쥬 해버 챤스 투 리뷰 마이 프로포절

▶ have a chance to를 활용하여 다양한 문장이 만들어진다. 해당 문장은 확인 또는 점검의 의도로 활용되었다.

회화

A Did you have a chance to review my proposal?

디쥬 해버 챤스 투 리뷰 마이 프로포절

내 제안 검토했어?

B Sorry, I've been gathering up a backlog of stuff.

쏘리, 아이브 빈 개더링 업 어 백로그 오브 스터프

미안해, 이것저것 일들이 밀려서.

Voca backlog 잔무, 밀린 일

관련 표현

■ 그것에 관해서 그와 이야기할 기회가 있었나요?

Did you have a chance to talk to him about it?

디쥬 해버 챤스 투 톡 투 힘 어바우릿

■ 숙제에 관해 선생님과 얘기할 기회가 있었니?

Did you have a chance to talk to your teacher about homework?

디쥬 해버 챤스 투 톡 투 유어 티처 어바웃 홈웍

▶ Did you have a chance to는 '~할 기회가 있었니?'의 의미다.

제안서 쓰는 것 다 끝냈나요?

Are you done writing the proposal?

아 유 던 라이팅 더 프로포절

▶ 지시한 특정 사항을 확인할 때 쓰는 표현이다. Are you done v-ing?는 Did you finish v-ing?로 바꿔 쓸 수 있다.

회화

A Are you done writing the proposal?
아 유 던 라이팅 더 프로포절
제안서 쓰는 것 다 끝냈어?

B No, not yet. I had something unexpected come up.
노, 낫 옛. 아이 해드 썸띵 언이스펙티드 컴 업
아직. 예측하지 못한 뭔가가 생겨서.

Voca proposal 제안

관련 표현

■ 특별한 일 없어.
Nothing special.
낫띵 스페셜

■ 음료수 좀 드시겠어요?
Would you like something to drink?
우쥬 라익 썸띵 투 드링크

▶ -thing으로 끝나는 명사는 형용사가 뒤에서 수식하는 구조를 가진다. something special(특별한 일)

제가 회의실을 예약했는데, 사람이 있는 것처럼 보이네요

I had the conference room booked, but it looks occupied.

아이 해드 더 컨퍼런스 룸 북트, 벗 잇 룩스 오큐파이드

▶ book은 동사로 '예약하다'라는 뜻으로 쓰인다.

회화

A I had the conference room booked, but it looks occupied.

아이 해드 더 컨퍼런스 룸 북트, 벗 잇 룩스 오큐파이드

제가 회의실 예약을 했었는데, 사람이 있는 것처럼 보이네요.

B How about I go and ask them to move?

하우 어바웃 아이 고 앤 애스크 뎀 투 무브

제가 가서 이동해달라고 요청할까요?

Voca conference room 회의실 occupied 사용되는 (중인)

관련 표현

■ 그는 방에 대한 예약을 확인해보고 싶어 했다.

He would like to confirm his reservation for the room.

히 우드 라익투 컨펌 히즈 레저베이션 포 더 룸

■ 제인은 프로젝트를 마치지 못해서 예약을 취소해야 했다.

Jane had to cancel her reservation because she didn't finish her project.

제인 해드 투 캔슬 허 레저베이션 비코즈 쉬 디든트 피니쉬 허 프로젝트

▶ '예약'과 관련된 표현으로 book, make a reservation을 주로 사용한다. 예약 취소는 cancel 또는 call off를 쓴다.

문구류 좀 살 수 있는 곳 아실까요?
Do you know anywhere I can get some stationery?

두 유 노 애니웨어 아이 캔 겟 썸 스테이셔너리

▶ Do you know anywhere ~?은 장소를 물을 때 쓸 수 있는 유용한 표현이다.

회화

A Do you know anywhere I can get some stationery?
두 유 노 애니웨어 아이 캔 겟 썸 스테이셔너리
문구류 좀 살 수 있는 곳 아실까요?

B There's one right around the corner on the 7th street.
데어즈 원 라잇 어라운 더 코너 온 더 쎄븐쓰 스트릿
7번가 코너에 바로 하나 있어요.

Voca stationery 문구류

관련 표현

■ 식료품 좀 살 수 있는 곳 아실까요?

Do you know anywhere I can get some groceries?
두 유 노 애니웨어 아이 캔 겟 썸 그로서리

■ 아이들 장난감을 어디서 살 수 있는지 아시나요?

Do you know where I can get some toys for kids?
두 유 노 웨어 아이 캔 겟 썸 토이즈 포 키즈

▶ Do you know where ~? 역시 장소를 묻는 표현이다.

Part 12

비즈니스

DAY 349

저의 인생의 작업이 거기에 있어요
I have my life's work in it.
아이 해브 마이 라잎스 웍 인 잇

▶ 긍정적 의미에서 한 사람의 삶의 열정이 모두 담긴 일에 관한 표현일 수도 있고, 컴퓨터의 하드가 날아가는 불상사를 표현할 수도 있다.

회화

A My computer won't start. Am I going to lose all my files? I have my life's work in it.

마이 컴퓨터 오운트 스타트. 앰 아이 고잉 투 루즈 올 마이 파일즈? 아이 해브 마이 라잎스 웍 인 잇

컴퓨터가 시작이 안 돼요. 내 파일이 다 날아가는 건가요? 저의 인생의 작업이 거기에 있어요.

B I am afraid that you will.

아이 앰 어프레이드 댓 유 윌

유감이지만 그럴 것 같아요.

Voca lose 잃다

관련 표현

■ 나의 열정을 거기에 모두 쏟았어요.

I put my heart and soul in it.

아이 풋 마이 헛 앤 쏘울 인 잇

■ 현재의 경제 환경에서는 직장을 구하기가 어렵다.

It is difficult to find work in the present economic climate.

이리즈 디피컬트 투 파인 웍 인 더 프리젠트 이코노믹 클라이밋

▶ 위의 표현 중 My computer won't start.에서 won't는 will not을 줄인 표현이다. will은 일반적으로 주어의 '의지'나 '고집'을 드러내는데, 사람뿐 아니라 사물을 주어로 칭할 수도 있다.

어느 부서에 있으세요?

What department are you in?

왓 디팟먼트 아 유 인

▶ 상대방이 회사에서 어떤 부서에서 일하는지를 물을 때 사용한다.

회화

A Hello, you are new here, aren't you? What department are you in?

헬로, 유 아 뉴 히어, 안츄? 왓 디팟먼트 아 유 인

안녕하세요, 여기 새로 오셨죠? 어느 부서에 있으세요?

B Customer service. On the second floor.

커스터머 써비스. 온 더 쎄컨 플로어

2층 고객지원실에서 일해요.

Voca department 부서 customer service 고객 지원실

관련 표현

■ 어느 부서에 있나요?

What section are you in?

왓 섹션 아 유 인

■ 저는 인사부에 있어요.

I'm in charge of the human resources department.

아임 인 차지 오브 더 휴먼 리소시스 디팟먼트

▶ What department/section are you in?과 비슷한 표현으로, Which section do you work in?(어느 부서에서 근무하세요?)이 있다. I work in sales.라고 답하면, "저는 영업부에서 일을 합니다."이다.

나는 커미션제로 일해
I work on commission.
아이 웍 온 커미션

▶ 자동차 판매상과 같이 판매 대수에 따라 임금이 달라지는 경우 on commission이란 표현을 사용한다.

회화

A I work on commission. The number of the customers I've been getting this month is low.
아이 웍 온 커미션. 더 넘버 오브 더 커스터머스 아이브 빈 게링 디스 먼쓰 이즈 로우
나는 커미션제로 일하는데 이번 달 받고 있는 고객의 수가 낮아.

B That's one bad thing with commission based sales jobs.
댓츠 원 배드 띵 위드 커미션 베이스드 쎄일즈 잡스
커미션제 판매직은 그게 안 좋아.

Voca sales job 판매직

관련 표현

■ 그것에 단점이 있어.
There's a downside to it.
데얼즈 어 다운사이드 투 잇

■ 그는 수수료를 받고 기계를 팔았다.
He sold the machine on commission.
히 쏠드 더 머신 온 커미션

▶ commission은 '판매 대가로 받는 수수료' 외에 '은행 등에서 서비스를 이용하고 내는 수수료'라는 의미도 가지고 있으며 '위원회, 장교직' 등의 의미도 있다.

심지어 기계도 계속 일하면 고장 나잖아

Even machines stop working if they keep working.

이븐 머신즈 스탑 워킹 이프 데이 킵 워킹

▶ 여기서 if는 '~하기만 하면'의 의미를 가지며, 으레 그렇게 된다는 뉘앙스로 나타낼 수 있다.

회화

A We need a break. Even machines stop working if they keep working.
위 니더 브레익. 이븐 머신즈 스탑 워킹 이프 데이 킵 워킹

우리 휴식이 필요해. 심지어 기계도 계속 일하면 고장 나잖아.

B I think you are right.
아이 띵크 유 아 라잇

네 말이 맞는 것 같네.

Voca break 휴식시간

관련 표현

■ 저는 지금 이 서류작업에 몰두해 있습니다.

I'm up to my eyeballs in paperwork right about now.
아임 업 투 마이 아이볼스 인 페이퍼웍 라잇 어바웃 나우

■ 네 말이 맞는 것 같아. 내가 좀 더 집중했었어야만 했어.

I think you're right. I should have paid more attention.
아이 띵크 유어 라잇. 아이 슈드 해브 페이드 모어 어텐션

▶ be up to your eyeballs in something은 '(해야 할 일이) 머리끝까지 차 있다'의 의미이다.

Part 12 비즈니스

그것 먼저 처리를 해야 해
I have to get it taken care of first.
아이 햅투 게릿 테이큰 케어 오브 펄스트

▶ take care of는 다양한 뜻을 지니지만, 여기서 '처리하다'의 의미를 갖고 있는 유용한 표현이다.

회화

A I am afraid I can't go to Sam's party. Something urgent came up. I have to get it taken care of first.
아임 어프레이드 아이 캔트 고 투 샘스 파리. 썸띵 얼전트 케임 업. 아이 햅투 게릿 테이큰 케어 오브 펄스트
아쉽지만 샘의 파티에 못 가. 급한 일이 생겼어. 그것 먼저 처리해야 해.

B I hope things go well.
아이 홉 띵즈 고 웰
일처리가 잘 됐으면 좋겠다.

Voca come up (일이) 생기다, 발생하다

관련 표현

■ 상황이 순조롭게 진행되었으면 좋겠어요.
I hope things go smoothly.
아이 홉 띵스 고 스무쓸리

■ 처리해야 할 마무리 세부 작업이 너무나 많아요.
I need to take care of so many last-minute details.
아이 니투 테익 케어 오브 쏘 매니 라스트 미닛 디테일즈

▶ go well은 '(상황이) 잘 되어 가다'라는 의미로, go smoothly와 같은 의미이다.

재고가 세 대밖에 남지 않았어요
We have only three in stock.
위 해브 온리 쓰리 인 스탁

▶ in stock은 '비축되어, 재고로'의 의미가 있다.

회화

A You advertised $20 TVs for sale. Are there any left?
유 어드버타이즈드 투웨니 달러 티비즈 포 쎄일. 아 데어 애니 레프트
20달러 TV 광고했잖아요. 아직 남은 것이 있나요?

B We have only three in stock.
위 해브 온리 쓰리 인 스탁
재고가 세 대밖에 남지 않았어요.

Voca advertise 광고하다 for sale 팔려고 내놓은

관련 표현

■ 재고가 이것밖에 없나요?

Are these the only ones you have in stock?
아 디즈 디 온리 원즈 유 해브 인 스탁

■ 귀사에 이 모델의 부품 재고가 남아 있나요?

Do you have parts in stock for this model?
두 유 해브 파츠 인 스탁 포 디스 마들

▶ in stock의 반대말로 be out of stock이 있으며 '재고가 없다'라는 뜻이다.

내 임금이 삭감됐어
I've had to take a cut in salary.
아이브 해드 투 테이커 컷 인 쌜러리

▶ a cut in은 '~에서의 삭감'이다. 경기가 어려울 때 일어날 수 있는 상황이며, 종종 신문에서도 볼 수 있는 유용한 표현이다.

회화

A How's work, Frank?
하우즈 웍, 프랭크

프랭크, 일은 어때?

B Well, it could be better. Business hasn't been too good this year, and I've had to take a cut in salary.
웰, 잇 쿠드 비 베러. 비즈니스 해즌트 빈 투 굿 디스 이어, 앤 아이브 해드 투 테이커 컷 인 쌜러리

음, 좋지는 않아. 경기가 올해 그렇게 좋지 않아. 내 임금이 삭감됐어.

Voca take a cut in salary 임금이 삭감되다

관련 표현

■ 나 용돈이 줄었어.

I had a cut in my spending money.
아이 해더 컷 인 마이 스펜딩 머니

■ 그들은 세금을 삭감할 것을 약속해야만 한다.

They must promise to cut tax.
데이 머슷 프라미스 투 컷 택스

▶ cut을 활용한 표현을 추가로 익혀보자.

오늘 사장님에게 월급 인상에 대해서 이야기했어요?

Did you talk to your boss about the pay rise today?

디쥬 톡 투 유어 보스 어바웃 더 페이 라이즈 투데이

▶ 회사, 직장에서 임금 인상을 요구할 때 pay rise 또는 pay raise라는 표현을 사용할 수 있다.

회화

A Did you talk to your boss about the pay rise today?

디쥬 톡 투 유어 보스 어바웃 더 페이 라이즈 투데이

오늘 사장님에게 월급 인상에 대해서 이야기했어요?

B Well, I don't want to put my job on the line.

웰, 아이 돈 원투 풋 마이 잡 온 더 라인

음, 내 직장을 위험하게 할 수는 없어요.

Voca put my job on the line 내 일자리가 위태롭다(위험하다)

관련 표현

■ 나는 직장을 찾는 중이다.

I'm in-between jobs.

아임 인 비튄 잡스

■ 제니는 이곳에서 최고의 직원이니 승진이 당연하다.

Jenny got the promotion since she was the best worker here.

제니 갓 더 프로모션 씬스 쉬 워즈 더 베스트 워커 히어

▶ get promoted(승진이 되다), take early retirement(조기퇴직하다), in-between jobs(직장을 옮기는 중) 등 다양한 표현을 함께 암기해두도록 한다.

DAY 357

처음에는 아주 깐깐하고 요구하는 것이 많다고 생각했어

At first I thought he was too picky and demanding.

앳 펄스트 아이 쏟 히 워즈 투 피키 앤 디맨딩

▶ At first I thought ~은 '처음에는 ~라고 생각했어'의 뜻으로 시간이 지나 ~가 달라졌다는 의미로 쓰인다.

A How do you like working with your new manager?
하우 두 유 라익 워킹 윗 유어 뉴 매니저
새로운 매니저와 함께 일하는 것 어때?

B Well, at first I thought he was too picky and demanding. I think he's quite nice when you get to know him.
웰, 앳 펄스트 아이 쏟 히 워즈 투 피키 앤 디맨딩. 아이 띵크 히즈 콰잇 나이스 웬 유 겟 투 노우 힘.
음, 처음에는 아주 깐깐하고 요구하는 것이 많다고 생각했어. 알고 보면 꽤 괜찮은 사람이야.

Voca picky 깐깐한 demanding 요구가 많은

관련 표현

■ 비록 그는 가난해도 항상 최선을 다한다.

Even though he is poor, he does his best all the time.
이븐 도우 히 이즈 푸어, 히 더즈 히즈 베스트 올 더 타임

■ 처음에 나는 그가 너무 어리고 경험이 없다고 생각했어.

At first I thought he was too young and unexperienced.
앳 펄스트 아이 쏟 히 워즈 투 영 앤 언익스피어리언스드

▶ 위의 demanding은 '요구가 많은'이란 뜻으로 일을 많이 시키는 사람을 말한다.

그가 주변을 둘러보면서, 요령을 잘 알려줄 거예요

He will take you around and show you the ropes.

히 윌 테이큐 어라운드 앤 쇼 유 더 롭스

▶ show someone the ropes는 '남에게 요령을 가르쳐주다'의 의미다.

회화

A This is John. He will take you around and show you the ropes.

디시즈 존. 히 윌 테이큐 어라운드 앤 쇼 유 더 롭스

이 사람은 존이에요. 그가 주변을 둘러보면서, 요령을 잘 알려줄 거예요.

B Thanks again for your hospitality.

땡스 어겐 포 유어 하스피탈리리

환대 다시 한 번 감사합니다.

Voca hospitality 환대

관련 표현

■ 난 그에게 요령을 가르쳐달라고 했다.

I asked him to show me the ropes.

아이 애숙트 힘 투 쇼 미 더 롭스

■ 곧 요령을 알게 될 거야.

You will get the knack of it.

유 윌 겟 더 내커빗

▶ '요령을 터득하다'의 표현에 get the knack of, learn the hang of라는 표현도 함께 암기해 두도록 한다.

Part 12

비즈니스

탐을 협상테이블에 나오도록 설득했어?

Did you talk Tom into coming to the negotiating table?

디쥬 톡 탐 인투 커밍 투 더 니고시에이팅 테이블

▶ talk A into v-ing는 'A를 설득해서 ~하도록 하다'의 의미이다.

회화

A Did you talk Tom into coming to the negotiating table?

디쥬 톡 탐 인투 커밍 투 더 니고시에이팅 테이블

탐을 협상테이블에 나오도록 설득했어?

B No, he refused to budge an inch.

노, 히 리퓨즈드 투 벗지 언 인치

아니, 전혀 꼼짝도 안하려고 해.

Voca budge 약간 움직이다

관련 표현

■ 나는 상사에게 휴가를 달라고 설득하려고 한다.

I'm trying to talk my boss into giving us the day off.

아임 트라잉 투 톡 마이 보스 인투 기빙 어스 더 데이 오프

■ 그를 빠른 시일 내에 협상테이블에 데리고 와야 해.

We need to bring him to the table as soon as possible.

위 니투 브링 힘 투 더 테이블 애즈 순 애즈 파서블

▶ 위의 budge an inch는 주로 부정어와 함께 '꼼짝도 안 하다'라는 뜻으로 잘 쓰인다.

마침내 임금 인상을 요구할 용기를 냈어
I finally worked up the nerve to ask for a raise.

아이 파이널리 웍트 업 더 널브 투 애스크 포 어 레이즈

▶ nerve는 '신경'이라는 뜻 이외에 '용기(courage)'라는 뜻도 있다. work up the nerve는 '용기를 내다'라는 뜻의 관용표현이다.

회화

A I finally worked up the nerve to ask for a raise.
아이 파이널리 웍트 업 더 널브 투 애스크 포 어 레이즈
마침내 임금 인상을 요구할 용기를 냈어.

B Good job. You deserve it.
굿 잡. 유 디절빗
잘했어. 너는 그럴 자격이 돼.

Voca (pay) raise 임금 인상 deserve ~ 받을 가치가 있다

관련 표현

■ 내가 인터뷰를 끝내주게 잘 끝내서 고용되었어!
  I nailed my interview and got hired!
  아이 네일드 마이 이너뷰 앤 갓 하이얼드

■ 제대로 된 변을 봐서 굉장히 축하할 일입니다.
  My bowel movements are back to normal. It calls for a celebration.
  마이 바월 무브먼츠 아 백 투 노말. 잇 콜즈 포 어 셀러브레이션

▶ call for celebration은 축하할 상황에서 사용하는 표현이다. bowel movement는 '배변활동'을 의미한다.

이제 우리가 프로젝트의 다음 단계로 넘어갈 수 있을 것 같아
Now we can take the project to the next level.

나우 위 캔 테익 더 프로젝트 투 더 넥스트 레벨

▶ take something to the next level이라고 하면 '(하고 있던 일의 단계에서) 다음 단계로 넘기다'라는 뜻이다.

회화

A I was quite shocked that she agreed to do things like I said.

아이 워즈 콰잇 쇽트 댓 쉬 어그리드 투 두 띵즈 라익 아이 쎘

그녀가 내가 말한 대로 한다고 동의해서 너무 놀랐어.

B This is good. Now we can take the project to the next level.

디스 이즈 굿. 나우 위 캔 테이크 더 프로젝트 투 더 넥스트 레벨

좋아. 이제 우리가 프로젝트의 다음 단계로 넘어갈 수 있을 것 같아.

Voca quite 꽤 agree to ~하는 것에 동의하다 like I said 내가 말한 것처럼

관련 표현

■ 나는 다음 단계로 넘어가지를 못해. 완전히 막혔어.

I can't go to the next level. I am completely stuck.

아이 캔트 고 투 더 넥스트 레벨. 아이 앰 컴플리틀리 스턱

■ 만사가 원활히 진행되고 있어.

Things are going smoothly[without a hitch].

띵즈 아 고잉 스무쏠리[위다웃 어 힛치]

▶ without a hitch '별 탈 없이, 문제없이'라는 뜻이다.

우리는 그냥 본전밖에는 안 됩니다
We just break even.
위 저슷 브레익 이븐

▶ 물건 값 흥정을 할 때 쓰는 표현이다. 손님의 입장에서 좋은 가격에 물건을 구매하면
I got a good bargain.이라고 한다.

회화

A I heard your business was booming.
아이 허드 유어 비즈니스 워즈 부밍
제가 듣기로는 사업이 아주 잘되신다고 하던데요.

B That's not true. We just break even.
댓츠 낫 트루. 위 저슷 브레익 이븐
그렇지 않아요. 우리는 그냥 본전밖에는 안 됩니다.

Voca boom (사업·경제의) 붐, 호황; 호황을 맞다, 번창하다 even 균등한, 동등한

관련 표현

■ 경기가 안 좋아.

  Business is slow.
  비즈니스 이즈 슬로우

■ 이런 불경기에 본전은 본전 이상이죠.

  Breaking even in this recession is more than just being
  even.
  브레이킹 이븐 인 디스 리쎄션 이즈 모어 댄 저슷 비잉 이븐

▶ 불경기란 표현은 recession외에 depression이라고도 한다. 신문에서 한 번씩 접하는
대공황이란 표현은 The Great Depression이라고 표현한다.

Part 12

비즈니스

말하기를 내가 일자리에 비해 자격 초과라고 해

They said I am overqualified for the job.

데이 쎘 아이 앰 오버퀄리파이드 포 더 잡

▶ 직업을 구할 때 많이 배운 것이, 많은 경험이 오히려 걸림돌이 될 때 쓸 수 있는 표현으로 be overqualified for를 활용할 수 있다.

회화

A You had three interviews yesterday, but they all turned you down.

유 해드 쓰리 이너뷰즈 예스터데이, 벗 데이 올 턴드 유 다운

너 어제 인터뷰를 세 개나 했는데, 모두 거절당했어.

B They said I am overqualified for the job.

데이 쎘 아이 앰 오버퀄리파이드 포 더 잡

말하기를 내가 일자리에 비해 자격 초과라고 해.

Voca turn down 거절하다

관련 표현

■ 제가 자격이 조건이 너무 높으면 어떻게 하죠?

What should I do when I am overqualified?

왓 슈다이 두 웬 아이 앰 오버퀄리파이드

■ 지금 난 백수야.

Now I'm out of work.

나우 아임 아우러브 웍

▶ out of는 다양한 의미를 지닌다.
▶ 1. It's getting out of my hand. 상황이 내가 걷잡을 수 없어지고 있어.
▶ 2. He wanted to stay out of it. 그는 그 일에 관계하고 싶지 않았다.
▶ 3. I am out of character with this role. 나는 이 역에 맞지 않는다.
▶ 4. This vending machine is out of work. 이 자판기는 고장이다.

앞으로 있을 자리에 대한 지원서는 받고 있습니다
We're accepting applications for future openings.

위어 억셉팅 애플리케이션즈 포 퓨처 오프닝즈

▶ I am in between jobs.(일자리를 구하고 있습니다)의 상황에서 쓸 수 있는 표현이다.

회화

A I just called to see if you have any opening for floor workers right now.

아이 저슷 콜드 투 씨 이퓨 해브 애니 오프닝 포 플로어 워커즈 라잇 나우

현장직 자리가 있는지 알아보려 전화했어요.

B Sorry, no openings right now, but we're accepting applications for future openings.

쏘리, 노 오프닝즈 라잇 나우, 벗 위어 억셉팅 애플리케이션즈 포 퓨처 오프닝즈

죄송합니다. 현재는 자리가 없네요. 하지만 앞으로 있을 자리에 대한 지원서는 받고 있습니다.

Voca floor worker 현장직원 opening (열려 있는) 일자리 accept 받아들이다

관련 표현

■ 혹시 일자리 있나요?

Do you have any job openings?

두 유 해브 애니 잡 오프닝즈

■ 신청서를 이력서와 함께 제출해주세요.

Turn in your application along with your resume.

턴 인 유어 애플리케이션 얼롱 위쥬어 레쥬메

▶ 위의 see if s v는 '~인지 아닌지 확인하다'라는 뜻이다. Let me see if I can do something about it.(제가 그것에 대해서 어떤 조치를 취할 수 있는지 확인해볼게요.)

DAY 365

채용이 되면 이사를 올 수 있습니까?

Can you relocate in case you're hired by us?

캔 유 리로케잇 인 케이스 유어 하이얼드 바이 어스

▶ 면접의 상황에서 오갈 수 있는 대화이다. relocate는 '재배치하다'라는 뜻에서 '이사하다'의 의미로 쓰이고 있다.

회화

A Can you relocate in case you're hired by us?
캔 유 리로케잇 인 케이스 유어 하이얼드 바이 어스
채용이 되면 이사를 올 수 있습니까?

B Absolutely.
앱솔루틀리
물론이죠.

Voca absolutely 절대적으로

관련 표현

■ 이것으로 인터뷰는 끝내겠습니다.
This wraps up the interview.
디스 랩스 업 디 이너뷰

■ 그런데, 추천서는 있습니까?
By the way, do you have references?
바이 더 웨이, 두 유 해브 레퍼런시즈

▶ 면접 과정에서 사용될 수 있는 표현을 좀 더 알아보자.

Day 336 일손이 모자라요

We are shorthanded.

Day 337 스미스가 과장 자리를 거절했어

Smith turned down the manager's job.

Day 338 설마 정말로 그만두려는 것은 아니겠지?

You aren't really going to quit your job, are you?

Day 339 잠시 일을 미뤄둬

Put the stuff on the back burner.

Day 340 요즘 들어 내가 하는 것은 일, 일, 일뿐인 것 같아

It seems all I ever do is work, work, work these days.

Day 341 시도는 해봐야 한다고 생각해요

I think we have to try.

Day 342 다시 일하고 싶어서 몸이 근질거려

I'm itching to get back to work.

Day 343 맷이 드디어 승진됐어

Matt finally got a promotion.

Day 344 모든 사람들은 신체검사 일정을 잡으셔야 합니다

Everyone needs to schedule their annual physical.

Day 345 내 제안 검토했나요?

Did you have a chance to review my proposal?

Day 346 제안서 쓰는 것 다 끝냈나요?

Are you done writing the proposal?

Day 347 제가 회의실을 예약했는데, 사람이 있는 것처럼 보이네요

I had the conference room booked, but it looks occupied.

Day 348 문구류 좀 살 수 있는 곳 아실까요?

Do you know anywhere I can get some stationery?

Day 349 저의 인생의 작업이 거기에 있어요

I have my life's work in it.

Day 350 어느 부서에 있으세요?

What department are you in?

Day 351 나는 커미션제로 일해

I work on commission.

Day 352 심지어 기계도 계속 일하면 고장 나잖아

Even machines stop working if they keep working.

Day 353 그것 먼저 처리를 해야 해

I have to get it taken care of first.

Day 354 재고가 세 대밖에 남지 않았어요

We have only three in stock.

Day 355 내 임금이 삭감됐어

I've had to take a cut in salary.

Day 356 오늘 사장님에게 월급 인상에 대해서 이야기했어요?

Did you talk to your boss about the pay rise today?

Day 357 처음에는 아주 깐깐하고 요구하는 것이 많다고 생각했어

At first I thought he was too picky and demanding.

Day 358 그가 주변을 둘러보면서, 요령을 잘 알려줄 거예요

He will take you around and show you the ropes.

Day 359 탐을 협상테이블에 나오도록 설득했어?

Did you talk Tom into coming to the negotiating table?

Day 360 마침내 임금 인상을 요구할 용기를 냈어

I finally worked up the nerve to ask for a raise.

Day 361 이제 우리가 프로젝트의 다음 단계로 넘어갈 수 있을 것 같아

Now we can take the project to the next level.

Day 362 우리는 그냥 본전밖에는 안 됩니다

We just break even.

Day 363 말하기를 내가 일자리에 비해 자격 초과라고 해

They said I am overqualified for the job.

Day 364 앞으로 있을 자리에 대한 지원서는 받고 있습니다

We're accepting applications for future openings.

Day 365 채용이 되면 이사를 올 수 있습니까?

Can you relocate in case you're hired by us?